講座 生存基盤論　第5巻

生存基盤指数
―人間開発指数を超えて―

佐藤孝宏・和田泰三・杉原　薫・峯　陽一　編

京都大学学術出版会

本講座の刊行によせて

　アジア・アフリカの熱帯地域には，現在世界人口の約半分が住んでおり，その比率は今後さらに上昇するものと考えられる．資源・エネルギー価格の激変や地球温暖化によって最も深刻な影響を受けるのも，発展途上国の多いこの地域である．かれらのつくる地域社会にとって，どうしても欠かせない「生存基盤」とは何か．また，人類は地球環境の持続性を維持できるような生存基盤をどのようにつくっていけばよいのか．本講座は，これまでの開発研究の中心的話題だった1人当たり所得，教育，健康などの「人間開発」の側面に加え，大地，空気，熱，水などから成る生存のための環境を与えるとともに，化石資源を供給し，地震，津波や噴火によって人間圏をおびやかす「地球圏」，生命のつながりを人間と共有し，生物多様性や生態系の持続性への考慮をわれわれに求めている「生命圏」の二つの圏を視野に入れた「生存圏」の概念を提起することによって，こうした問題に新しい光を当てようとするものである．

　これまでのアジア・アフリカ研究の多くは，欧米や日本の歴史的経験に基づいた，したがってアジア・アフリカ地域全体からみればバイアスのかかった認識枠組から自由ではなかった．認識の偏りは，地域研究や開発研究に限らず，多くの研究者や知識人に共有されている．本講座では，そうした傾向を克服するために，これまで「地表」から人間の眼で見てきた世界を，より三次元的で複眼的な「生存圏」から捉え直すことを提案する．そして，現在なお広く共有されていると思われる二つの見方の根本的な転換を示唆する．

　その第一は，「生産」から「生存」への視座の転換である．産業革命以降の世界で「先進国」となった欧米や（戦後の）日本のような国では，社会の目標が「生産」，とくに1人当たり所得で測った生活水準の上昇に結びつく「生産性の向上」に集約されることが多かった．技術も制度も生産力の上昇を念頭において発達してきた．そうした社会では「労働」，とくに「公共圏」における労働のあり方が社会の価値を集中的に表現してきた．しかし，より

i

長期のタイムスパンをとり，先進国だけではなく世界を分析単位とするなら，このような「生産」への関心の集中は，限られた時期に，一部の地域で有力になった現象にすぎない．現生人類が20万年以上にわたって生き延びてきたのは，生産も含めた，しかしより根源的な，「生存」の力を鍛えてきたからである．そして，その主たる鍛錬の場は公共圏というよりは，家族や隣人のつながりから構成され，再生産を担う「親密圏」であり，それは，生命圏や地球圏からもたらされる疾病や災害に対処する場でもあった．そこでの価値を表現するのは労働というよりは広い意味における「ケア」のあり方である．現在必要とされているのは，生産性の向上や労働の尊さといった価値を否定することなく，しかしその意味を，もう一度この「生存」の観点から捉え直すことではないだろうか．

　第二は，「温帯」から「熱帯」への視座の転換である．熱帯は地球が得る太陽エネルギーの大部分を吸収し，大気や海流の動きをつうじて，温帯などにその一部を配分している．つまり，地球の物質・エネルギー循環の中心は熱帯である．また，それとも関連して，生物相（動植物，細菌など）の活動は熱帯において最も活発である．生物多様性の問題に挑み，地球全体の生命圏の力を引き出すには，熱帯を中心に考えなければならない．そればかりではない．人類は1万年以上にわたる作物化，家畜化，耕地の拡大をつうじて，自然をみずからの必要にあわせて改変してきたが，それは決して温帯の，資源の稀少な環境で始まったのではない．熱帯の自然の圧倒的な力に跪き，戦いながらもそれとの共生を求めて，人間社会の側から自然を「ケア」する努力が積み重ねられてきたのである．にもかかわらず，過去2世紀にわたる技術，制度の革新は，ほとんどが温帯で生み出されてきた．工業化の論理は生命圏との共生の論理ではない．現在人類が消費するエネルギーは，生活用のそれを含めても，じつに7割以上が化石エネルギーである．われわれは，地球環境における熱帯の本質的な基軸性と，技術や制度の発達における温帯の主導性との間に大きなミスマッチをみる．これを矯正しなければ，人類が地球環境を理解し，それと共生していくことはできない．温帯に住む人々も，熱帯を中心とした地球「生存圏」の全体と正しく共鳴しなければ生きていけなくなるのではないだろうか．

本講座の課題は，このような問題意識から，人類の生存基盤が持続する条件をできるだけ幅広く探ることである．人間環境の持続性を分析する基本単位として「生存圏」を設定し，そこで個人が生きるために，あるいは地域社会が自己を維持するために必要な物質的精神的諸条件を「生存基盤」と呼ぶとすれば，われわれの最終目標は，ローカルな，リージョナルな，あるいはグローバルな文脈で，持続型の生存基盤を構築する可能性を具体的に明らかにすることである．生存基盤論は，そのための分析枠組として構想された．

　本講座は，京都大学グローバルCOE「生存基盤持続型発展を目指す地域研究拠点」(2007-2012年)の最終成果報告であり，中間報告として刊行した『地球圏・生命圏・人間圏 ── 持続的な生存基盤を求めて』(杉原薫・川井秀一・河野泰之・田辺明生編，京都大学学術出版会，2010年)を継承，発展させたものである．

2012年3月
編者を代表して

杉原　薫

目　次

序　章　生存基盤指数の目指すもの
　　　　　　　　　　　杉原　薫・佐藤孝宏・和田泰三・峯　陽一
1　はじめに　1
2　「人間開発に関わる価値」から「生存に関わる価値」へ　2
　2-1　人間開発に関わる価値　2
　2-2　生存に関わる価値　3
　2-3　潜在能力からケアへ　5
3　生存圏の持続性評価　7
　3-1　異質な論理の承認と評価　7
　3-2　なぜ各圏を3分の1ずつのウェイトにするのか　10
　3-3　なぜ経済指標を採用しないのか　11
4　人間圏の持続性評価　13
　4-1　多様性と平等　13
　4-2　生存圏のライフサイクル的理解　15
　4-3　熱帯人間圏からの視点　17

第1編　既存指数の生成過程とその批判的継承

第1章　生存基盤をはかる
　　　　　―GDP・HDIを超えて―
　　　　　　　　　　　　　　　　　　　　　　　　　峯　陽一

1　価値が指数のフレームを決める　25

2 諸国民の富の計測 ── GDPと「国力」 28
3 人間開発指数（HDI）── 人間圏からのGDP批判 31
4 スティグリッツ＝セン報告書 ── 富，生活の質，持続可能性の統合指数へ 37
5 既存指数から生存基盤指数へ 40
6 おわりに ──「熱帯の力」 44

第2章　人間圏と地球圏・生命圏をつなぐ指標

河野泰之

1 はじめに 47
2 地球環境の指標化の歩み 48
3 主要な指標 50
  3-1 生きている地球指標とエコロジカル・フットプリント 50
  3-2 環境パフォーマンス指標 55
  3-3 環境脆弱性指標 57
4 持続型生存基盤研究のための指標に向けて 59

第2編　生存基盤指数からみた世界

第3章　地球圏総合指数とその構成要素

佐藤孝宏

1 地球圏の論理：循環 69
2 地球圏の可能性指数：太陽エネルギー 70
3 地球圏の関係性指数：大気・水循環指数 75
4 地球圏の撹乱指数：CO_2排出量 80
5 地球圏総合指数からみた世界 84

第 4 章　生命圏総合指数とその構成要素

佐藤孝宏

1　生命圏の論理：多様化　87
2　生命圏の可能性指数：森林バイオマス　88
3　生命圏の関係性指数：生物多様性指数　94
4　生命圏の撹乱指数：HANPP　99
5　生命圏総合指数からみた世界　103

第 5 章　人間圏総合指数とその構成要素

和田泰三

1　人間圏の論理：自律と共感　108
2　人間圏の関係性指数：ケア指数　109
　2-1　人間圏を貫く価値：ケア　109
　2-2　平均世帯内人数と女性人口比（Female Male Ratio）　111
　　　――ケア空間と関係性の視点
3　人間圏の可能性指数：人口密度　118
　3-1　過密状態で人間も暴力的になるか　118
　3-2　世界各国の人口密度と人口推計　119
　3-3　人口増加するアフリカと減少が予測されるアジアとその例外　122
4　人類存在に対する三つの圏からの脅威　124
　4-1　地球圏からの撹乱：地震・津波・洪水・火山噴火による平均粗死亡率　125
　4-2　生命圏からの撹乱：マラリア・HIV・結核による粗死亡率　126
　4-3　人間圏からの撹乱：紛争・自殺・他殺の粗死亡率　130
　4-4　人間圏総合撹乱指数　132
5　人間圏総合指数からみた世界　133

第6章　生存基盤指数からみた世界

佐藤孝宏・和田泰三・佐藤史郎

1　はじめに　137
2　生存基盤指数の方法　138
　2-1　生存基盤指数の構成と算出方法　138
　2-2　算出方法の背景にある論理的構造　142
3　生存基盤指数が意味するもの　143
4　人間開発指数と生存基盤指数の相違点 ── ケイパビリティから潜在力（Potentiality）へ　151
5　おわりに　157

第3編　生存圏の総合的評価に向けて

第7章　自然災害と社会のリジリエンシー（柔軟対応力）
── ピナトゥボ山大噴火（1991）の事例から「創造的復興」を考える ──

清水　展

1　はじめに ── 東日本大震災の衝撃　163
2　自然災害と日本社会 ── 台風被害から地震被害へ　167
3　アジアにおける自然災害　170
4　災害に対処・適応する文化 ── フィリピンから考える　174
5　ピナトゥボ山の大噴火（1991）と先住民アエタの被災・適応 ── 移住と民族の新生　180
　5-1　世界を一変させた大噴火　183
　5-2　先住民族の自覚と文化の意識化　186
6　おわりに ── 創造的復興を考える　187

第8章　熱帯社会におけるケアの実践と生存の質

西　真如

1　はじめに　193
　1-1　生存の技術－制度的基盤，再生産のモード，ケアの実践　194
　1-2　ケアの倫理と実践に関わる根深い論争　195
2　熱帯社会の人間圏を評価する　197
　2-1　再生産のモードと人口　197
　2-2　世帯規模と生存の質　201
3　ケアの実践と集団の編成　203
　3-1　「囲い込まれた再生産領域」としての家族　203
　3-2　ケアのネットワークとしての地域社会　205
　3-3　ケアの実践によって規定される社会の編成　208
4　熱帯社会におけるケアの実践 ── アフリカ社会の事例を中心に　210
　4-1　子育て　211
　4-2　分与の共同体　213
　4-3　病と障害　215
　4-4　老いと死　218
5　おわりに ── ケアの実践と生存の未来　222

第9章　生存基盤曼荼羅
　　　　── 指数解釈のための試論 ──

峯　陽一

1　ゲシュタルト転換としてのパラダイム転換　227
2　三圏の論理と進化　229
3　存在の根源としてのケア　234
4　両界曼荼羅と南方曼荼羅　238
5　生存基盤曼荼羅の萃点　244

6　おわりに　250

Appendix　253
執筆者紹介　283
索引　287

序章

生存基盤指数の目指すもの

杉原　薫・佐藤　孝宏・和田　泰三・峯　陽一

1 はじめに

　本書の課題は，生存基盤の持続的発展の方向を明らかにするために，生存基盤指数を作成し，その結果と含意を示すことである．生存基盤パラダイムの内容については本講座第 1 巻，とくにその序章において説明を試みた．第 1 巻では歴史的な観点からパラダイムの方向性が論じられている．そして，第 2-第 4 巻がそれをふまえた地球圏，生命圏，人間圏のより具体的な展開とケース・スタディであるのに対し，本書では再びパラダイム全体の議論に戻り，第 1 巻における歴史的な説明を，指数の作成という方法によって論理的，実証的に具体化しようと試みる．本書はその意味において，第 1 巻とともに講座全体の枠組を設定するとともに，一定の視角からその意義を論じるという役割を担っている．

　生存基盤指数の作成は，グローバル COE プログラムの構想段階から課題に上がっていたので，われわれは，5 年近い時間をかけてこのプロジェクトを遂行したことになる．その中間報告は，佐藤孝宏・和田泰三「生存基盤指数からみる世界」(佐藤・和田 2010) にまとめられた．その後，指数そのものの作成が本格化し，何度か国際会議でも報告して，海外の専門家の反応も考

慮しながら修正が重ねられた．できあがった指数の提示とその解釈（第2編）に，研究史的なレビュー（第1編）と今後の展開の可能性についての論考（第3編）を加えてできあがったのが本書である．

　本章では，なぜ指数の作成を試みるのか，それは生存基盤論にとってどのような意味があるのかを論じる．

2 「人間開発に関わる価値」から「生存に関わる価値」へ

2-1　人間開発に関わる価値

　生存基盤指数の基礎となる考え方は，人間開発指数の検討から生まれた．そこでまず，人間開発指数の作成を動機づけた「人間開発に関わる価値」を考えてみよう．そのためには，そのもう一つ前に存在した指標を思い起こすのが便利である．

　戦後の冷戦体制のなかでアメリカを中心とする自由主義陣営が掲げた近代化・社会発展を示す最も有力な量的指標は経済成長による生活水準の向上であった．経済成長という概念の背後には，古典派経済学の「国富」という考え方があり，ケインズ政策の登場でますます重要となった経済の規模や変化を統計的に計測する方法（マクロ・アカウンティング）があった．GDP（国内総生産）は，直接にはある国で一年間に生み出される生産物の額をあらわす数字にすぎないが，その成長率はしばしば経済と社会の進歩を最もわかりやすく表現するものとされた．そして，生活水準の指標とされたのが，GDPを人口で除した「1人当たりGDP」という指標だった．公害問題が起きたとき，「くたばれGDP」と叫ばれたことでもわかるように，GDPに基づく指標は当初から鋭い批判を浴びていた．経済成長の果実を享受し，そのメリットを認める人にも決して完全だと思われていたわけではない．しかし，1人当たり所得の向上そのものを悪いと考える人は少なかった．民主主義や自由主義と異なり，この指標は体制を超えた（したがって社会主義陣営もこれを共通の目標として競争できる）説得力をもつと考える論者もいた．

したがって，人間開発指数が作成され，1人当たり所得，教育，健康の三つの指標を等価で取り込むことになったとき，「1人当たり所得」という指標の背後にある生活水準の向上という価値も，3分の1の比重で取り込まれた．もちろん，人間開発指数の背後にある価値は，「1人当たり所得」では捉えきれない，個人の潜在能力の開発であり，教育水準の向上，平均余命の上昇などを測ろうとする指標は，所得よりも一歩踏み込んで潜在能力を測ろうという動機で採用されたのだから，無批判に取り込まれたわけではない．しかし，「1人当たり所得」という指標の背後にある経済発展への肯定的評価を否定する方向に進んだわけでもない．承知のように，人間開発指数の具体的な指標はその後改善され，複雑化したが，改善の努力は，政治的自由，差別，格差，ジェンダー，リスク，「人間の安全保障」などのキーワードで表現される，個人の潜在能力を増すためにはどうすれば良いかをより体系的に測ろうとする方向で行われてきた．総じてそれらは，人間圏の改善の方向をできるだけ明示的に示そうという関心であった．とくに公共圏における個人のエンパワーメントに焦点が当てられてきたように思われる（Sen 1999; 詳しくは本書第1章を参照）．

われわれは，こうした「人間開発に関わる価値」を承認し，そのうえで人類社会のより根底的な価値として「生存に関わる価値」に考察範囲を広げることを提唱する．

2-2　生存に関わる価値

まず，「人間開発に関わる価値」の視点は，人類の生存基盤の持続に不可欠な，地球圏，生命圏の持続を評価する方法をもっていない．言うまでもなく，現在の地球は，地球の公転，自転，太陽エネルギーといった大文字的要素の絶対的な影響のもとでその秩序をかたちづくってきた．また，地球上に存在する生命体は，太陽エネルギーの吸収や，水や大気の循環システムを不可欠の要素として成立している．生命圏において現在認められる多様性は，40億年に及ぶ生命の適応と淘汰の歴史の産物であって，個々の生命体は，その他の生命体と有機的に連結しながら生命圏を構成している．人間を生命

圏の一員としてみるならば，これを構成する一つの生物種にすぎない．他の生命を絶滅させてはみずからの生存基盤を確保することはできないのである．すなわち，地球圏と生命圏の二つの圏の持続が保証されなければ人間圏の持続はあり得ない．後述するように，生存基盤指数の作成に際しては，この三つの圏を等価に扱うが，しかし，人間圏がなくても地球圏，生命圏は存在していたし，生命圏の登場以前に地球圏が存在した以上，三つの圏には明確な序列がある．人間圏の持続は，他の二つの圏の持続に依存しているのである．

　したがって，もしわれわれが生存基盤の持続的発展ということを，個人のライフスパンを超えて，地球大で考えるならば，人間圏の持続への考慮を地球圏，生命圏の持続への考慮に優先させることはできない．2011年の東日本大震災の際，地球圏の鳴動によって幾多の人間の命が一瞬で奪われたこと，そして，快適な生活を求めて建設された東京電力福島第一原子力発電所の事故によって，長期にわたって地球圏と生命圏に負荷を与える環境汚染が引き起こされたことを考えても，現在の人間の生存のあり方を，地球圏と人間圏の持続という大きな枠組の内部に位置づけて評価する作業が不可欠になっているように思われる．「生存に関わる価値」を示そうとするなら，健全な地球圏と生命圏を持続させるための努力は，人間にとって直接に重要な人間開発の努力と，少なくとも同等のウェイトを与えられなければならない．

　「人間開発に関わる価値」にも，地球圏，生命圏がもたらす人間圏への恩恵（資源や景観の提供など）は含まれるが，地球圏，生命圏の論理がつかさどる環境の持続性そのものの評価は，少なくとも明示的には含まれていない．もちろん，人間開発指数以外の既存の指数には，環境の持続可能性をはかる指標もある．だが，それらの指標は，概して地球環境を人間圏の論理から捉えた指数となっているように思われる（本書第2章参照）．われわれは，「生存に関わる価値」を表現する指標として，物質・エネルギー循環の維持（地球圏の持続のための指標）や生物多様性の保全を可能とするような環境（生命圏の持続のための指標）を，人間の生存のための指標とともに，採用すべきだと考える．図序-1の上欄は，この系列の指標を示したものである．これに対し，下欄の指標は，人間開発の側からみた，三つの圏の生存基盤としての

	地球圏	生命圏	人間圏
生存に関わる価値	物質・エネルギー循環の維持（減災・環境保全）	生物多様性の保全（共生・生命の再生産）	親密圏の確保（愛情・尊重・尊厳）
人間開発に関わる価値	消費エネルギーの確保（水・エネルギーへのアクセス，インフラ整備）	バイオマス資源の確保（食料・原料の確保，感染症の制御）	公共圏の拡張（自由，平等，平和，潜在能力）

図序-1　生存基盤指数の考察範囲

価値を表現している．

次に，「人間開発に関わる価値」では，人間圏の論理のなかでも，生命・種としての人間により近い，親密圏の論理の持続性評価は，なお公共圏のそれの背後に隠れたかたちでしか表現されていないように思われる．人間は，まず生命体として生きなければならない．そして，生命体としての「生きる力」は，第一義的には個人の生存を家族や社会関係のなかで保証するところの「親密圏」の確保によって可能となる．生まれたばかりの子どもにとって，あるいは死に直面する老人にとって，最も重要な「生存に関わる価値」は愛情，尊重，尊厳などであって，自由や勤勉の精神ではない．われわれはそれらを総称して，最も広い意味での「ケア」という概念で呼ぶことを提唱する．ケアは，人間開発に関わるすべての価値の根底にあり，人間圏だけでなく，地球圏，生命圏を含む生存圏との人間の交渉能力とその前提となる理解力を規定する価値である．

2-3　潜在能力からケアへ

「人間開発に関わる価値」の背後にある「潜在能力」(capability) という考え方は，個人の「福祉」(well-being) の確保と発展に焦点を当てたものである (Sen 1992)．われわれも，自由な個人の多様な活動の総和が大きくなればな

るほど，社会が豊かになるというJ. S. ミル『自由論』の考え方に共感する（杉原 2007）[1]．しかし，人類史を地球の歴史や生命の歴史から切り離し，人類史としてのみ構想するのでは生存基盤の持続性を確保することはできない．人類史はあくまで地球圏，生命圏の歴史の一部であり，それらを母体として出現し，やがてそれらを一部制御しはじめたところの「部分」であるにすぎない．したがって，人間が自然環境にどのように対峙するかは，人間圏にとって，潜在能力の開発にひけをとらない重要性をもっている．

また，それとも関連して，われわれは，人類史を，公共圏的権利の拡大の歴史としてだけみるのではなく，具体的な生活の場でケアの実践をつうじて生存基盤を確保・拡張してきた歴史を基底において，理解したいと考える．生存基盤の確保は，潜在能力の開発だけに集約できない，より基底的な価値を前提しているように思われる．

人間の側からみれば，生存基盤の確保にとって直接重要なことは，資源（エネルギー，水，食糧，生産要素としての土地など）の確保と環境の制御（疫病，自然災害，公害への対応）であって，地球圏，生命圏の長期的持続（水熱循環の維持やエコシステムの保全）ではない．そこには時間，空間スケールの違いに由来するさまざまな立場の違いや利害対立が生じる可能性がある．すなわち，一方では人間は，生存基盤の直接的確保と生活水準の向上のために，自然に介入し，制御しようとする．と同時に，自然環境への介入が環境の持続性を損なわないようにという配慮もしなければならない．場合によっては，環境保全のために，資源の獲得を制限しなければならない．われわれは，こうした課題を背負った人間が三つの圏に対峙するときにとるべき姿勢を「ケア」と表現する．人間は，自らを取り巻く環境を承認し，自然に対しても他の人間に対してもその存在の持続を尊重し，そのために必要な事項に配慮しなければならない．すなわち，人間は，三つの圏のなかでそれらとの関係のあり方を定義し，方向づける視座，自律性と共感能力をもたなければならな

---

1) A. K. セン（Amartya K. Sen）はエージェンシーの自由として，理想（そこには他者の潜在能力の拡大が含まれうる）を実現させるために自己の福祉の低下を引き受けるという，自己犠牲的な行為の価値を評価しようとするが，これはセンがガーンディーの思想に共鳴する部分でもある（Sen 1992: Chapters 4 and 7）．ただし，個人の可能性の開花を謳歌する人間開発の議論の流れでは，この点は強調されてこなかった．

い．ケアは，この意味において，潜在能力の開発をその一部とするところの，より根底的な価値である．

ここで，もう一度「1人当たり所得」と「人間開発指数」の関係を想起してみよう．われわれは，「人間開発指数」が「1人当たり所得」を，一定の批判と再解釈を試みつつ指標として取り込んだのと同じ精神で，「生存基盤指数」に「人間開発指数」を取り込みたいと考える（もちろん，具体的な方法は同じではない）．それは，人間開発指数の目指す潜在能力の開発という方向性が，三つの圏の理解を深め，人類社会の自然環境との関係を改善することに貢献する可能性をもっているという意味で，生存基盤指数の目指す地球環境の持続という目的と整合的だと考えるからである．

われわれは，本巻において以上の論点をより明示的に指標化し，「人間開発に関わる価値」をその一部としつつ，人類社会の生存基盤の長期的な持続性評価をより包括的に示すところの「生存に関わる価値」を表現する指数を構築しようと試みる．

3 生存圏の持続性評価

3-1 異質な論理の承認と評価

地球圏，生命圏が人間に持続可能な発展を目指せる環境を提供してくれるかどうかは，人間圏の論理によってだけでは判断できない．地球圏の論理，生命圏の論理に照らして持続可能かどうかが判断されなければならない．生存基盤指数を作成しようとするとき，人間開発指数の作成の場合との一つの大きな違いはこの点にある．

ここでは，われわれのもう一つのキーワード群である熱帯と温帯の区別について考えてみよう．地球圏，生命圏の論理の示すところは，熱帯のほうが温帯よりも圧倒的に太陽エネルギーの放射量が多く，したがって潜在的には（熱帯雨林に蓄積される）バイオマスの量も多い，ということである．ここには，人間圏で想定されているのとは異質の論理による生態環境の潜在力がき

わめて明確に示されている．われわれが生存基盤指数に「可能性指数」を設け，こうした生態的指標でもって，「熱帯のほうが温帯よりも潜在的に多くの人口扶養力をもつ」とするのは，いかにもラフな想定であるようにみえる．しかし，現在熱帯，亜熱帯に居住するのと同じ規模の人口を寒帯，亜寒帯の生態環境で維持できるわけではない．そういうことは歴史的になかったし，現在の人口動態から判断して近い将来ありそうだとも思えない．そもそも温帯にこれだけ先進国が集中しているにもかかわらず，人口比では現在すでに熱帯のほうが多くなっている．19世紀から20世紀前半にかけて温帯の人口が熱帯を上回ったときには，温帯の経済発展のために熱帯資源の開発が熱心に行われた．国別の議論ではなく，より大きな区分で人類史を考えるかぎり，生態的な径路依存性の存在は明らかである．

しかし，それはあくまで可能性としての熱帯の優位にすぎない．現実の熱帯は，乾燥オアシス地帯から熱帯雨林にいたる，きわめて多様な気候と植生によって特徴づけられ，それらの特徴は大気と水の循環によって規定されている．もちろん，大気・水循環と生物多様性との間に相関があるといっても，植物が実際に受け取るエネルギーの量はきわめて小さいので，相関がみられない地域も少なくない．また，ヒマラヤ山脈とそこから流れ出る水系は，通常の熱帯・温帯区分による環境の特徴づけに大きな修正を加えている．にもかかわらず，これらの特徴の多くは人類史以前から存在し，現在にいたるまで基本的に継続しているものであり，歴史的にそれぞれの地域の人口扶養力を大きく規定してきた要因である．

他方，人間圏において最も長期の検証に耐えうる「可能性」指数はおそらくその社会の人口扶養力であろう．人口密度では，現在のところ温帯と熱帯の間に大きな差は認められず，むしろ，温帯のほうがやや高い値を示している．ただし，国連の人口推計によれば，21世紀半ばまでには世界人口は90億人を突破し，その増加の多くが熱帯諸国に集中しそうである．人間開発に関する価値の視点から言えば，これは世界の貧富の格差を拡大する可能性を示しているようにもみえる．しかし，地球圏，生命圏の長期的持続性評価の視点からは，これはむしろ歓迎すべき傾向のように思われる．

最後に，われわれは，地球圏，生命圏の人間による撹乱要因を指数化し，

持続性評価を調整する．たとえば，二酸化炭素の排出量の多い国や，生態系の基盤をなす生産力を超えた消費を行っている国は，撹乱指標によって評価が下がることになる．

　こうして作成された地球圏と生命圏の持続性評価は，いったい何を「測った」ことになるのか．人間開発指数との比較でいえば，われわれは，現実の生活水準や潜在能力に直接貢献しているものでも，資源ストックとして経済的に認知でき，将来の生活水準に貢献できそうなものでもなく，生存基盤の確保に中長期的に貢献できるであろうものを測ろうとしている．すなわち，地球圏，生命圏の論理が人間圏にどのくらいの発展のチャンスを与えてくれるか（生存基盤を多くの人間に与えてくれる可能性がどのくらいあるか）を測ると同時に，人間圏の論理（人間による生存基盤への働きかけ）が地球圏，生命圏の持続性にどの程度ケア（配慮）しているかを測る（後者に問題があれば，その分を差し引く）．これらの二つの側面を同時に考慮するために，本書第 2 編では可能性指数，関係性指数，撹乱指数の三つの指数を各圏について示し，総合指数を作成する．一方では地球圏，生命圏の論理の基層性を認知し，生存基盤指数の主たる決定要因におきつつ，人間圏による逆規定の要素も勘案しようというわけである．

　われわれは，どうして人間圏の都合とただちには関係のない地球圏，生命圏の論理にこだわって，それを指数化しようとするのか．それは，それらの論理を物理的，生物的なデータで表現し，それらをそのまま指数化するほうが，現在の知識から将来の人間と自然環境との関係のあり方を推測するよりも「可能性」をより確実に表現するのではないかと考えるからである．膨大な科学的知識の蓄積にもかかわらず，われわれは，現在の人間と環境の相互作用が生存圏の将来にどのような影響を及ぼすかを正確に予見する能力を獲得できていない．自然災害の予測能力だけをみても，それは明らかである．相互作用の全体を直接測るために，分析枠組を正当化し，その中長期的有効性を主張するのは容易ではない．これに対し，地球圏，生命圏の論理は，将来人類が交渉に入るであろうと思われる自然環境の基本的特徴を示しているので，間接にではあるが，人間圏にとっての可能性を安定的に指し示すという利点をもっている．

考察範囲を拡大させればさせるほど，「測れるもの」から「測れないもの，測りにくいもの」へと対象領域が拡大する．「なぜ指数にするのか」「意味のあるメッセージが得られるのか」といった疑問も生じてくる．しかし，指数の生命は数字の確実性だけにあるのではない．測るものの内容と規範的な意味も重要である．

3-2　なぜ各圏を3分の1ずつのウェイトにするのか

　先進国の生活実感で考えれば，災害の脅威が感じられず，気候が安定していて資源の豊富なところ（あるいは自由に資源が外国から買えるところ）では，生存基盤指数が環境の安定性に3分の2のウェイトを与えることは過大に感じられるかもしれない（東日本大震災後の日本ではこの心配はいらないかもしれないが，どこでもそうだというわけではない）．しかし，第一に，たとえばインドネシアのような熱帯の国の視点で考えれば，環境の安定性，持続性にウェイトをかけることははるかに自然にみえる．第二に，グローバルに生存圏を考え，地球温暖化のような「意図せざる帰結」の重要性を考えると，宇宙船地球号に乗っている人類としては，地球圏，生命圏の論理にこのくらいのウェイトをかけておいたほうがよいようにみえる．地球圏，生命圏の動きのなかで，現在の科学技術で制御できる部分はきわめて小さく，その分だけ不確実性が高いからである．

　こうした視点の変遷を，もう少し歴史的にたどってみよう．1960年代に欧米で生まれた公害運動，環境運動は，温帯に位置する先進国の運動として起こった．その後，人口問題，資源・エネルギー問題は，グローバルな問題として議論され，熱帯の発展途上国の問題としても取り上げられたが，熱帯における環境運動は，それらとは一線を画した，比較的ローカルな運動として起こった．他方，気候変動に関する政府間パネル（Intergovernmental Panel on Climate Change; IPCC）に結集した科学者の問題提起で地球温暖化問題が政治問題として取り上げられるようになったのは，1990年代後半のことである．つまり，これら三つの運動の流れは相対的に独立していた．したがって，持続可能性を考えるこれまでの立場では，熱帯のローカルな地域社会の視点か

	対象領域	主体	発端と成果（例）	立脚点
温帯の環境運動	ローカルな生存基盤の確保	住民運動 NGO	沈黙の春 農薬の制御	温帯からグローバルへ
熱帯の環境運動	ローカルな生存基盤の確保	民衆運動 NGO	ガーンディー主義 大規模ダム建設中止	熱帯からグローバルへ
科学者の活動（IPCCなど）	グローバルな生存基盤の確保	科学者 国際NGO	地球温暖化問題の政治化 京都議定書	グローバルからローカルへ

図序-2　生存基盤への関心の立脚点

ら提起されてくる環境保護の重要性と，科学者によるオゾン層の破壊の指摘のような関心とは，必ずしも有機的に結びついてこなかった（図序-2）．

　われわれは，生存基盤へのこれらの関心を総合することによってはじめて地球圏，生命圏の持続性に対するウェイトを説得的に論じることができると考える．現在，そうした総合が十分に行われていないとすれば，それだけわれわれのウェイトづけは異常に高いようにみえるかもしれない．だが，われわれが，ローカルな生存基盤の持続を内包した，真にグローバルな生存基盤の持続を求めるなら，異常なのは認識の遅れのほうかもしれない．人間開発指数の作成の際にも，三つの指標を3分の1ずつにしなければならないという決定的な理由はなかった．しかし，それは全体としては正しい方向性を示していたように思われる．われわれもまた，人類社会の関心を正しい方向に拡大することを試みたい．

3-3　なぜ経済指標を採用しないのか

　本講座第1巻でも論じたように，われわれは，地球社会の生存基盤を理解

するための基本的な視点を地球史,生命史,人類史に置く.その含意は,産業革命以降の近代経済社会の指し示してきた発展の方向を相対化し,より長いタイムスパンで生存基盤を理解しようということである.

そのために,われわれは生存基盤指数の作成に際して,経済指標を直接採用せず,人口指標でみることにした.人類史の大部分において熱帯が重要だったことは広く認知されている.過去数世紀についてみても,一人ひとりの人間が,その生活水準や教育の有無に関わりなく対等の価値をもつと考えると,世界史において温帯より熱帯が重要になるのは明らかである.1820年代以降の推計をみると,GDPベースで考えれば温帯が世界の中心だが,本章の議論は,GDPベースの世界像を前提しない.人口ベースでみれば世界史における温帯の中心性は限られた時期にのみ当てはまる現象のようにみえる(杉原 2010: 55-56).

とはいえ,過去2世紀近くにわたって,人口比でみても温帯への相対的なシフトは生じた.おそらく人類史の初期には生存基盤として熱帯のほうに「比較優位」があったのだが,それが長い時間をかけてしだいに変化し,16-18世紀までには温帯に移ったものと考えられる.ところが現在またそれが熱帯に戻りつつあるようにみえる.というのは,先進国のほうが「住みやすい」という常識にもかかわらず,現実には少子化などにより,熱帯の比率が着実に上昇しているからである.経済水準を無視して,生存基盤が確保できているかどうかでみれば,「比較優位」が静かに,しかし着実に,熱帯に再シフトしつつあると言えるのではないだろうか.かつて「比較優位」が熱帯から温帯に移動したときも,決して温帯のほうが「住みやすかった」わけではなかった.その結果,温帯の諸国が発展するためには生産性の向上に集中する社会をつくるしかなかった.現在もそのように目的を限定してしまったことの「無理」はいたるところに残っているように思われる.

それでは,生存基盤指数は,現実の生活水準・人間開発に関心はないのかといえば,そんなことはない.しかし,生活水準は唯一の基準ではない.個体の維持,再生産の維持(種の保存),それらのための必要生活手段の確保は,すべて生存基盤の確保に重要である.われわれは,現在の「人間環境の豊かさ」だけではなく,長期的な「地球環境の持続性」も求めようとする.した

がって，人間圏にとって直接の利益をもたらさない指標（太陽エネルギーの放射量など）が重視される．結果的に，現在の生活水準とはある程度かけ離れた評価となるのである．

ただし，経済水準が間接に反映されていないわけではない．二酸化炭素の排出量などは明らかに経済水準と相関している．しかし，すべて，環境に反映された結果として測られているので，金融・サービスなどは直接反映されず，物的生産・消費の水準がより直截に反映されがちである．人間開発指数と比べれば，「1人当たり所得」という基準からは大きく離れた結果となる．それだけ，地球上の富が温帯の先進国に偏在する現状への批判的評価が含まれているとも言えよう．

4 人間圏の持続性評価

4-1 多様性と平等

次に，人間圏の持続性評価への視点を人間開発指数のそれと対比しておこう．生物の種間多様性は，適応や淘汰をつうじて維持されるところの生命圏の本質的な論理であり，一つの種のなかの多様性も基本的には同様の適応や淘汰，変異を内包したものである．これに対し，人間は，こうした生命に本質的な多様性をみずから制御しつつ，それとは区別された次元で「多様性」と「平等」を求めてきた．本講座第1巻終章の表現を借りるなら，「多様なるものを秩序化する作用は，人間圏において不可欠であるが，それはしばしば自己中心主義に陥りやすく，他者や自然を周縁化する．そうした傾向性を修正し，諸存在の間の相互応答的な関係性を再構築するために参照されるべきであり，実際に人類史において参照されてきたのが，「平等」という理念である」（本講座第1巻終章）．すなわち，生存に関わる価値の視点からみると，まず人間の多様なニーズを認知し，それが満たされるようにケアすることが重要であるが，実際のケアは，家族内でも，コミュニティにおいても，さまざまな不平等や格差をともないながら行われてきたものと考えられる．

「平等」は，いわばこうした実態に対応するために，比較的遅い時期につくり出された価値である．現代では，すべての人間は，人種，年齢，性別，健康の状態にかかわらず，個人として等しく生存権（健康で文化的な生活を営む権利）をもつことが理想とされる．われわれもこうした自由，平等の理念を受け入れる．それは，多様な潜在能力を有する個人を平等に扱い，そのうえで自由や多様性の開花をうながす思想である．生命圏における多様性に比べると，理念の共有と行為主体性に依拠した多様性の希求であると言えよう．

　それでは，「生存に関わる価値」としての「ケア」は，より長期の文脈では，こうした人間社会の選択をどのように処理してきたのであろうか．人類は，「生存に関わる価値」が顕現する領域においては，少なくとも本能的に，あるいはさまざまな方法をもちいて，多様性の承認と多様なニーズのケアに向かって進んできたのではないだろうか．そうでなければ，家族，地域社会を形成し，その再生産を成功させ，なんとか戦争や紛争による殺戮を抑えて人口増加を続けてきた人間の歴史を解釈するのは難しいように思われる．生存基盤の人間圏的な基礎は，第一義的にはケアの実践だったのではないだろうか（詳しくは本書第8章を参照）．

　こうしてわれわれは，人間圏における最も重要なケアの主体を表現する指標として「世帯」を選ぶ．世帯は「同じ釜の飯を食う」集団であり，しばしば家族と重なる．ヨーロッパで発達した歴史人口学においては，徒弟制度などによる若者の早期独立，高い結婚年齢，低い結婚率からなる「北西ヨーロッパ型世帯形成」ルールが当てはまる地域が多いことが注目されてきた．J. ヘイナル（John Hajnal）がこの説を唱えたとき，インドなど大家族制が一般的な地域と比較したのは，北西ヨーロッパではこのルールが一つの要因となって事実上の人口抑制が近世から可能になったことを説明するという意図があった（Hajnal 1965, 1983）．ヘイナルの分類には，その後修正，発展の試みもあるが（Saito 2005），インドだけでなく，熱帯地域に位置する多くの国において大家族制が存在してきたことは事実である．死亡率が高ければ世帯の人数は減ることもあるので，大家族制のほうが世帯規模が大きいという保証はないが，他の要因に違いがなければ，高い出生率，低い結婚年齢，高い結婚率，人口増加につながりやすい制度だと考えられる．事実，熱帯に位置

する多くの発展途上国の出生率はこれまでのところ温帯の先進国よりも高く，その差の人口動態への影響は当分なくならないものと予想される．

　われわれは，家族制度の違いにかかわらず，結果として一世帯当たりの人数が大きければ大きいほど「ケア」のチャンスが広がるという意味において，世帯の大きさを人間圏，とくに親密圏の安定性の指標としたい．少子化によって現実化した，極小家族の急速な拡大を考えれば，親密圏の安定性は先進国にとって最も深刻な課題の一つである．

　もっとも，世帯はしばしば構成員のなかにヒエラルキーを生み，平等からはほど遠いケアのかたちをつくり出すことも少なくない．世帯当たりの人数が多ければ多いほど構成員が平等になるという関係は，歴史的にも直観的にも認められない．そこでわれわれは，上述の「平等に基づいた多様性」を間接に表現する指標として男女人口比を採用したい．ある国・地域の男女人口比が自然の比率から大きく乖離して女性の数が少ない場合には，世帯当たりの人数が多くても必ずしも平等なケアが実践されていないと想定するのである．

　われわれが表現しようとするのは，ケアの主体が安定的に存在し，かつ多様性と平等が共存するような人間圏である．本書第2編ではそれ以上の処理はできないが，われわれは，公共圏でのケアを考えるときにも，親密圏におけるそのようなケアを前提し，それを補完したり代替したりする，多様性の共存のために必要なケアという視点，ひろがりを重視すべきだと考えている．

4-2　生存圏のライフサイクル的理解

　人間開発指数の背後にある考え方のもう一つの問題点は，人間圏が公共圏を中心に理解されているということである．公共圏が人間に持続可能な発展を目指せる環境を提供してくれるかどうかは，公共圏の論理だけによっては決まらない．親密圏の論理に照らして持続可能かどうかが判断されなければならない．

　図序-3は，教育年限の延長と高齢化によって，人々が公共圏に入る年齢が高くなり，かつ定年退職後，死ぬまでの期間が長くなったこと，その結果，ライフサイクルを全体としてみると，公共圏で過ごす時間が相対的に少

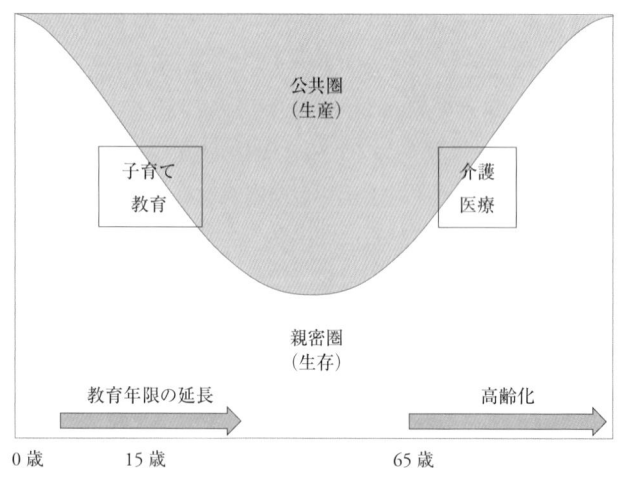

図序-3 親密圏と公共圏

なくなりつつあることを示す．その影響は人間の生存基盤の全体にみられ，経済発展や技術革新の方向にも及びつつある．たとえば，先進国のエネルギー消費の構成をみると，製造業におけるエネルギー消費は省エネ技術の普及で小さくなってきたが，逆に高齢化などによって家庭での消費は上昇しつつある．技術革新の方向も，必ずしも生産の現場で決まるのではなく，親密圏，あるいは，教育や医療・介護の現場のような，親密圏と公共圏の接触領域において決まることが多くなってきた．たとえば，先端企業が工作ロボットより介護ロボットの開発に向かうといったことが起こると，親密圏におけるコミュニケーションの質が技術革新の質に従来よりも強く影響するようになっていくだろう．

　ここでのポイントは，親密圏の重要性をこうしたライフサイクルとの関連において認識すべきだということである．「ケア」は，公共圏における自由，平等や勤勉といった価値よりもライフサイクルを貫通した基底性をもつ概念である．これまでの理解においては，ライフサイクルの各段階で，人間にとって重要な価値が変化していくこと，公共圏における価値のウェイトもまた変化していくことにはあまり注意が払われてこなかった．国家の社会政策・社会保障は，いわば親密圏の領域への公共圏からの対応であるが，それ

は「ゆりかごから墓場まで」を国家が覆い尽くすということではない．福祉国家は，親密圏における愛情やケアを前提とし，それに依存しつつその一部を代替・補完するものとして生まれた．その評価は，公共圏の側からだけではなく，親密圏やそれを間接に規定する地域の生態環境の側からも行われなければならない．

4-3　熱帯人間圏からの視点

　最後に，もう一度生存基盤指数を，既存の研究や人間開発指数と比較することによって，われわれの人間圏の持続性評価の特徴を確認しておきたい．われわれは，人間圏を完全な自律性をもったものとしてではなく，三つの圏からなる生存圏の一部と考える．したがって，たとえば熱帯地域の発展径路を考えるときにも，この地域の環境的特徴，太陽エネルギーの吸収量や生物多様性，あるいは突然の自然災害が径路に大きな影響を及ぼすだろうと仮定する．

　経済発展に関する従来の研究において熱帯の意義を最も先鋭に意識していたのは W. A. ルイス（William Arthur Lewis）であった（Lewis 1954）．ルイスは，世界経済を温帯と熱帯に区分し，両地域における実質賃金の格差を農業生産性の上昇率の違いに求め，さらに温帯の高賃金国を中心とする白人の移民と熱帯の低賃金国を中心とするインド人や中国人の移民によって両地域に異質の国際労働市場が成立していたことを指摘することによって，世界経済が統合されても，熱帯の農業生産性が上昇しないかぎり要素交易条件が改善されず，「南北格差」が固定化する可能性を示した（Lewis 1970, 1978）．しかし，いわゆるルイス・モデルの開発経済学的な展開のなかでは，熱帯と温帯の生態的違いはあまり問題にされず，古典派経済学が想定した資本，労働，土地を生産の 3 要素とする枠組がほぼそのまま踏襲された．熱帯が地球圏，生命圏においてもつ中心的地位は議論の枠から外され，熱帯地域の住民の食糧の生産性だけが問題とされたのである．

　われわれは，熱帯における生存基盤の持続的発展を展望するとき，たとえば熱帯雨林に蓄積された膨大なバイオマスの量，あるいは乾燥オアシス地帯

における太陽エネルギーの潜在的な吸収量と，それがもつ豊かな可能性を分析のなかに入れる必要があると考える．それによって，諸地域の生存基盤の潜在力が正しく理解されることになろう．そして，熱帯地域の貧困が温帯の先進国の経済発展をモデルとするのではなく，地域の潜在力に根差した発展径路によって克服される道が開けるであろう（杉原 2010）.

さらに，生存基盤への着目は，人間圏の理解も深めるであろう．「豊かさ」や「発展」に関する従来の認識は，貧困や格差を人間圏由来の問題に関係づけがちであった．しかし，真の豊かさを獲得するには，生存基盤を持続させることが前提となる．人間開発指数では個人の「自律」が重視されているけれども，人間圏の論理をその基礎にある親密圏の地平から捉え，地球圏，生命圏の論理との共存・重畳を理解しようとすれば，むしろ「共感能力」への注目が重要である．熱帯人間圏では，自然環境を持続させるための共感能力と共鳴した，ケアの実践に価値を置く社会の共感能力の向上が課題となることが多い．本書第 7 章は，自然災害に遭遇した熱帯社会のレジリエンシー（柔軟対応力）に着目することによって，その基底性を描いている．だとすれば，それらが「豊かさ」や「発展」の第一義的な内容を構成することが望ましい．

そして，こうした視点は，熱帯人間圏の分析にのみ当てはまるのではなく，温帯の先進国の人間圏の理解にも役立つのではないかというのがわれわれの発想である．たとえば，先進国における少子化傾向や自殺の多さなどに，人間社会と自然環境との相互関係が疎遠になったり，不自然になったりしていることの影響はないだろうか．われわれは，本講座第 3 巻に収録したような地域研究の知見に基づく熱帯人間圏理解をふまえてこのような問いを発することによって，生存圏のより深い径路依存性に思いいたることができよう．そのことの重要性は，もしわれわれが地球圏と生命圏の論理への配慮を欠いたまま人間開発指数の含意を解釈すれば，たちまちこれらの圏の攪乱を前提とした発展を無防備に認めてしまう可能性があることからも明らかである．そうなれば，人間開発指数の解釈もまた，上述のルイスの解釈がもたらした研究史上の問題点をそのまま引き継ぐことになってしまうであろう．

こうして，「人間開発に関わる価値」から「生存に関わる価値」への考察範囲の拡大は，発想の大きな転換をわれわれに迫るものである．本書第 9 章

は，転換が誘発する研究課題の広がりと知的想像力の深まりをスケッチしている．生存基盤指数は，そうしたパラダイム転換の可能性を見据え，道を切り開くためのステップとして作成された．

参考文献

Hajnal, J. 1965. "European Marriage Patterns in Perspective", in D. V. Glass and D. E. C. Eversley (eds), *Population in History: Essays in Historical Demography*, London: Edward Arnold, 101–143（木下太志訳．速水融訳編『歴史人口学と家族史』藤原書店，2003 年，349–414 頁）．

―― 1983. "Two Kinds of Pre-industrial Household Formation System", in R. Wall et al. (eds), *Family Forms in Historic Europe*, Cambridge: Cambridge University Press, 65-104（浜野潔訳．速水融訳編『歴史人口学と家族史』藤原書店，2003 年，415–478 頁）．

Lewis, W. A. 1954. "The Economic Development with Unlimited Supplies of Labour", *Manchester School of Economic and Social Studies*, 22(2): 139–191.

―― 1978. *Growth and Fluctuations, 1870–1913*, London: George Allen and Unwin.

Lewis, W. A. (ed.) 1970. *Tropical Development, 1880–1913: Studies in Economic Progress*, Evanston: Northwestern University Press.

Saito, O. 2005. "The Third Pattern of Marriage and Remarriage: Japan in Eurasian Comparative Perspectives', in T. Engelen and A. P. Wolf (eds), *Marriage and the Family in Eurasia: Perspectives on the Hajnal Hypothesis*, Amsterdam: Aksant, 165–194.

佐藤孝宏・和田泰三 2010．「生存基盤指数からみる世界」杉原薫・川井秀一・河野泰之・田辺明生編『地球圏・生命圏・人間圏 ―― 持続的な生存基盤を求めて』京都大学学術出版会，395–420 頁．

Sen, A. K. 1992. *Inequality Reexamined*, Oxford: Clarendon Press（池本幸生・野上裕生・佐藤仁訳『不平等の再検討 ―― 潜在能力と自由』岩波書店，1997 年）．

―― 1999. *Development as Freedom*, Oxford: Oxford University Press（石塚雅彦訳『自由と経済開発』日本経済新聞社，2000 年）．

杉原薫 2007．「J. S. ミル『自由論』」日本経済新聞社編『経済学　名著と現代』日本経済新聞出版社，139–153 頁．

―― 2010．「グローバル・ヒストリーと複数発展径路」杉原薫・川井秀一・河野泰之・田辺明生編『地球圏・生命圏・人間圏 ―― 持続的な生存基盤を求めて ―― 』京都大学学術出版会，27–59 頁．

第 1 編

既存指数の生成過程とその批判的継承

第1編のねらい

「生存基盤」は一つの歴史観である．人類は熱帯・亜熱帯において生まれ，成長し，そこで培った技術を温帯に移植して，短期間に爆発的な経済成長を実現させた．現在の人間社会の技術，制度，文化は，温帯的な環境を前提としている．しかし，長期的に見れば，現在の温帯の優位はむしろ例外ではないだろうか．地球環境が提供する生命扶養力，人口扶養力，危機に対処する人間圏のレジリエンス，自然と人間の新陳代謝を持続可能にする制度と技術など，多彩な側面において，私たちは熱帯の本源的な力を感じ取ることができる．

だが，そのような力を素直に計測できるような既存の「ものさし」は存在していない．存在しないなら，私たち自身の手でつくろうではないか．そう考えて議論していくうちに，「生存基盤指数」が姿をあらわしてきた．

本書で提示する生存基盤指数は歴史を正面から扱ってはおらず，あくまで「現在のスナップショット」にすぎないが，変数の選択にあたっては地球の中長期の歴史を強く意識した．指数を構成する九つの変数のなかには，刻一刻と変わるものもあれば，歴史的に安定しているものもある．生存基盤指数を読み込むと，これらの組み合わせにおいて「熱帯の潜在力」が浮かび上がってくる．

生存基盤指数それ自体については，デザインと分析に最前線で取り組んだ若手研究者たちが，次の第2編で詳しく解説する．第1編は，その前提として「どのような問題意識のもとで生存基盤指数が生まれたか」を解説しようとするものであり，学術論文の用語では「先行研究サーベイ」にあたる．「生存基盤指数」は，何もないところからひねり出したアイデアではない．そこには人間と自然をはかる過去の指数への批判があり，部分的な継承関係がある．

第1章「生存基盤をはかる—GDP・HDIを超えて」は，国内総生産（GDP）と人間開発指数（HDI）という二つの主要な「発展指数」を概説し，それぞれの問題点を指摘する．それから，地球環境を考慮する総合的な指数の要件を議論した「スティグリッツ委員会」の提言を検討する．既存の指数が抱え込む温帯バイアスは，「人間バイアス」，「貨幣バイアス」，「国家バイアス」という三つに整理される．生存基盤指数は，それぞれのバイアスを打ち消すようにデザインされるはずである．生存基盤指数は，人間存在を包み込む自然の潜在力を評価するものになるだろう．生存基盤指数は，ごく最近になって地球を覆うようになった貨幣ではなく，時代を貫通して計測できるはずの実物的なストックを中心的な変数とするものになるだろう．それはまた，国家を序列づけするのではなく，国民国家よりも広い，あるいは狭い「地域」を単位として，生存基盤の未来の展望を考えていこうとするものになるだろう．次元が異なる変

数は無理に統合せずに並置するような,ダッシュボードの思考も重要である.

続く第2章「人間圏と地球圏・生命圏をつなぐ指標」は,地球圏と生命圏をあわせた「地球環境」をはかろうとしてきた既存の指数群を正面から検討する.1972年のローマ・クラブの『成長の限界』を起点として,有限な地球環境を管理する政策資料としての環境指標が提案されはじめた.1992年のリオデジャネイロの「地球サミット」を経て,市民社会の参加も加速し,新たな環境指標が次々と生み出されている.持続的発展に関わる指標はすでにおよそ900存在しており,毎年60の新しい指標が生み出されているという.本章は,生物多様性を評価する「生きている地球指標」,人間による資源の消費を評価する「エコロジカル・フットプリント」,環境政策の達成度を評価する「環境パフォーマンス指標」,環境の脆弱性と人間の備えを評価する「環境脆弱性指標」の四つをとりあげて,詳しく解説する.これらの先行指数は,環境破壊の激しさについて警鐘を鳴らすものと人間の実践を評価するものとに大別されるが,政策的な即効性を意識しているところは共通である.地球圏と生命圏の論理を生かしつつ,長期の歴史における今という時代の固有性,そして地球という大空間における地域の固有性を大づかみに捉えるような,斬新な指数への期待が表明される.

このように,本編の二つの章は,温帯において発達した既存の指数に内在している複合的なバイアスを明らかにする.有力な既存指数の批判的検討をつうじて,それらを超えていく生存基盤指数の基本思想が浮かび上がるはずである.

[佐藤孝宏・和田泰三・峯　陽一]

第1章

生存基盤をはかる
── GDP・HDI を超えて ──

峯　陽　一

1 価値が指数のフレームを決める

　「はかる」という行為は知覚や意識と表裏一体のものである．直接の対象とは別のモノやコトを参照することで対象の形状や価値を推し量るという行為は，人間に特有のものではないと考えられるけれども，共通の参照枠組みに関する集団の合意を個体間のコトバによるコミュニケーションでつくりだそうとする営みは，きわめて人間らしいといえるだろう．「はかる」行為はさまざまな局面においてあらわれる．手近な国語辞典をめくってみると，この言葉に当てられる漢字は，計る，測る，量る，図る，謀る，諮るとさまざまである．

　事物をはかる基礎単位としての度量衡（長短，多少，軽重）の「ものさし」は，人間の身体の一部，多彩な収穫物，移動できる距離などを基準として世界各地でさまざまなものが工夫されたが，交通と交換の場としての市場圏が局地的なものである間は，それらは局地的な社会の成員の間で共有されてさえいれば何の不都合もなかった．たとえば，革命前のフランスには 300 種類もの度量衡が存在しており，王権や革命政府による単位の統一の試みにもかかわらず，日常生活において人々は古い単位を使いつづけたという．フラ

ンスにおいて子午線の長さを基準とするメートル法が考案され，それが人々の暮らしに定着するまでには，長い年月が必要だった．欧州に発する中央集権的国民国家は人口管理の手段を発展させたが，これが現代の統計学の端緒にもなったとされる（阪上 1999; 阪上・後藤編 2007）．

やがて，交通と交換の広がりによって国民国家を単位とする計量のレジームが成立し，それらの相互交渉のなかから，メートル，グラム，アンペアのように世界の平面を覆い尽くすいくつもの共通の尺度が成立していく．12音の平均律は世界の音楽文化を支配するようになり，私たちは神楽の笛の音を「調子外れ」だと感じるようになってしまった．世界の通貨は金本位制を経て，変動相場制によって相互に交換可能になったが，現在では米ドルが基軸の位置にある．近年では，ポスト冷戦時代のグローバル化の進展とともに，世界の各地で暮らす人々の広義の「生活の質」を比較，計測する動きが盛んになってきた．その対象は，人々の福祉と安寧であったり，制度の安定と透明性であったり，環境と人間の新陳代謝の持続性であったりする．世界各地の文理融合的な研究プロジェクトがこれらの「指数開発」に取り組んでおり，学術研究機関やシンクタンクが成果を競い合っている．持続可能性と並んでとくに近年注目されているのは，いわゆる幸福 (happiness) という主観的なものを計測する指標である[1]．

私たちは，生存基盤をはかる指数の開発に取り組んだ．しかし私たちは，既存の「ものさし」をそのまま洗練させることで，現代世界が直面する課題を浮き彫りにできるとは考えていない．地球の姿，世界と人間の社会の姿を評価する道具としては，すでにさまざまな指数が開発され，使われてきた．だが，既存の指数はすべて（そして私たちの指数もまた），多彩な変数のなかからいくつかを，ある程度の恣意性をもって抜き出したものである．データを収集し計算する手続きは科学的に最大限正確でなければならないが，そもそもの変数の選択は指数開発者の価値観を反映しているわけだから，「客観的な指数」というものは，厳密にいえば存在しないことになる．変数の選択において働いたバイアスは，開発された指数が影響力をもてばもつほど自ら

---

1) 日本では 2010 年に内閣府に設置された「幸福度に関する研究会」が，2011 年 12 月に「幸福度指標試案」を発表している．http://www5.cao.go.jp/keizai2/koufukudo/koufukudo.html

のバイアスを強化し再生産し，変化に対する人間の社会の適応能力を弱めていく方向に作用することになりかねない．

　地球圏・生命圏・人間圏をはかろうとする私たちは，先行する既存の指数には，強い「温帯バイアス」が働いているのではないかと考える．旧時代の世界の工業化の中心地，そして植民地帝国の宗主国は，ことごとく温帯に位置している．熱帯は，現在では世界人口の半数が暮らしているにもかかわらず，列強の植民地として分断され，従属を強いられた歴史をもつ．熱帯が本来もつ力は過小評価され，その大地と労働が生み出す富の多くは温帯の富に算入されてきた．既存の有力な指数は，人間の力に対するものとしての自然の力，公共圏に対するものとしての親密圏の役割を軽視することで，貨幣的富以外の分野においても温帯が高位に評価されるようなかたちでデザインされているのではないだろうか．

　既存の指数のいくつかは前提となる価値観を明示的に表明しておらず，あるいは明示されていたとしても，指数を読む者はそれらの価値前提をあまり吟味せずに，各国のランキングに集約される指数の結果を普遍的なフレームに基づくものであるかのように受け取っている．しかし，私たちは，そのようなコミュニケーションのあり方はけっして有益なものではないと考える[2]．私たちは新たなパラダイムとして，「熱帯の力」を正当に評価すべきだという価値前提を明示しつつ，かつ学術的な首尾一貫性を損なわないようなかたちで，オルタナティブな指数を示すことを試みたい．本章の目的は，既存の指数の複合的なバイアスを指摘することで，求められる指数の輪郭を描き出すことである．

---

[2] 価値前提を明示することが重要である．G. ミュルダール (Gunnar Myrdal) が述べたとおり，「経済学における絶え間のないかくれんぼのゲームは，規範を概念のなかに隠すことである……．隠されることによって，それらはますます陰険になり，ますます捕らえどころがなくなり，そのためますます混乱を招きやすくなる」(Myrdal = 山田・佐藤訳 1967: 295)．なお，頭蓋の計測や IQ テストなど，人間を「科学的」に計測しようとする試みの多くは赤裸々な人種主義に動機づけられており，その価値前提はかつては大っぴらに語られていた (Gould = 鈴木・森脇訳 2008)．

2　諸国民の富の計測 ── GDPと「国力」

　A. スミス（Adam Smith）によれば，諸国民の富は「全国の土地および労働の年々の生産物の価値」(Smith＝大内・松川訳1960（第2巻）: 202, 353) である．これは今日でいうところの国内総生産（Gross Domestic Product; GDP），すなわちある国において一定期間に生産された財とサービスの総計に対応する．GDPは，生産された財とサービスの購入者価格の合計から中間投入財を差し引いたものであり，1国で1年間に生み出された付加価値の総和である．

　GDPを含む国民所得統計が格段に進歩したのは，20世紀に入ってからのことであった．A. マディソン（Angus Maddison）の『世界経済の成長史』のように，過去およそ2世紀にわたる世界各地のGDPの成長を跡づけたすぐれた研究もあるが（Maddison＝金森訳2000），当然のことながら，歴史的なデータは推計値である．前世紀に国民所得統計が充実した背景には，政策科学としての経済学の発展，すなわちマクロ静学としてのケインズ経済学の興隆があり，景気循環の研究があり，社会主義計画経済の研究があった．複雑な経済システムに働きかけるには，集計化された生産の総量の年々の変動だけではまったく役に立たない．そこで，ある程度まで操作可能な集計的変数として，投資，貯蓄，金利，失業率などの個別的な統計も整備されていった．官民が有する資産保有量や通貨供給量などのストックとあわせて，これらは各国および広域的な経済ユニットの政策介入に役立つ有効な道具として現在も機能している．現実に生きる人間を等閑視してGDP成長率を物神崇拝する態度は厳しい批判を受けるが，もともとこれらの統計は，有効需要の創出によって完全雇用を実現しようとするケインズ『一般理論』(Keynes＝間宮訳2008）の枠組みを政策化する道具として整備されたという側面がある．

　「諸国民の富」すなわち国民の富裕度を示すわかりやすい指標としても，過去半世紀，1人当たりGDP（ないしGNP，もしくは国民所得）が大いに利用されてきた[3]．1978年に創刊された世界銀行の『世界開発報告』巻末統計

---

3)　GDPは当該国の居住者が国内で行った生産活動を対象とするものだが，これに当該国の居住者が国外で行った生産活動の価値を加えると国民総生産（Gross National Product; GNP）になる．

28

も，すべての国々を 1 人当たり国民所得によってランクづけしてきた（ただし，1998 年度版からアルファベット順に変更された．これは後で述べるように，人間開発指数に「敗北した」ということである）．資源の賦存量と資本，労働生産性に大きな変化がない人口大国と人口小国を比較すれば前者の GDP が大きくなるのは当然だから，経済活動の程度を国ごとに比較しようとするならば，GDP それ自体ではなく，人口で割った 1 人当たり GDP を使わなければならない．GDP アプローチの強みは，それが単一の尺度だということである．貨幣がすべての富の共通の尺度だとすれば，通貨が交換可能であり，市場経済が支配的である場所の富は，完全に通約可能となる．すなわち，食料生産から週末の映画鑑賞まで，貨幣のやりとりが媒介するあらゆる人間の活動を単純に足し合わせることで，「国民の豊かさ」としての「国力」がシンプルに表現されるのである．東西冷戦の時代には，両体制それぞれの優位を示す材料として，各国の GDP 指標がよく使われた．

しかし，人々の福祉をあらわす指数として GDP が大きな問題を抱えていることは，繰り返し指摘されている．ここでは二つのバイアスを指摘しておきたい．第一は，国家バイアスである．GDP は国ごとに確実に集計され，国民所得統計の取り方についても多国間の精緻な取り決めがあるから，よほどの紛争国でもないかぎりデータの欠損はない．その意味できわめて使いやすい数字なのだけれども，1 人当たりの国富のデータは国民の均質性を仮定しているので，そこから国内の再分配ないし不平等の程度を読み取ることは不可能である（Milanovic 2005）．コンゴ民主共和国の 1 人当たり GDP を見ても，東部で難民状態にある子どもと希少金属の輸出で巨万の富を築いた首都キンシャサの富豪の違いは見えてこない．中国の 1 人あたり GDP を見ても，上海の不動産業者の所得と内陸の寒村の農民の所得の違いは見えてこない．住民の 90％の所得が減少し，残り 10％の所得が大幅に上昇する状況のもとでも，その国の 1 人当たり GDP は上昇しているかもしれない（峯 2004）．

第二は，貨幣バイアスである．GDP は計量可能なものというより，貨幣換算が可能なものだけを対象とする．貧困は所得水準が低いことであり，幸

統計の利用目的にもよるが，かつては GNP が多く使われ，近年では GDP が使われることが多い．本章では文脈によって GDP を使ったり GNP を使ったりするが，論旨には影響しない．

福は所得水準が高いことであるという通念にしたがうなら，1人当たりGDPの高さは国民すべてに生活の豊かさを保証できる「可能量」の大きさを示すということはできるだろう．しかし，貧困は個々の家計の所得が低いことと必ずしも同一ではない．個々人の健康な生活は所得の高さによって自動的に達成されるものではないし，無償の義務教育の実現や社会保障の整備などは，1人当たり所得のみならず社会政策の質にも大きく左右される．また，文化的な尊厳や，家族生活，共同体への参加といった計量不能な要素も生活の豊かさの一部を確実に構成しているが，GDPには反映されない．さらに，たとえば車の渋滞によるガソリン消費量の増大など，明らかに環境を破壊し個人の不快感を高める非合理的な「経済行動」がGDPを押し上げるということもある．東京電力福島第一原子力発電所の事故をうけた放射能の除染活動もGDPに算入されるが，それが暮らしの豊かさを示すものだとは誰も考えないだろう．

　GDPに代表される物的富の際限なき拡大を批判する作品としては，ガーンディー主義の影響を受けたドイツのE. F. シューマッハー（Ernst Friedrich Schumacher）の『スモール・イズ・ビューティフル』（Schumacher＝小島・酒井訳 1986），近年ではフランスのS. ラトゥーシュ（Serge Latouche）の『脱成長』の理論（Latouche＝中野訳 2010）などがよく知られているが，政策科学としての経済学の語彙と理論を使いながら，1人当たりGDPの着想を最も有効に批判したのはA. K. セン（Amartya K. Sen）だろう．この視覚が最も明確に示されたのが，1980年に刊行されて注目を集めた『貧困と飢饉』である（Sen＝黒崎・山崎訳 2000）．センは南アジアとアフリカの飢饉の事例を検討しながら，1人当たり食料供給量が平年並みであっても，局地的な不作や食料価格の高騰によって飢餓が深刻化していく事態を見事に跡づけてみせた．職業集団や居住地域，ジェンダーや年齢といった属性に応じて，飢饉は人々にきわめて不均等な影響を与える．国全体の生産や所得の総量を増やすことは手段にすぎず，ひとりひとりの人間の福祉の向上が目的であるとすれば，集計化されたデータを脱集計化（disaggregation）していく視点が必要になる（峯 1999）．

3 人間開発指数（HDI）── 人間圏からの GDP 批判

このように大きな問題を抱える GDP への信仰を打ち砕くことはできないだろうか．そのような動機をもって，UNDP (United Nations Development Programme; 国連開発計画) は，センの厚生経済学の理論とりわけケイパビリティ (capability, 潜在能力) の枠組みに依拠しながら，1990 年に人間開発の考え方を打ち出し，同時に人間開発指数 (Human Development Index; HDI) を発表した (UNDP 1990; Fukuda-Parr and Kumar 2009)．ケイパビリティとは，特定の社会的および個人的な状況のもとでひとりひとりが達成できる機能 (状態と行為) の束の集合である (Sen‒池本ほか訳 1999)．基礎的なケイパビリティに含まれるべき機能，すなわち人間開発の基本的な構成要素として，UNDP は健康，教育，所得の三つに着目し，これらの 3 変数で構成される合成指数を案出した．健康指数は平均余命，教育指数は識字率と就学率 (2010 年に就学年数に変更)，所得指数は 1 人当たり GDP (2010 年に 1 人当たり国民総所得に変更) である．HDI はこれらの指数の単純平均として算出される．

このように，HDI の 3 分の 1 は健康指数，3 分の 1 は教育指数，3 分の 1 は経済指数である．GDP は排除されずに取り込まれたけれども，3 分の 2 のウェイトで社会開発の指標が重きをなすというデザインになっている．指数のデザインがこうなった背景には，1980 年代に IMF (International Monetary Fund; 国際通貨基金) と世界銀行の指導のもとでアジア・アフリカ・ラテンアメリカの多くの国々に導入された構造調整政策がある．「小さな政府」を求める構造調整政策のもとで，失業が増加し乳幼児死亡率が上昇するなど，社会開発の指標が悪化したことを懸念したユニセフ，WHO (World Health Organization; 世界保健機関), ILO (International Labour Organization; 国際労働機関) などの国連機関は，構造調整の見直し，すなわち「人間の顔をした調整 (Adjustment with a Human Face)」を求めて動きはじめた (Cornia et al. 1987)．こうした流れを受けて，国連の開発機関の活動を調整することを任務の一つとする UNDP が社会開発のパフォーマンスに重きを置く指数の開発に乗り出し，そこに「人間的な (human)」という形容詞がかぶせられることになった

のである．

　ところが，HDIの構想に協力を求められたセンは，「荒削りすぎる」という理由で当初は強く反対したという (Sen 1999)．HDIはたった三つの変数の国ごとの平均値である．脱集計化と多様性の意義を説くセンが，GDPのような集計値に対抗する別の集計値を策定することに抵抗したのは，当然だともいえる．ケイパビリティ理論を下敷きにして，人間開発は「人々の選択の幅を広げることで，価値ある人生を送れるようになるプロセス (the process of enlarging the range of people's choices so that they can lead lives they value)」と定義されている．価値ある人生は多様であることを定義において明示している人間開発の達成を，なぜたった三つの変数で評価できるのか．

　最終的にセンは，HDI開発のイニシアチブをとったマブーブル・ハク (Mahbub ul Haq) の考え方を受け入れることになる．ハクの主張は，次のようなものだった．「ひと組の表によってGNPの支配を打ち砕くことはできない．人々はそれらを，敬意をもって見るだろうが，開発の手っ取り早い尺度を使うときになったら，人々はやはり，飾り気のないGNPに戻ってしまうだろう．GNPは荒削りだけれども，便利だからだ」．「私たちに必要なのは，GNPと同じくらいに低俗だが ── たった1個の数字 ──，GNPのように人間の生活の社会的側面に目を閉ざしたりはしないような，そんな尺度だ」(Sen 1999)．つまりHDIは，GNPに対抗しGNPにとってかわるという，戦略的な意図をもって開発された指数だったのである．そして，その意図は大きな成功を収めた．近年では，各国の入門的な基礎情報としてはHDIが使われ，1人当たりGDPは経済統計の一部として扱われることが増えている．

　しかし，GDP批判から始まって主流に躍り出たHDIも，いくつかのバイアスから自由ではない．HDIの影響力が定着した今だからこそ，私たちは，そのバイアスを子細に検討していく必要がある．ひとりひとりの人間の福祉に接近しようとした分だけ，HDIがGDPの貨幣バイアスから離れたことは確かである．GDPは貨幣的価値の総和だが，平均余命指数と教育指数は，貨幣的な計量とは全く無関係である．HDIの三つの変数は単位がまったく異なっているから，「1個の数字」を得るために，HDIではそれぞれを0から1の間の数値に換算してから単純平均をとるという合成指数の形式をとっ

ている．

　だが，HDI は GDP から国家バイアスを引き継いでいる．平均余命にしても就学年数にしても，国家を単位とする平均値であるから，当該国の住民内部の不平等は見えてこない．センの脱集計化の考え方からすれば，これは看過できない弱点であるはずである．HDI そのものはデータさえあれば脱集計化も可能であり，2008 年の『アメリカ人間開発報告書』のように，選挙区ごとに HDI を算出して国内の地域的な不平等を提示することもできる（Burd-Sharps et al. 2008）[4]．また，各年度の HDI では広域的な国家群のデータも提示されている．しかし，全体として HDI は，GDP にかわる国のランキングの道具として流通しているのが現状である．

　1 人当たり所得と HDI パフォーマンスの相関が国ごとに大きく異なる場合があるのは興味深いけれども，全体としては 1 人当たり所得が高い国ほど HDI も高くなる傾向がある．教育指数が 3 分の 1 であるから，教育を重視する「東アジア型発展径路」をたどった国々の HDI も高い．感染症の脅威にさらされる熱帯とりわけサハラ以南アフリカでは，平均余命の低さによって HDI が押し下げられる．概して，地域別に見れば温帯の HDI が高く，熱帯は低くなっている．生産高から離れた要素を加味してはいるものの，各国のランキングを見れば，HDI の示す世界が，GDP の示す世界からラディカルに訣別しているわけではないことがわかる．

　人間開発という名前の通り，HDI は人間圏のみに焦点を当てた指数であり，そのような意味で人間バイアスが強く，環境制約は一切考慮されていない．また，人間圏をはかる指数としてはきわめて規範的で，文化の質的な多様性は考慮されていない．教育も長寿も量的な評価であって，質的な内容を問うものではない．ひるがえって GDP は，人間の経済活動には自然の搾取的利用が含まれているという意味で，人間と自然の新陳代謝を包含する指数であるから，HDI と比べると人間バイアスは総体的に弱いともいえる．自然エネルギーの利用も GDP に含まれるけれども，一般的には GDP が増大すると環境負荷も強まるので，環境の持続性という観点からは GDP の成長

---

[4]　最近は 2010-11 年度版の報告書も出版されており，アメリカ各地の人間開発の達成を詳細に比較できるインタラクティブなウェブサイトが公開されている．http://www.measureofamerica.org/

率は大きすぎない方が望ましいという価値判断も可能であろう．そのような意味で GDP は，環境に関する情報を部分的に取り入れた指数である．しかし，HDI の方は高ければ高いほど善であるというデザインになっており，GDP 以上に前向きで楽天的な性格を有している．

　UNDP は『人間開発報告書』の各巻において，上記のような HDI の弱点を補う新たな指数を提案してきた[5]．たとえば，1995 年の報告書ではジェンダー関係の二つの指数が提示された．ジェンダー開発指数 (Gender-related Development Index; GDI) は，HDI の達成度が男女間で完全に平等な状態を 1 として，女性の達成度が低いほど数値が下がるという指数である．ジェンダー・エンパワーメント指数 (Gender Empowerment Measure; GEM) は，国会議席，専門職・技術職・管理職のポスト，そして所得における男女比を計測する指数である (UNDP 1995)．また，1997 年の報告書で発表された人間貧困指数 (Human Poverty Index; HPI) は，発展途上国向けの HPI-1 (死亡率，識字率，水・低体重・医療の欠如) と OECD 諸国向けの HPI-2 (死亡率，識字率，貧困率，失業率) の 2 種類の指数で構成されており，豊かな国と貧しい国のニーズに別々の指数でアプローチするとともに，達成よりも欠乏に着目する手法を打ち出している (UNDP 1997)．

　『人間開発報告書』から 20 周年を記念する 2010 年度版報告書では，さらにいくつかの新機軸が導入された．そこでは，完全平等社会においては HDI と一致するが不平等度が強まれば数値が下がっていく不平等調整人間開発指数 (Inequality-adjusted HDI; IHDI)，貧困者の数と貧困の多次元性を数値化した多次元貧困指数 (Multidimensional Poverty Index; MPI)，リプロダクティブ・ヘルス，エンパワーメント，雇用の 3 領域における女性と男性の不平等を数値化するジェンダー不平等指数 (Gender Inequality Index; GII) といった新たな指数が提案されている (UNDP 2010)．これらの指数は，センの潜在能力理論に加えて，社会的厚生関数に基づいて不平等を測定するアトキンソン指数 (Atkinson Index) を応用するなど，数理経済学的な色彩が濃い．

　すでに 20 冊を超えた『人間開発報告書』の各年度版では，地球温暖化，

---

[5]　1990 年から 2000 年までの各年度の『人間開発報告書』の概要を知るには，足立 (2006) が便利である．

第 1 章　生存基盤をはかる

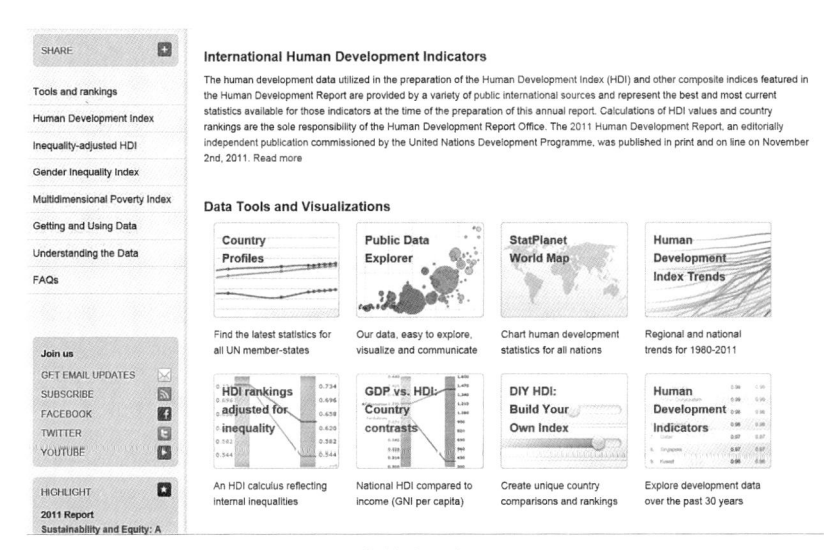

図 1-1　人間開発指数（HDI）のインターフェイス
出典：http://hdr.undp.org/en/statistics/

水問題，移住，多文化共生，民主主義，科学技術，ジェンダーなど多様な特集が組まれており，HDI の構成要素に限定されない豊富な統計情報が毎回発表されている．HDI の発表から 20 年が経過したことにより，経時変化を追えるようになっているのも貴重である．最近の目立った実験としては，UNDP の『人間開発報告書』ホームページにおいて，誰でもインタラクティブに HDI 関係の多面的データにアクセスできるようになったことが挙げられる．新しく導入された指数の計算方法は非専門家には直感的には理解しにくいが，この難点を補うかのように，使いやすく平易にデザインされている．そこでは誰でも HDI の絵地図を作成することができるし，国を選んで時系列変化のグラフを作成することができるし，HDI と不平等，所得，その他の多彩な変数との相関を視角化することができる（図 1-1）．自由に変数を選び，ウェイトを指定して，オリジナルな指数を作成することもできる（図 1-2）．指数を「個人の好み」に解消するところから新しいものが生まれるとは思えないが，地域研究者にも使い勝手がよく，UNDP の旗艦 (flagship) 的な存在であり続けている HDI の広報ツールとしても効果的だろう．

35

第1編 ──● 既存指数の生成過程とその批判的継承

図1-2　人間開発指数（HDI）のカスタマイズ
出典：http://hdr.undp.org/en/data/build/

　GDPやHDIが集計された「好ましい生」に焦点を当てた達成の指数であるのに対して，上記のようにUNDPは，「生きにくさ」および「排除されているのは誰か」に焦点を当てる指数も開発してきた．この流れはミレニアム開発目標（Millennium Development Goals; MDGs）や「人間の安全保障」へと引き継がれ，21世紀に入って新たな展開をみせつつある．本章ではこれ以上は触れないが，「正を増やす」ことを評価する指数に対して，「負を減らす」ことを評価する指数もまた，独自の評価が必要であろう．

4 スティグリッツ＝セン報告書 ── 富，生活の質，持続可能性の統合指数へ

1990年以降，GNPにとってかわる指数としてHDIの力が強まる一方で，指数研究は他の方面でも新たな展開をみせはじめた．エコロジカル・フットプリント（Ecological Footprint）をはじめとする環境指数が影響力を増してきたこと，そして主観的な幸福の計量が急速に普及してきたことは，近年の重要な変化である．さらに，社会科学において数理的な実証主義が力を得てきたこと，科学者と非科学者のコミュニケーションの素材として定量的なデータが盛んに加工されるようになってきたこと，そして，地理情報システム（Geographic Information System; GIS）によるデータの提示技術が進化したことも見逃せない．

これらを背景に，フランスのサルコジ大統領の呼びかけで，ノーベル賞経済学者J. E. スティグリッツ（Joseph E. Stiglitz），同じくセン，そしてJ. P. フィトゥシ（Jean-Paul Fitoussi）に率いられた「経済パフォーマンスと社会進歩の計測に関する委員会」が設置された．同委員会は2009年にはネット上で，翌年には紙媒体で『われわれの生活をはかり間違える─なぜGDPではうまくいかないのか』と題する報告書を発表した（Stiglitz et al. 2010）．

この報告書は新しい指数を提示したわけではない．むしろその一歩手前で踏みとどまり，今後の指数開発においてふまえられるべきチェックリスト（12項目の提言）を提示したところに特徴がある．この報告によって近年の「指標ブーム」に拍車がかかり，これとは無関係に検討を開始した私たちの生存基盤指数も含めて，ここ数年の指標研究は報告書の内容をふまえないわけにはいかなくなった．私たちの問題意識に引きつけて，ここで報告書の提言の要点を三つに要約しておきたい．それぞれ報告書の第1部，第2部，第3部の内容に対応する．

第一は，経済統計を個人に引きつけることである．GDPは基本的に生産統計であるが，ひとりひとりの人間の福祉を計測しようとするなら，生産の総量よりも家計の所得と消費に焦点を当てた方がよい．つまり経済統計は，

個々の人間が現実に何を享受できて，何を実現できるかを明らかにすることを重視すべきだ，というのである．家事労働をはじめとする家庭内の労働はGDPに入らない．介護派遣が算入されて家族の介護が算入されないGDPは，福祉の水準をはかる総合的な指数としては欠陥を抱えていることになる．報告書は，民間医療保険や私立学校など市場を通じて個人が受け取るサービスのみならず，無償の医療や公立学校のように現物給付が行われる場合も，統計に算入されなければならないという．アジアやアフリカの自給農業の文脈では，市場で購入した農産物の消費のみならず，農産物の自家消費も統計に算入されなければならないだろう．

このように報告書は，インピュテーション（帰属計算）の手法を駆使して，既存のGDP統計には盛り込まれないことが多かった家庭内労働や余暇，インフォーマル経済，公的セクターの無償サービスなどの非市場的経済活動を可能な限り統計に盛り込み，さらに再分配と不平等に関する情報も入れていくことで，ひとりひとりの人間が現実に享受している豊かさと貧しさを反映した経済統計を整備していくように訴える．すべてを可能なかぎり貨幣価値に換算し，国民所得統計の徹底的な拡張によって新たな指数を生み出していくという方向性である．

第二は，主観と客観の統合である．報告書は，個人による厚生の主観的評価が生活の質の評価の重要な一部をなすことを確認し，脳科学などの先端分野とも協力しながら，質問票の標準化など国際比較を可能にする手法を開発していくよう提言している．ただし，セン自身は幸福の主観的計量にはかねてから批判的な立場を示している．幸福という質的なものを人文学の領域から切り離して量的に集計する手法は，新古典派経済学の効用理論との親和性が強い．とりわけセンが懸念するのは，慢性的な困窮状態に置かれている弱者は強者の気まぐれな施しにも大きな喜びを感じてしまう，という事態である（Sen＝池本ほか訳 1999: 77-78）．幸福の主観的な計測を一人歩きさせるべきではなく，物質的厚生水準の評価と組み合わせなければならない．

第三は，環境を正面から考慮することである．私たちの生存基盤指数の文脈において，環境と人間の結びつきを検討した報告書第3部は，たいへん参考になる．持続可能性の考察においては自然資源を資本と同様にストックと

して理解すべきである．ただし，多様なストックの変数を共約可能な単位によってはかることは容易でないため，多くの機関は数十種類の大量の変数を並置することで持続可能性を計測しようとしてきたが，これでは現実的に使えない．他方，二酸化炭素排出量をはじめとする多くの変数を組み込んでウェイトをかける HDI 型の合成指数の試みもあるが，変数の選択とウェイトの根拠が明示されないことが多いため，この種の指数は政治的に利用されてしまう．さらに，非貨幣的な経済活動を貨幣換算することで GDP を拡張するという，上記の国民所得計算の充実と並行するかたちで，自然環境のストックを徹底的に貨幣換算する試みも行われてきた．「緑の GDP」や「真正貯蓄」(Genuine Savings) などの試みであるが，資源の消費の過大さ，ないし資源再生のための投資の過小さを計測する基準が明らかでないこと，また，市場の取引に入ってこない自然を貨幣で表現することの原理的な難しさといった問題を抱えている．

　こうした問題を回避する手法として，報告書はエコロジカル・フットプリントを相対的に高く評価しつつ，国際貿易も考慮に入れて，各国別ではなく地球規模のフットプリントを考えていくべきだと説く．さらに報告書は，11個の提言の最終項目において，変数を十分に絞り込んだダッシュボードのアプローチを提案する．車の燃料計と速度計はどちらも重要であるが，この二つのメーターを単一のメーターに統合しても意味がない (Stiglitz et al. 2010: 19)．車のダッシュボードには複数のメーターが見やすく配置されているが，航空機のコクピットのような多数のメーターは車には必要ない．変数の絞り込みと選択，ストックの変化への着目，そして指数の最終的な提示方法が重要な課題になるだろう．

　この報告書の守備範囲は包括的であり，人間圏中心の既存指数を環境と人間の新陳代謝を含めたものにまで拡張し，次世代の指数の展望を示した予備作業として，大いに参考になる．だが，経済学者を中心とする 24 名もの著名な研究者の共同作業ということもあって，スティグリッツ＝セン報告書には両論併記の折衷的な記述が多い．徹底的な計量への意思は一貫している．そのうえで，GDP の統計的改善においては貨幣的計量によって人間の生活のすべてを表現する方向に向かい，人間の生活の質的評価においては主観と

客観を並置させる方向に向かい，環境と人間の相互作用の領域においては貨幣的評価と非貨幣的評価を並置させる方向に向かうというのが，報告書の到達点であった．

5　既存指数から生存基盤指数へ

　ここまで，既存の重要な指数として GDP と HDI，そして指数開発の土俵を広げる指針としてスティグリッツ＝セン委員会報告の内容の概略を検討してきた．指摘してきた人間バイアス，貨幣バイアス，国家バイアスには，それぞれ存在理由がある．第一に，人間が一意的に変えられるのは人間圏の営みだけであるから，人間圏の指数を考えるのは実践的である．第二に，貨幣ですべての変数を表現すればすべてを集計化し，単一の数値で世界を簡明に表現できる．第三に，指数の基礎となる統計の多くは国家単位で集計されているし，各国の政府が本気で動くときにはじめて人間圏の実践は大きく方向性を変えることができるのだから，国単位で考えるのが実践的かつ現実的である．

　それはそれで合理的に見えるが，三つのバイアスが内包する限界を超えながら，それらの基礎にある「温帯バイアス」を乗り越えることができないかというのが，私たちの生存基盤指数の意図である．新たな指数の内容そのものは第 2 編の諸章で十全に説明されるので，ここでは GDP と HDI のバイアスについて整理した表 1-1 をふまえて，既存の指数の限界，そして生存基盤指数が目指す方向性をあらためてまとめておこう．

　第一に，既存の主要な指数には地球環境指数を含めて強い人間バイアスが伏在するのだから，そこからいったん距離を置いて思考してみることの意義を再確認しておきたい．たいていの環境指数は，人間圏の持続のために自然環境を持続的に「利用」することを主たるモチベーションとしている（詳しくは次の第 2 章を参照）．スティグリッツ＝セン委員会の視角も，自然の独自の論理があることを斟酌しつつ，やはり人間圏から持続可能性をみるという基礎は揺るがない．私たちは人間であり，人間圏に関心が向かうのは当然だか

表 1-1　GDP・HDI と 3 つのバイアス

	GDP	HDI
人間バイアス	弱	強
貨幣バイアス	強	弱
国家バイアス	強	強

ら，このバイアス自体が悪いというわけではない．しかし，私たちは地球と生命という，人間圏からさしあたり分離した圏のロジックを尊重し，くぐり抜けたうえで人間圏の課題に立ち戻るという迂回の手続きをとりたいと思う．それは，人間が直接にはコントロールできない自然の巨大かつ独自の力を尊重するところから，生存の価値を再考しようとするからである（本書序章）．

　人間圏に関しては，人間の本質主義的な理解を相対化することも必要である．ここでは詳述しなかったが，社会をはかる指数としては，ガバナンスや人権に関する指数も多数存在する．それらは公共空間における自立した個人を暗黙の前提としており，人間が共同体や家族といった「族的」空間に埋め込まれて存在していることはほとんど意識されていない．親密圏はそれぞれが固有の価値をもつ複数の空間であり，単一の指数による評価にはなじまないが，ここでは公共圏に拮抗する親密圏とケアの意義を押し出すという観点から，人間圏の指数として，世代のなかで人間が生まれ，家族のなかで生活し，天寿をまっとうする（あるいは，不条理な死を迎える）というライフサイクルに注目する（図序-3）．私たちは，人間圏と他圏の新陳代謝を捨象して人間の生のみを評価するという人間バイアス，そして，公共空間の共通の価値のみに依拠して人間の生を評価する人間主義的バイアスの両方を回避することで，人間圏そのものをとらえ直したいと考えている．

　第二に，貨幣バイアスから距離を置いて指数をデザインしたい．貨幣の物神化を回避するために，私たちは地球と生命を貨幣換算して価値を評価することはせず，スティグリッツ＝セン委員会が提唱するように貨幣的指数と非貨幣的指数を並置することもあえてせず，それぞれの構成指数において，対象となる変数それ自体の「量」とその地表空間における偏在を捉えることにした．したがって，生存基盤指数の基本的な尺度は面積あたりの量（ないし

数)としての密度である．HDIにならってそれぞれの変数を百分率で表現することにより，望むなら，合成指数としての集計も可能になる．貨幣換算という作業は市場を前提とするが，人間圏の歴史に規定された市場関係が生命と地球を覆い尽くすことは原理的に不可能である以上，基礎的な生存基盤指数が貨幣的計量から距離を置くことは，きわめて当然のことだと考える．スティグリッツ＝セン委員会の方向性では育児や介護といった家庭内のケアも賃労働と等価で貨幣的に表現する方向性をとっており，そのことには合理性もあるが，無償のケアと賃労働には共約不可能な質的差異があることにも注意を払いたい．

第三に，国家バイアスを超えて思考することの意義を，あらためて確認しておきたい．国民所得統計にかぎらず，既存の統計資料は国民国家をユニットとするものが多いから，生存基盤指数も大部分を国家単位の統計情報に依存している．だが，国家を単位とする情報には大きなバイアスがある．国内の不平等が見えないという問題に加えて，およそ10億の人口をかかえるアフリカは53の国民国家の単位に分割される一方，同じ10億規模の人口をかかえる中国やインドはそれぞれが一つの単位として計算されるというのは，じつはおかしなことである．より根本的な問題は，地球圏と生命圏のユニットは人為的な国境を越えるということである．たとえば，サハラ砂漠を国土に含むアフリカの国々は11ヵ国を数える．世界の大河川の多くは国境を越えて流れ，メコン川流域は6ヵ国である．雨雲も感染症の流行も国境で止めることはできない．したがって，国民国家を相対化する「人間の安全保障」の思考にならって，国家の上位と下位を考えることが重要である．すなわち国民国家という単位に加えて，気候や資源，生命の分布や歴史的規定性による「大地域」という上位単位，および国家の内部の地理的・歴史的な下位単位を，優劣を考えずに指数の対象にすることが望ましい．

国家バイアスによる情報制約をふまえつつ，私たちはさしあたり，国家の上位の大地域(便宜的には国家集団)を基本的なユニットと考え，GISの手法によって，生存基盤の構成要素の偏在を視覚的・直感的に理解できるように提示してみたい．それが本書にふんだんに盛り込まれた世界地図である．その一方で，九つの変数の背後には固有のロジックがあるから，計量的に利用

できるデータがあるかどうかにかかわらず，これらのロジックを念頭に置いたミクロなアプローチもできるのではないかと考える．地球規模のみならず，地域研究者がフィールドワークを展開する村落レベルにおいても，気候の変化と水の流れ，バイオマスと生物多様性，人間活動の環境負荷，そして人々の誕生，家族，死が存在する．マクロかミクロかを問わず，任意の単位において，ストックの量と質，そして人間圏と他圏の相互干渉による攪乱を考えることができるのではないか．

　集計された総量の力強さを示すという意味で，生存基盤指数は，MDGsをはじめとする貧困指数とは対照的に，GDPとHDIを継承している部分がある．私たちが求めたのは，GDPやHDIと同じくらいに荒削りだけれども，GDPやHDIよりは，地球圏・生命圏・人間圏の全体的なバランスに注意を払うような，シンプルな指数だといえる．私たちはHDIを継承し，多様性を少々犠牲にすることになったとしても，構成指数ごとに単一のわかりやすい変数を選ぶよう心がけた．スティグリッツ＝セン報告にみられるように，近年の指数研究は人間生活のあらゆる側面を幅広く取り込むとともに，ひとりひとりの個人の安寧を目的とする方向に向かっている．私たちはそのような方向の価値を全面的に承認するけれども，対象範囲の広がりと個人の焦点化の代償として，最新の指数研究には「望ましいシステム」の姿を描き切れない傾向があるように思われる．

　生存基盤指数では，荒削りではあっても，あえて大きな価値を措定しようとしている．その価値とは，あえて言えば「熱帯バイアス」である．支配的な「温帯バイアス」に「熱帯バイアス」で対抗し，地球の解毒を試みるということである．大きな単位から小さい単位に視線を移すと，ミクロには相反する力があり，それがダイナミックな変化の源泉にもなる．私たちの熱帯フレームは地を歩く者たちにどう受け止められるだろうか．フィールドからの批判に向かって，生存基盤指数を開いていきたい．

6 おわりに──「熱帯の力」

　地球圏，生命圏，人間圏をまたぐ生存基盤指数は，可能性指数，関係性指数，撹乱指数によって構成される．スティグリッツ＝セン委員会報告書の結論にみられるダッシュボードの比喩を使うなら，可能性指数は燃料計であろう．基本的に燃料はたっぷりあった方が遠くまで旅ができる．関係性指数はエンジンの水温計や回転計，そして室内温度計にあたるだろう．エンジンの調子はいい方がいいし，乗員が疲れたら長旅はできない．撹乱指数は速度計かもしれない．速度がゼロでは動けないが，制限速度の倍のスピードで走る車は異常であり，危険である．今の地球は，人間圏のドライバーが危険も燃費も顧みずに速度を競い合うのが支配的な規範となって，目的地を見失っているかのようだ．遅い車はもう少し速く走ってもよいだろうが，主要な問題は，速ければ速いほうがよいという規範の方ではないだろうか．暴走する撹乱指数への対処を軸に，人間圏の営為の方向づけによって三圏のなんらかの均衡を求めなければならない．メーターのたんなる並置を超えて，私たちはそこまで主張したいと思う．

　本章では，指数の提示にあたって温帯バイアスを超えることの意義を何度か繰り返してきた．生存基盤指数では，太陽エネルギー，水，森林バイオマス，生物多様性，人口力，家族力，それぞれにおいて「熱帯の力」が表現されている．数値の取り扱いは厳密に科学的でなければならないが，冒頭で述べたとおり，あらゆる指数において変数の選択は恣意的である．重要なのは価値自由の立場を装うことではなく，選択の根拠を明示することである．ただし，自然の力の大きさは，人間圏にとっては恩恵であると同時に，社会に巨大な負荷をもたらす．地震や火山活動，津波，干ばつ，洪水といった地球圏の動き，感染症の拡大をはじめとする生命圏の動きは，人間圏の働きと相互に作用しながら，一人ひとりの人間の生存に大きな脅威をもたらす．「熱帯の力」の大きさは人間圏にとっての価値を意味するだけでなく，生存のために人類が対処すべき挑戦の巨大さをも意味することに注意しておきたい．

　生存基盤指数は文理融合的な地域研究の営みのなかから生まれた．これま

で政策科学がほぼ独占的に策定してきた既存の人間圏を中心とする指数と比べると，かなり異質な部分があるかもしれない．しかし，生存基盤指数が他の指数から完全に孤立しているかというとそうではなく，批判的な「裏返し」を含めて，継承関係もある．センが HDI を批判したように，私たちの指数もまた荒削りであるけれども，そこに GDP や HDI の誕生につうじるような発生期の息吹を感じ取っていただければと思う．

参考文献
足立文彦 2006.『人間開発報告書を読む』古今書院.
Burd-Sharps, S., K. Lewis and E. B. Martins (eds) 2008. *The Measure of America: American Human Development Report 2008–2009*, New York: Columbia University Press.
Cornia, G. A., R. Jolly and F. Stewart (eds) 1987. *Adjustment with a Human Face Vol. 1: Protecting the Vulnerable and Promoting Growth*, Oxford: Clarendon Press.
Fukuda-Parr, S. and A. K. S. Kumar (eds) 2009. *Oxford Handbook of Human Development: Concepts, Measures, and Policies*, New Delhi: Oxford University Press.
Gould, S. J. 1996. *The Mismeasure of Man*, New York: W. W. Norton and Company（鈴木善次・森脇靖子訳『人間の測りまちがい —— 差別の科学史（上・下）』河出文庫, 2008 年）．
Keynes, J. M. 1936. *The General Theory of Employment Interest and Money*, London: Macmillan（間宮陽介訳『雇用，利子および貨幣の一般理論（上・下）』岩波文庫, 2008 年）．
Latouche, S. 2007. *Petit traité de la décroissance sereine*, Paris: Mille et une nuits（中野佳裕訳『経済成長なき社会発展は可能か？ ——〈脱成長〉と〈ポスト開発〉の経済学』作品社, 2010 年）．
Maddison, A. 1995. *Monitoring the World Economy, 1820–1992*, Paris: OECD（金森久雄監訳・政治経済研究所訳『世界経済の成長史 1820–1992 年』東洋経済新報社, 2000 年）．
Milanovic, B. 2005. *Worlds Apart: Measuring International and Global Inequality*, Princeton: Princeton University Press.
峯陽一 1999.「開発研究にセンがもたらしたこと」『経済セミナー』(1999 年 3 月号) 530: 15-19.
—— 2004.「アマルティア・センの経済思想とアフリカ」『国際経済』55: 7-39.
Myrdal, G. 1953. *The Political Element in the Development of Economic Theory*, London: Routledge and Kegan Paul（山田雄三・佐藤隆三訳『経済学説と政治的要素』春秋社, 1967 年）．
Schumacher, E. F. 1973. *Small is Beautiful: A Study of Economics As If People Mattered*, London: Blond and Briggs（小島慶三・酒井懋訳『スモール・イズ・ビューティフル —— 人間中心の経済学』講談社学術文庫, 1986 年）．
Sen, A. K. 1981. *Poverty and Famines: An Essay on Entitlement and Deprivation*, Oxford: Oxford University Press（黒崎卓・山崎幸治訳『貧困と飢饉』岩波書店, 2000 年）．
—— 1992. *Inequality Reexamined*, Oxford: Oxford University Press（池本幸生・野上裕生・佐

藤仁訳『不平等の再検討 —— 潜在能力と自由』岩波書店，1999年).
—— 1999. "Assessing Human Development", in UNDP, *Human Development Report 1999*, New York: Oxford University Press, p. 23.
Smith, A. 1776. *An Inquiry into the Nature and Causes of the Wealth of Nations*, London（大内兵衛・松川七郎訳『諸国民の富（1）-（5）』岩波文庫，1959-66年).
阪上孝 1999．『近代的統治の誕生 —— 人口・世論・家族』岩波書店．
阪上孝・後藤武編 2007．『〈はかる〉科学 —— 計・計・量・謀……はかるをめぐる12話』中公新書．
Stiglitz, J. E., A. Sen and J. P. Fitoussi 2010. *Mismeasuring Our Lives: Why GDP Doesn't Add Up: The Report by the Commission on the Measurement of Economic Performance and Social Progress*, New York: The New Press.
United Nations Development Programme (UNDP) 1990. *Human Development Report 1990*, New York: Oxford University Press.
—— 1995. *Human Development Report 1995*, New York: Oxford University Press（『ジェンダーと人間開発 —— 人間開発報告書1995』国際協力出版会，1996年).
—— 1997. *Human Development Report 1997*, New York: Oxford University Press（『人間開発報告書1997 貧困と人間開発』国際協力出版会，1997年).
—— 2010. *Human Development Report 2010*, New York: Oxford University Press（『人間開発報告書2010 国家の真の豊かさ —— 人間開発への道筋』阪急コミュニケーションズ，2011年).

第2章

人間圏と地球圏・生命圏をつなぐ指標

河 野 泰 之

1 はじめに

　本章は，地球環境に関する既存の指標を検討し，生存基盤持続型の発展を目指すためには，地球圏や生命圏の論理を組み込んだ新たな指標の作成が必須であることを示す．

　そのために，地球環境の指標化の歩みを概観し，それが自然地理学的な指標から地球環境に関する制度設計の基礎資料や環境政策の評価基準としての指標へと展開してきた過程をたどる．そして，国際的に認知されている指標として，世界自然保護基金（World Wide Fund for Nature; WWF）が作成している「生きている地球指標」（Living Planet Index）と「エコロジカル・フットプリント」（Ecological Footprint），イエール大学とコロンビア大学が共同で開発している「環境パフォーマンス指標」（Environmental Performance Index），南太平洋応用地球科学委員会（South Pacific Applied Geoscience Commission）が開発した「環境脆弱性指標」（Environmental Vulnerability Index）をとりあげ，その目的と特徴について検討する．さらに，これらの指標が共有する視座やねらい，制約をふまえて，持続型生存基盤研究における指標のあり方を論じる．

第1編 ──● 既存指数の生成過程とその批判的継承

2 地球環境の指標化の歩み

　自然環境は，人間の生存の源である．人類は，その誕生以来，自然環境を観察し，予測し，自然環境に適応するよう努めるとともに，その改造を試みてきた．とりわけ約 1 万年前に農耕を開始して以来，気温や降水量の経年変動や季節変動は，個々の人間のみならず社会の盛衰の明暗を左右してきた (Fagan 2004)．統治者は，超人的な能力で干ばつや洪水などの異常気象を予測し，抑制することによって，社会的，政治的な力を獲得してきた．環境を科学的に計測することも古くから始まっている．17 世紀になると温度計が発明され，17 世紀末には，風，気温，降水量等の定期的な観測がヨーロッパで始まった (橋本ほか訳 2005: 38-39)．そして，欧米列強による熱帯地域の植民地化によって，気象観測も世界各地へと展開した．このようにして集積された世界各地の気象データをもとに，気候区分の議論が盛んになる．その集大成として W. P. ケッペン (Wladimir Peter Köppen) は，月平均の気温と降水量に基づく気候区分を 1923 年に発表した．これが今日，最も一般的な気候区分の原型である．この気候区分が長い間，親しまれてきたのは，それが世界の多様な植生や農耕形態をうまく説明しているからである．

　このように発達してきた自然地理学的な指標とは視点のまったく異なる地球環境の指標化の引き金を引いたのは 1972 年に発表されたローマクラブのレポート『成長の限界』(Meadows et al. = 大来監訳 1972) である．「世界の人口，工業生産がいまのまま幾何級数的な成長を続けるならば，食糧不足や環境破壊によって 100 年以内に地球上の成長は限界に達するだろう」とする同報告のメッセージに対してはさまざまな異論が提示されたが，人間活動の地球環境への負荷が顕在化しており，それは特定の国や地域における対症療法のみならず，人類社会が協力して取り組むべき緊要の課題であるとする認識を世界が共有する端緒となった (von Weizsäcker = 宮本ほか監訳 1994)．そして同じく 1972 年にストックホルムで開催された国連レベルでの初めての環境会議である国連人間環境会議では，「人類は地球の管理者 (custodian) であり，人間は健全な環境で一定の生活水準を享受する基本的な権利を持つととも

に，環境を保護・改善する厳粛な責任を負う」とする「ストックホルム人間環境宣言」が採択された（「エネルギーと環境」編集部編 2003）．1980 年には，カーター・アメリカ合衆国大統領の命を受けて作成された『西暦 2000 年の地球』が発表され，政策立案の基礎資料として『成長の限界』よりさらに精緻な予測が提示された（アメリカ合衆国政府編 1980）．1984 年に設置された環境と開発に関する世界委員会（ブルントラント委員会）は，1987 年に『我ら共有の未来』と題する報告書を公表し，現実的な行動計画の緊急性を国際世論に思い起こさせた（環境と開発に関する世界委員会 1987）．このように，地球環境の危機に対する警鐘は鳴らしつづけられたが，具体的な行動には簡単には結び付かなかった．

1988 年ごろ，地球環境に関する意識に転機が訪れた（von Weizsäcker＝宮本ほか監訳 1994: 17）．オゾンホールの発生や地球温暖化，熱帯林の荒廃が，予測としてではなく，最新の測定機器を駆使して収集された客観的事実として，衝撃的な映像とともに報道されるようになった．これに各国の政治家が反応し，国際機関が応答した．1988 年 11 月には世界気象機関（World Meteorological Organization; WMO）と国連環境計画（United Nations Environmental Plan; UNEP）の共催により，「気候変動に関する政府間パネル」（Intergovernmental Panel on Climate Change; IPCC）が設立され，最初の報告が 1990 年に公表された（気候変動に関する政府間パネル 1991）．1992 年にはリオデジャネイロで「環境と開発に関する国連会議」（地球サミット）が開催された．その 20 年前に開催されたストックホルム会議には，当時の東西対立を反映して旧ソ連と東欧諸国の多くは参加しなかったし，首脳レベルの参加はスウェーデンとインドの 2 ヵ国のみだった（「エネルギーと環境」編集部編 2003: 252）．これに対してリオデジャネイロには，100 ヵ国以上の首脳が参集した．世界各地から集まった 2 万人以上の市民は，100 以上の国際会議からなる「グローバル・フォーラム」を企画し，地球サミットと並行して開催した．この様子は 7,000 人以上のジャーナリストによって世界中に発信された（von Weizsäcker＝宮本ほか監訳 1994: 64）．

長い道程を経て実現した地球サミットは，地球環境に対する国際的な取り組みの大きな転機となったが，地球環境の指標化においても重要な意義を

もった．第一に，経済の時代から環境の時代への転換 (von Weizsäcker = 宮本ほか監訳 1994) に見合った指標の開発の必要性が指摘された．地球サミットで採択されたアジェンダ 21 の第 40 章には，「国民総生産や個々の資源量あるいは汚染の広がりの測定値等，一般にもちいられている指標は，持続可能性を表示する指標としては不適切であ」り，したがって持続可能な開発の指標を開発する必要があるとされた (海外環境協力センター1993: 442-443)．第二に，国家と国際機関の「地球の管理者」としての役割が相対化され，市民や科学者，NGO 等，市民社会のだれでもが発言でき，かつその発言を世界にアピールすることが望ましいという意識が共有され，そのためのツールとしてインターネット等が積極的に活用されるようになった．

これを受けて，さまざまな指標の構築が試みられている．カナダにある国際持続的発展研究所は，持続的発展指標 (Sustainable Development Indicators; SDIs) と呼ばれるこれらの指標の目録をウェブ上で公開している (IISD)．そこには，全球レベル，国レベル，都市レベルとさまざまな空間を対象とする 894 の SDIs が登録されている．平均すると年間約 60 もの新たな指標が創出され，提案されている．登録されている指標のうち，全球を対象としたものは 49 で，そこには NGO によって提案された 15 の指標が含まれている．指標構築においても，市民社会のプレゼンスが大きくなっている．

3 主要な指標

3-1 生きている地球指標とエコロジカル・フットプリント

WWF は 1961 年に設立された環境保全を目的とする NGO である．当初は，世界野生生物基金 (World Wildlife Fund) と称し，絶滅寸前の野生生物種を救うことを主たる目的としていたが，1970 年代になると熱帯林の保護キャンペーンや海洋サンクチュアリの設立等，特定の場所の自然環境を守る活動へと幅を広げた．1980 年代には地球環境を視野に入れた活動へと展開し，国際自然保護連合 (IUCN)，国連環境計画 (UNEP) とともに「世界環境保全

戦略」を策定するとともに，基金の名称を現在のものへと変更し，地球環境の危機とその保全の重要性を世界に訴えるようになった．1990年代には，IUCN，UNEPとともに「新・世界環境保全戦略　かけがえのない地球を大切に」を策定するとともに，1992年の地球サミットや1993年の生物多様性条約策定にも積極的に貢献した．また，国際的な認証機関として森林管理協議会や海洋管理協議会を設置し，「持続可能」な社会を目指すための仕組みづくりの開発や，それを世界共通の環境を守る手段として確立することを目指した．その一環として，自然環境の劣化と人間による消費活動の増大に対して警鐘を打ち鳴らすために，1996年から2000年にかけて「生きている地球キャンペーン」を世界各地で展開し，1998年に最初の『生きている地球報告書』を公表した（WWFジャパン）．

　『生きている地球報告書』で提案された生きている地球指標と地球消費圧（Global Consumption Pressure）は，地球規模の制度設計の基礎資料とするための指標の先駆けである．生きている地球指標は地球の自然環境の健康度を，地球消費圧は人間が自然環境に与える負荷を示す指標である（WWF 1998）．後者については2000年の報告書（WWF 2000）からエコロジカル・フットプリントへと改良されたが，二つの基本的な観点は維持され，2年ごとに公表される報告書で改訂され続けている（WWF 2010）．

　生きている地球指標は，1970年を基準年として生物多様性を指標化したものである．最新の報告書では，陸域の1,341種，淡水域の714種，海域の636種を対象としている（WWF 2010）．対象としている種の数は，国際的なモニタリング・ネットワークの充実を反映して，この10年間で3-4倍に増加した．この指標は，地球全体としてみた場合には，現在の地球環境が，約40年前と比較して，生物的な豊かさを30%以上も失っていることを明確に示している．また，生物多様性の動態が温帯と熱帯で大きく異なることを示している（図2-1）．すなわち，過去40年間で，温帯では生きている地球指標が29%増加したのに対して，熱帯では60%減少した．温帯の自然環境は徐々に改善されているのに対して，熱帯の自然環境は顕著にかつ急激に劣化していることを示している．温帯と熱帯それぞれにおける自然環境の動態として，生きている地球指標はある程度の事実を反映していることは間違いな

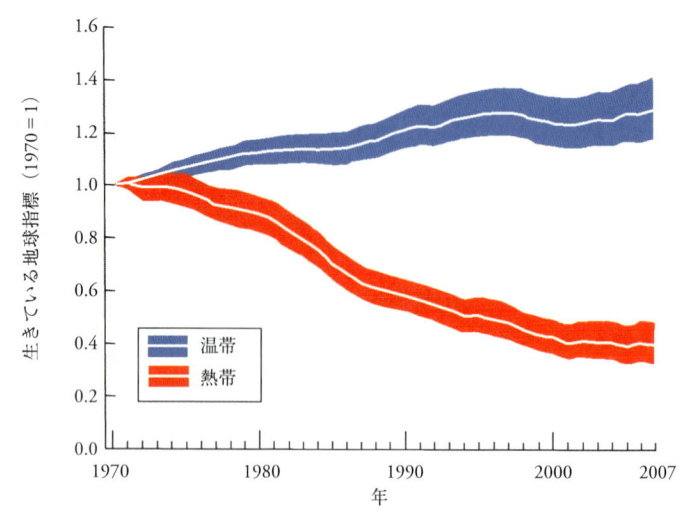

第 1 編 ──● 既存指数の生成過程とその批判的継承

図 2-1 「生きている地球指標」の温帯と熱帯の比較
出典：WWF (2010: 23).

い．しかし，同報告書も指摘しているとおり，温帯と熱帯を比較するためには，1970 年という基準年のもつ意味を吟味する必要がある．熱帯では，1970 年以降に大規模な国土開発や農地の外延的拡大が進行し，それと引き換えに多くの生物種の生息場が破壊された．これに対して温帯では，1970 年までにすでにそのような大規模開発を終え，人口や土地利用の安定化を達成していたからである．

エコロジカル・フットプリントは人間による自然資源の消費を指標化したものである．地球の再生産力，すなわち人間の需要に応えるために利用可能な資源量を示すバイオキャパシティ（biocapacity）を基準として議論されている．

人間の自然環境への負荷は六つに区分される．炭素吸収フットプリントは化石燃料の燃焼等により排出される二酸化炭素を固定するために必要な森林面積，草地フットプリントは，家畜飼育のために利用されている土地面積，森林フットプリントは木材や紙・パルプ材料，薪炭材などの林産物消費量，漁場フットプリントは漁獲された水産物の成長に必要な植物プランクトン等の純一次生産量，農地フットプリントは農業生産に利用されている土地面積，

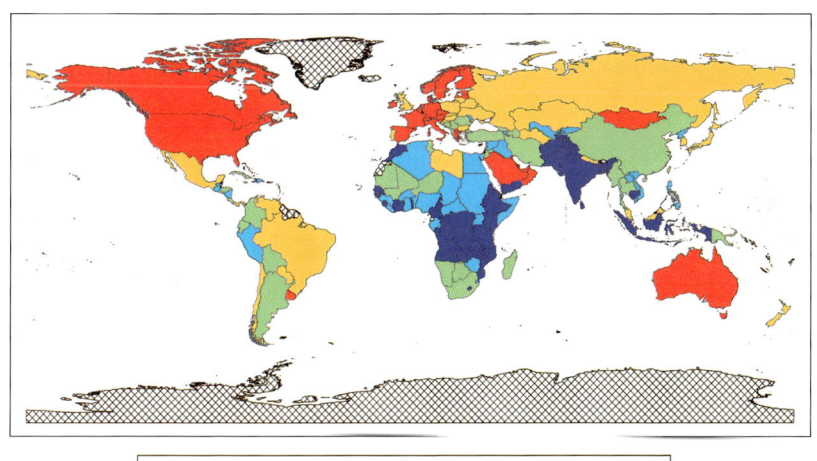

第 2 章　人間圏と地球圏・生命圏をつなぐ指標

5 分位による表示．単位：gha
<1.22　1.22-1.77　1.77-2.75　2.75-4.89　>4.89　データなし

図2-2　人口1人当たりのエコロジカル・フットプリント
出典：WWF (2010: 36-39).

建設用地フットプリントは住宅地や工業・商業用地，道路・公共施設，貯水池等の面積である．エコロジカル・フットプリントは，これら六つのフットプリントをグローバル・ヘクタール (gha; 単位面積当たり生産力の世界平均) という共通の単位に換算したうえで積算し，算出される (図 2-2)．

　1人当たりエコロジカル・フットプリントは，当然ながら，経済的に発展した国や石油消費の大きい国で大きくなる．上位 30 ヵ国は，中東産油国のアラブ首長国連邦等 5 ヵ国，欧州のデンマーク等 19 ヵ国，北米の 2 ヵ国とオーストラリア，シンガポール，それに牧畜が盛んなため草地フットプリントの大きいウルグアイとモンゴルからなる．人間開発指数 (Human Development Index; HDI) との関係をみると，人間開発指数が十分に大きい (0.8 以上) 国・地域では人間開発指数とエコロジカル・フットプリントが正の相関を示している．すなわち，社会的，経済的に恵まれた今日の生活は大きなエコロジカル・フットプリントに支えられているのである．これに対して，人間開発指数が小さい国・地域では人間開発指数とエコロジカル・フットプリントの間に有意な相関は認められない．これは，ある程度までの社会的経済的発展は

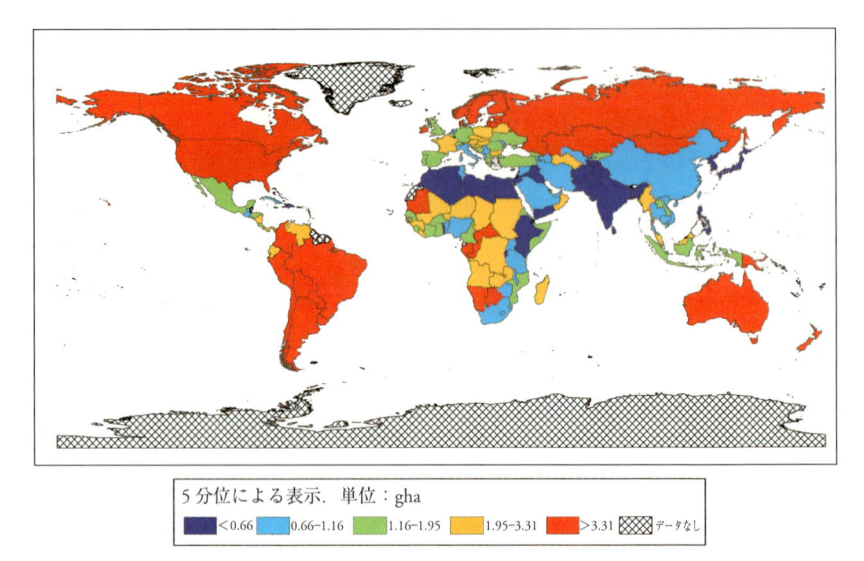

第 1 編 ──●既存指数の生成過程とその批判的継承

| 5分位による表示．単位：gha |
| <0.66 | 0.66-1.16 | 1.16-1.95 | 1.95-3.31 | >3.31 | データなし |

図 2-3　人口 1 人当たりのバイオキャパシティ
出典：WWF (2010: 42-45).

必ずしも資源消費の増大を必要としないことを示唆している（WWF 2010: 72-73）．

　バイオキャパシティは，農業，畜産，林業，水産業における現状の土地や水面の利用と生産性を前提として算出される人口 1 人当たりの生産力を指標化したものであり，こちらもグローバル・ヘクタールに換算されている（図 2-3）．上位 30 ヵ国は，アフリカのガボン，南米のボリビア，北欧のフィンランド等，森林が豊富な 18 ヵ国，アフリカのモーリタニア，南米のウルグアイ，アジアのモンゴル等，草地が豊富な 6 ヵ国，エストニア，ナミビア，アイルランドの海洋資源が豊富な 3 ヵ国，アルゼンチン，デンマーク，アメリカ合衆国の農地が広い 3 ヵ国からなる．

　エコロジカル・フットプリントをバイオキャパシティで除すと，資源利用が持続的かどうかを判定することができる．WWF の推定では，全球でのこの値は 1970 年代にすでに 1 を超え，2007 年には 1.5 に達している．この間のエコロジカル・フットプリントの増加の大部分は炭素吸収フットプリント

の増加によるものである．人間による自然資源の消費は，地球の自然の再生産をはるかに上回っており，自然環境の預金を食い潰し，廃棄物処理にも手が回らない状況が，すでに 30 年以上続いている．かつ，この状況は年々深刻化している (WWF 2010: 34)．

3-2　環境パフォーマンス指標

　1990 年代後半になると，政府機関であれ，民間企業であれ，環境に配慮しその保全に組織的に取り組むことが重要視されるようになった．1990 年代初頭にはひと握りの企業が自主的に環境情報を年次報告書の片隅に開示していたにすぎなかったが，1990 年代半ば以降になると環境情報を開示する企業の数は飛躍的に増加し，多くの企業で年次報告書とは別に独立の環境報告書を作成するようになった（グリーンリポーティング・フォーラム 1997）．政府の場合には，もちろん，それ以前から環境政策やその効果に関する報告書を毎年取りまとめていたが，それぞれの国は固有の経済的，技術的能力と社会的制約のもとで環境政策を実施しており，どの環境政策の実効性が大きいかとか，どの国の環境政策がより優れているかとかを国内外で比較し議論することはできなかった．しかし地球サミット以降，各国の環境政策を客観的に評価し，評価結果をフィードバックすることにより，より実効性の高い環境政策を世界中で実施する必要があるという機運が高まった．

　これを受けて，ダボス会議を主催する世界経済フォーラムに設置された「次世代のグローバル・リーダーによる環境タスクフォース」が，イエール大学の環境法・環境政策センターとコロンビア大学の地球科学情報ネットワーク国際センターの協力を得て開発したのが環境持続性指標 (Environmental Sustainability Index) である．2001 年の 1 月に開催されたダボス会議で公表された (An Initiative of the Global Leaders for Tomorrow Environment Task Force, World Economic Forum 2001)．

　環境持続性指標は，環境持続性に向けた取り組みを国単位で総合的に判定し，環境政策が期待した成果を上げているかどうか，どのような環境政策が成功し，あるいは失敗しているのか，環境政策におけるベスト・プラクティ

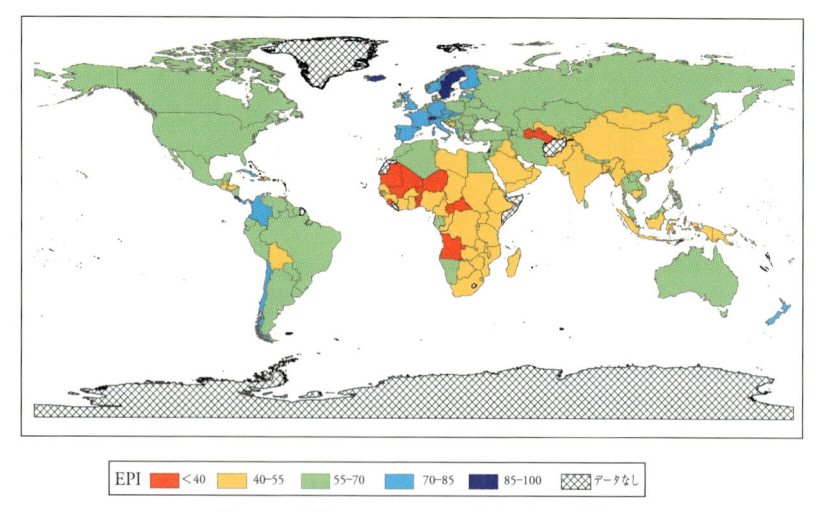

図2-4 環境パフォーマンス指標（2010年）

出典：Emerson et al. (2010: 7).

スは何か等を検討するための評価基準を提示することを目指した指標である．具体的には，大気や水等の環境の健全性，汚染や森林破壊などの人が環境に与える負荷，飲料水や環境起源の疾病等の環境が人に与える直接的な脅威，研究開発や制度設計における社会の環境への対応力，環境に関する国際協働の五つのコンポーネントに区分される 22 の指数に基づいて算出される (An Initiative of the Global Leaders for Tomorrow Environment Task Force, World Economic Forum 2001)．その後，イエール大学環境法・環境政策センターとコロンビア大学地球科学情報ネットワーク国際センターが中心となって，環境持続性指標の改良に取り組み，2005 年に改訂版を公表した (Yale Center for Environmental Law and Policy, Yale University, and Center for International Earth Science Information Network, Columbia University 2005)．

しかし，持続性があまりに包括的な概念であるために，環境持続性指標は環境政策の評価基準として十分に機能せず，自然資源の状態や環境保全の実績や能力に絞った指標開発が必要であるとの批判を受けた．同じ批判は，環境持続性を八つのターゲットのうちの一つに取り上げているミレニアム開発目標にも向けられていた．これらの批判をふまえて，環境持続性指標を改良

して創出されたのが環境パフォーマンス指標である (Esty et al. 2006).

環境パフォーマンス指標は，人間の健康を保証する環境と健全な生態系という二つの政策分野から抽出した 10 の政策目標 (生活環境，大気，水資源，生物多様性，森林，水産業，農業，気候変動等) に関して，合計 25 の指数を設定して相対的に評価し，加重平均により指標化したものである．2010 年版では，163 ヵ国を対象としており，最高はアイスランドの 93.5，最低はシエラレオーネの 32.1 であった (図 2-4)．上位 30 ヵ国は，ヨーロッパの 18 ヵ国に加えて，中央アメリカの 6 ヵ国，南アメリカの 2 ヵ国，アフリカ 1 ヵ国と日本，シンガポール，ニュージーランドからなる．これに対して下位 30 ヵ国は，アフリカ 16 ヵ国，東・南アジア 5 ヵ国，中央アジア 2 ヵ国，中東 3 ヵ国，中央アメリカ 1 ヵ国，南アメリカ 2 ヵ国とパプアニューギニアからなる．環境パフォーマンス指標はおおよそ各国の経済力と相関している．とりわけ，二つの政策分野のうち，人間の健康を保証する環境に関してその傾向は顕著である (Emerson et al. 2010)．すなわち，経済的に恵まれた国の環境政策がより優れていることを立証する結果となっている．

3-3 環境脆弱性指標

地球環境の劣化の影響は世界で均質に顕在化するわけではない．もともと自然環境が脆弱な地域では，地球圏や生命圏のわずかなゆらぎが不可逆的な環境劣化を進行させる．このような地域の一つが小規模な島嶼である．それをふまえて，アジェンダ 21 において海洋を扱った第 17 章に「小規模な島嶼の持続的開発」という項目が設けられ，「小島の開発途上国，そして小共同体を支える島嶼は，環境の点でも開発の点でも特殊なケースである」と明記された (海外環境協力センター 1993)．これを受けて 1994 年にカリブ海の島国バルバドスで第 1 回小規模島嶼国家の持続的開発に関する世界会議が開催され，そのアクション・プログラムが策定された．このなかで，小規模島嶼の発展途上国の生態的，経済的な脆弱性を反映した指標の創出が明記された (UN 1994)．

これを受けた南太平洋応用地球科学委員会と国連環境計画が指標作成に着

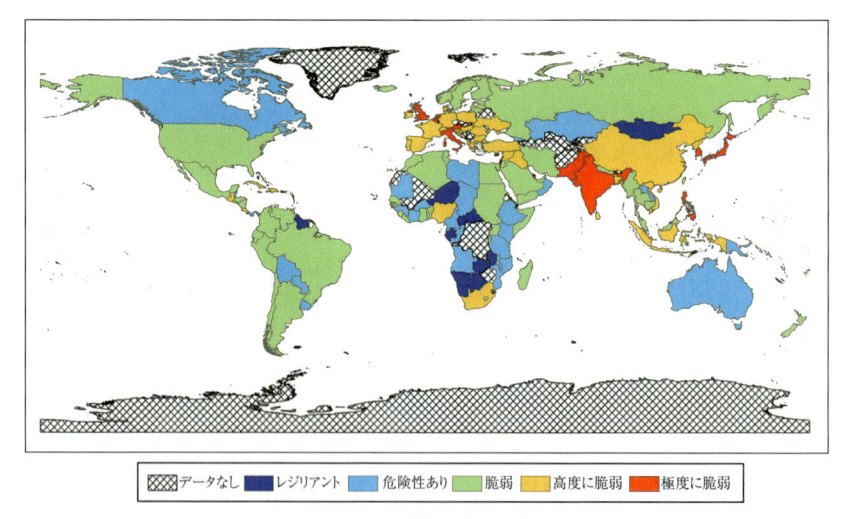

第1編 ──● 既存指数の生成過程とその批判的継承

図2-5　環境脆弱性指標

出典：SOPAC and UNEP (2005b).

手した．その基本的な考え方は，健全な自然環境や生態系こそが，人間のあらゆる経済活動や社会形成の基盤であり，したがって，自然環境や生態系を弱体化させるリスクの大小が人間社会の持続的発展の可能性を左右するというものである．リスクの大小は，自然環境や生態系への負荷と負荷に対する構造的な対応力や人為的な備えを総合して評価される．具体的には，気象・気候，地殻変動・地質，生態資源利用等の負荷に関する32の指数，地理と生態系サービスからなる対応力に関する8の指数，生態系サービスや人間活動からなる人為的な備えに関する10の指数の合計50の指数を，過去5年間のデータに基づいて7段階に評価し，その平均値をもとに，対象国を「極度に脆弱」から「レジリアント」まで5段階に評価している（SOPAC and UNEP 2005a）．

　80％以上の指数に関するデータを入手することのできた142ヵ国・地域のうち，「極度に脆弱」と判定されたのは17ヵ国・地域で，全体の12％であった（図2-5）．また，「高度に脆弱」と判定された36ヵ国・地域を合わせると全体の37％が持続的発展を実現していくために健全な自然環境や生態系を

維持することに十全の注意を払う必要があることが示されている．日本は，東アジアの韓国やフィリピン，南アジアのインドやパキスタン，そしてヨーロッパのイギリス，オランダ，イタリア等と同様，「極度に脆弱」と判定されている (SOPAC and UNEP 2005a)．東日本大震災等，数々の自然災害を考えると当然の結果であろう．そのことを前提として，これからの日本社会を構想し，改善していく必要がある．環境脆弱性指標は，それぞれの国・地域の自然環境や生態系の脆弱性を客観的に認識し，予防的な対策を講じることを目指したものである．

4 持続型生存基盤研究のための指標に向けて

　ここまで概観してきた地球環境の指標化には共通点がある．それは，今日の社会を出発点として将来を考えるという視座である．今日とは何か．それは地球サミットが開催された1992年以降であり，せいぜい遡って『成長の限界』が公表された1972年以降である．生きている地球指標は1970年を基準年としているし，環境脆弱性指標は過去5年間のデータに基づいたものである．バイオキャパシティは，現在の技術や制度という前提のもとでの地球の自然の再生産力である．

　持続的発展の定義として最も普及しているのは，ブルントラント委員会による「将来の世代のニーズを満たす能力を損なうことなく，今日の世代のニーズを満たすような開発」である（環境と開発に関する世界委員会 1987）．ここにも明確に示されているように，地球環境問題や持続的発展は今日の人類社会の問題であり，実現可能性が高く即効的な提言が求められている．指標作成はこのような動きを改善し，加速することを目指している．環境パフォーマンス指標はその典型例であり，よりピンポイントで今日の環境政策に貢献するよう改善を重ねてきている．

　同時に，データの制約も考えなければならない．環境政策や実行計画のベンチマークを提供するための基礎資料となる指標は，それなりの精度をもった多面的なデータに支えられていなければならない．しかし，そのような

データを収集するモニタリング体制は世界の多くの国でまだ整備途上である．この点に関しては，市民社会の協力を得て，対象とする種の数を着実に増加させてきた生きている地球指標の努力は特筆に値する．

　指標作成のゴールは何か．そこには二つの流れがある．一つは，人間社会に対して警鐘を鳴らし地球環境のための制度構築を促進しようとするものであり，もう一つは，より具体的に環境政策の是非や功罪を検証しようとするものである．前者の代表は生きている地球指標やエコロジカル・フットプリントであり，後者の代表は環境パフォーマンス指標である．環境脆弱性指標は両者の中間的な性格をもつ．

　持続型生存基盤研究のための指標は，何をねらいとし，これらの指標とどのように異なるのか．

　まず強調すべき点は視座の違いである．持続型生存基盤研究は，少なくともこれまでの 200 年を振り返り，そしてこれからの 100 年を見据えた人類社会のあり方を再考しようとする取り組みである．ここでは，今日の地球環境や人間社会がどのような動きを示しているかといういくぶん微視的な視座に加えて，この数百年，あるいはより長い時間のなかで，人と自然の関わりや人と人の関わりがどのように変化してきたのか，そして今後 100 年を見通したとき，それらの関わりをどのように改善し，発展させていけばよいのかという巨視的な視座が不可欠である．熱帯について考える際に，熱帯の生物多様性が，温帯と比較して，この数十年間，顕著に劣化しているという事実を十分にふまえながらも，熱帯は生物多様性のストックであり，かつ，数千年，数万年を単位とする地球環境のゆらぎを乗り越えるための避難場所（レフュージア）（神崎ほか 2010）であるという事実により重点を置かなければならない．今日の環境政策そのものよりも，その環境政策を着想し実施する背景となったそれぞれの国や地域の社会構造や経済システムをまず問わなければならない．持続型生存基盤研究のための指標は，地球環境問題に直面している今日の状況を精緻に示す指標ではなく，今日の世界や地域を人間社会や世界各地の地域社会の発展過程に位置づけ，私たちが今という時代を相対的に再考するベンチマークとなる指標を目指すものである．

　視座の違いは，必然的に，指標を構成する指数の違いを生む．持続型生存

基盤研究における指数は，日々変化する地球環境の状態やそれを保全するための人間の活動を代表するものではなく，もっと大づかみに，時代や地域の固有性を表現するものが望ましい．太陽エネルギーや水循環の分布や生物種の構成，自然災害の頻度は世界の諸地域によって異なる．これらの違いを科学技術の発達によって乗り越えようとするのではなく，これらの違いを前提とした多様な発展径路を構想するためには，地域の地球圏や生命圏の特性を代表する指数を探索する必要がある．

地域の地球圏や生命圏の特性は地域社会の基礎構造に埋め込まれているし，地域社会は，地域固有の地球圏や生命圏の特性をふまえた知識体系や技術体系をはぐくんできた．私たちは洪水を災害と考える．たしかに数多の人命が奪われ，多大な経済的損失を被る．しかし歴史的に考えれば，洪水は肥沃な沖積平野を形成する一過程でもある．そして洪水とともに生きる活気ある暮らしは今日も成り立っている（河野ほか2010）．地球圏や生命圏と向き合い，その潜在力を引き出して利用し，それが引き起こす災害に対して柔軟に対応する知識や技術の体系，それを地域社会が共有するための制度等を，地域社会の地球圏や生命圏との関わりの成熟度を示す指数として指標に取り込むことができたら素晴らしい．

持続型生存基盤は，地球圏や生命圏の変化や変動が人間圏に与える影響を抑制し，安定した地球圏・生命圏のもとでの人間圏のさらなる発展を目指すものではない．地球圏や生命圏の潜在力をより広く，深く，知覚し，それをより有効に活用できるように人間圏を再構成しようとするものである．持続型生存基盤研究においては，人間圏の論理のみから捉え，矮小化された地球圏や生命圏を評価するのではなく，地球圏や生命圏そのものがもつ論理に立脚した評価の指標化を目指している．

参考文献

アメリカ合衆国政府編，逸見謙三・立花一雄監訳 1980.『西暦 2000 年の地球 —— アメリカ合衆国政府特別調査報告』家の光協会．

An Initiative of the Global Leaders for Tomorrow Environment Task Force, World Economic Forum 2001. "2001 Environmental Sustainability Index", Geneva: Global Leaders for Tomorrow, Annual Meeting 2001, Davos.

カナダ勅許会計士協会著，グリーンリポーティング・フォーラム訳著 1997．『環境パフォーマンス報告』中央経済社．Emerson, J., D. C. Esty, C. Kim, Y. Srebotnjak, M. A. Levy, V. Mara, A. de Sherbinin and M. Jaiteh 2010. "2010 Environmental Performance Index", New Haven: Yale Center for Environmental Law and Policy.

「エネルギーと環境」編集部編 2003．『ヨハネスブルグ・サミットからの発信「持続可能な開発」をめざして ── アジェンダ 21 完全実施への約束』エネルギージャーナル社．Esty, D. C., T. Srebotnjak, C. H. Kim, M. A. Levy, A. de Sherbinin and B. Anderson 2006. "Pilot 2006 Environmental Performance Index", New Haven: Yale Center for Environmental Law and Policy.

Fagan, B. 2004. *The Long Summer: How Climate Changed Civilization*, New York: Basic Books.

海外環境協力センター編 1993．『アジェンダ 21 ── 持続可能な開発のための人類の行動計画（'92 地球サミット採択文書）』海外環境協力センター．

環境と開発に関する世界委員会編 1987．『地球の未来を守るために』福武書店．

神崎護・山田明徳 2010．「生存基盤としての生物多様性」杉原薫・川井秀一・河野泰之・田辺明生編『地球圏・生命圏・人間圏 ── 持続的な生存基盤を求めて』京都大学学術出版会，153-184 頁．

気候変動に関する政府間パネル原編，霞が関地球温暖化問題研究会編訳 1991．IPCC 地球温暖化レポート ──「気候変動に関する政府間パネル」報告書サマリー，中央法規出版．International Institute for Sustainable Development (IISD) "Compendium: A Global Directory to Indicator Initiatives" http://www.iisd.org/measure/compendium/（2011 年 11 月 1 日アクセス）．

河野泰之・孫曉剛・星川圭介 2010．「水の利用からみた熱帯社会の多様性」杉原薫・川井秀一・河野泰之・田辺明生編『地球圏・生命圏・人間圏 ── 持続的な生存基盤を求めて』京都大学学術出版会，185-209 頁．

橋本毅彦・梶雅範・廣野喜幸監訳 2005．『科学大博物館 ── 装置・器具の歴史事典』朝倉書店（The Science Museum, London, The National Museum of American History, Smithsonian Institution）．

Meadows, D., D. Meadows, J. Randers and W. W. Behrens 1972. *The Limits to Growth: A Report for the Club of Rome's Project on the Predicament of Mankind*, New York: Universe Books（大来佐武郎監訳『成長の限界 ── ローマ・クラブ「人類の危機」レポート』ダイヤモンド社，1972 年）．

South Pacific Applied Geoscience Commission (SOPAC) and United Nations Environment Programme (UNEP) 2005a. "Building Resilience in SIDS: The Environmental Vulnerability Index", Sova: South Pacific Applied Geoscience Commission.

──── 2005b. "Environmental Vulnerability Index (EVI) Country Profiles" http://www.vulnerabilityindex.net/EVI_Country_Profiles.htm（2011 年 10 月 31 日アクセス）．

United Nations (UN) 1994. "General Assembly, Report of the Global Conference on the Sustainable Development of Small Islands Developing States" http://www.un.org/documents/ga/conf167/aconf167-9.htm（2011 年 10 月 24 日アクセス）．

Yale Center for Environmental Law and Policy, Yale University, and Center for International Earth Science Information Network, Columbia University 2005. "2005 Environmental Sustainability Index: Benchmarking National Environmental Stewardship", New Haven: Yale Center for Environmental Law and Policy.
von Weizsäcker, E. U. 1989. *Erdpolitik: Ökologische Realpolitik an der Schwelle zum Jahrhundert der Umwelt*, Darmstadt: Wissenschaftliche Buchgesellschaft（宮本憲一・楠田貢典・佐々木建監訳『地球環境政策 —— 地球サミットから環境の 21 世紀へ』有斐閣，1994 年）.
WWF ジャパン http://www.wwf.or.jp/（2011 年 10 月 20 日アクセス）.
WWF 1998. *Living Planet Report 1998*, WWF.
—— 2000. *Living Planet Report 2000*, WWF.
—— 2010. *Living Planet Report 2010*, WWF.

第 2 編

生存基盤指数からみた世界

第2編のねらい

われわれが暮らす世界は，46億年に及ぶ地球の歴史的重層として捉えられる．地球が誕生したあと，数億年を経てはじめて生命が誕生した．現生人類の誕生は，現在からわずか20万年前にすぎない．

地球がこれまで描いてきた超長期の歴史をふまえ，われわれは，地球圏，生命圏，人間圏という三つの圏によって世界が構成されているという認識をもつようになった．これら三つの圏は，それぞれ固有の生成・発展の論理（循環，多様化，自律と共感）を有するとともに，あとから成立した圏は，先に成立した圏の論理を継承している．つまり，生命圏は地球圏から「循環」という論理を，人間圏は地球圏と生命圏から「循環」と「多様化」という論理を発展的に継承していると考えている．三つの圏がもつこの論理的な関係を考慮したとき，人間が自らの生存基盤の持続性を確保するためには，まずは人間圏そのものが地球圏的な論理「循環」と，生命圏的な論理「多様化」とを引き継ぎながら成立していることを認識する必要があるだろう．そのうえで，これらの圏がもつ生成・発展の論理を十分に理解し受容する努力をつうじて，三つの圏の関係を再構築していく必要があると考える．

本編では，第1編で進められた既存指数の批判的評価をふまえながら，われわれが開発した生存基盤指数が示す世界観について述べていく．生存基盤指数は，三つの圏（地球圏，生命圏および人間圏）における三つの特性（可能性，関係性および攪乱）を表現するもので，その構成要素は全部で九つである．本編は，この指数がもつ構造を，その底辺から辿っていくような構成となっている．すなわち，第3章では地球圏，第4章では生命圏，第5章では人間圏における指標の選択について論じ，最後の第6章でこれらを総合した生存基盤指数の提示と考察を行う．

第3章では，地球圏の論理「循環」と，それを踏まえて選択した指標について説明する．地球圏とは，一般には，コア・マントル・地殻を指す用語である．しかしながら，ここでは，地球を構成するすべての物理的階層（コア・マントル・地殻－陸水・海水－対流圏・成層圏・熱圏）において，無機物を媒体として物質・エネルギー循環を行う圏として定義される．この圏をわれわれは「太陽エネルギー」「大気・水循環」「CO_2排出量」という三つの数値により表現し，それを総合した地球圏総合指数を提示する．

続く第4章では，生命圏の論理「多様化」と，それを踏まえて選択した指標について説明する．地球圏を指標化する際に着目した物質・エネルギー循環は，生命圏では有機物を媒介しながら食物連鎖の内部を流れていく．ただし，生命圏は地球圏に対して受動的関係にあるわけではない．環境に対する適応と進化の結果として，「多様化」

という新たな論理を成立させたのである．第4章では，「森林バイオマス」「生物多様性」「HANPP」という三つの数値によって生命圏を表現し，これを総合した生命圏総合指数を提示する．

　第5章では人間圏の指標化について議論を行う．われわれは，人間存在の根本的あり方として，最も広義の意味としてのケア（＝気づかい，関心）に着目している．この章では，いくつかの事例を挙げながら，ケア実践の重要性を論じるとともに，生存のライフサイクル的理解をつうじて人間圏を「人口密度」「ケア指数」「不測の死」という三つの数値により表現し，これを総合した人間圏総合指数を提示する．

　そして，最後の第6章では，第3章から第5章で論じられた三つの圏の指標化をふまえ，これを総合した生存基盤指数について論じていく．指数の全体像とその計算方法については，この第6章を参照されたい．ここでは，算出された指数の構成要素間の関係について分析を行うとともに，人間開発指数（HDI）との比較をつうじて，生存基盤指数がもつ視座とそこからみえる世界観の違いを明らかにする．

　第1章でも述べられたとおり，われわれは熱帯のもつ価値を積極的に評価すべく指数開発に着手した．構成要素となる九つの指数は，多様な変数の中からいくつかを，ある程度の恣意性をもって抜き出したものである．しかしながら，われわれは熱帯の指数値が高くなるような変数を意図的に選んだわけではなく，温帯諸国で優勢な「生産中心主義」から離れて世界の姿を捉える変数を選んだ結果，熱帯の指数値が高くなったということである．第6章で提示される生存基盤指数が指し示す世界とは，既存の発展パラダイムから中立性を保ちつつ選択した指数が示す，世界の現実である．われわれの開発した指数が，これからの世界における多様な発展径路の構想に寄与することができれば幸いである．

［佐藤孝宏・和田泰三］

第3章

地球圏総合指数とその構成要素

佐藤　孝宏

　この章では，生存圏を構成する三つの圏のなかで，歴史的に最も早く生成された「地球圏」について議論を行う．地球圏とは，地球を構成するすべての物理的階層（コア・マントル・地殻－陸水・海水－対流圏・成層圏・熱圏）において，無機物を媒体として物質・エネルギー循環を行う圏のことである．本書序章でも述べられているとおり，地球圏と，次章で述べる生命圏の持続が保証されなければ，人間圏の持続はあり得ない．本章ではまず，地球圏のもつ論理「循環」について説明する．次に，地球圏を表現する，太陽エネルギー，大気・水循環指数，CO_2排出量という三つの数値について説明し，これを地図化するとともに，その含意について議論を行う．最後に，三つの構成要素を総合した地球圏総合指数を提示し，地球圏からみた世界の現状について検討を行う．

1　地球圏の論理：循環

　地球が生成したのは，およそ46億年前のこととされている．地球はその生成から現在にいたるまで，太陽エネルギーを吸収する一方，宇宙空間に向けてエネルギーを放射しつづけている．また，地球内部には，地球が生成さ

れた際にため込まれた熱やコアが形成されたときに解放された熱，放射性元素の崩壊にともなって発生する熱などのエネルギーが存在する（松井2005）．これら二つのエネルギー量を一年当たりのフローで示すと，前者は5.5×10^{24}ジュール，後者はおよそ2×10^{21}ジュールとなる．地球内部のエネルギーは，大陸の移動や地震，火山や造山運動をつうじて，時としてわれわれの生活に甚大な影響を与える（本書第7章）．しかしながら，エネルギーという物理量で考えた場合，このエネルギーは，太陽エネルギーの2,800分の1にすぎない（竹内1981）．このように考えたとき，われわれ人類の生存基盤として，太陽エネルギーの絶対的重要性を疑う余地はないだろう．後述するように，地球上に存在する大気と水は，熱帯に集中する太陽エネルギーを駆動力として，地球全体で循環する（本講座第2巻第1章）．この循環によって，地球が吸収したエネルギーが地球全体にあまねく配分され，物理化学的に安定した系として地球を維持している．よって，太陽エネルギーを駆動力とする，この「循環」というメカニズムこそ，地球圏固有の論理と考えられる．この論理は地球圏の後に生成された，生命圏，人間圏においても発展的に継承され，生存圏全体を通底する基本的な論理となっている（本書第6章）．

　以下の節からは，地球圏の論理「循環」を念頭に置きながら，地球圏がもつ潜在力の量を表現する可能性指数，質を表現する関係性指数，人間圏による地球圏の撹乱をあらわす撹乱指数の三つについて，個別に議論を進めていくことにしよう．

2　地球圏の可能性指数：太陽エネルギー

　絶対温度が0K（−273.16℃）以外のすべての物体は，放射によってその周囲にエネルギーを射出している．したがって，太陽をその楕円軌道の焦点として公転している地球は，太陽エネルギーを受け取る一方で，宇宙空間にエネルギーを放出している．宇宙空間の温度はおよそ−270℃である．しかし，われわれが生活する地球表面の年平均気温はおよそ14℃である．また，過去100年間における気温の上昇は0.7℃程度と推測されている（IPCC＝文部

第 3 章　地球圏総合指数とその構成要素

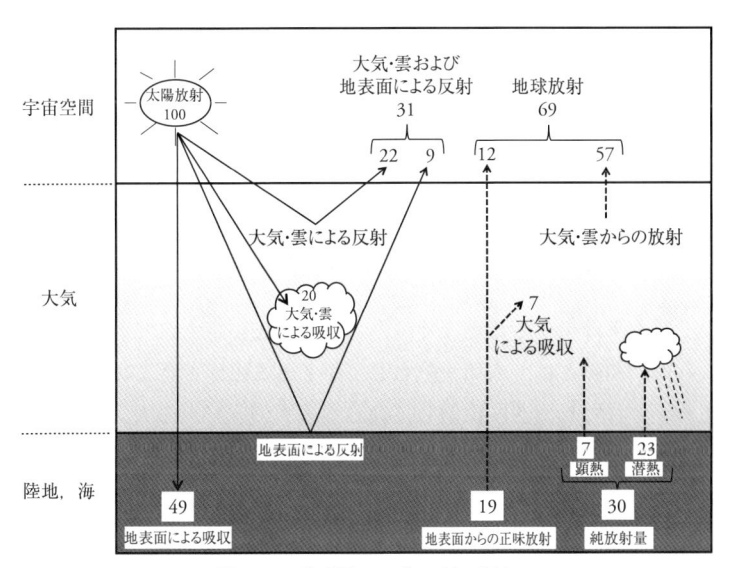

図 3-1　地球圏のエネルギー収支

註：大気上端に到達する太陽エネルギーの量を 100 とする，相対値で示したもの．
出典：IPCC (1995) を改変．

科学省ほか訳 2007）．

　宇宙空間と地球における温度の違いとその経年変動の少なさは，宇宙空間と地球におけるエネルギーのやりとりに関して，二つの事実を示している．一つは，地球が太陽エネルギーを受け取ることによって，14℃程度まで気温が上昇していることである．もう一つは，地球に到達する太陽エネルギーと，地球から宇宙空間に放出されるエネルギーの量がつり合っているため，大幅な気温の上昇や低下が生じていない，ということである．ここではまず，後者の事実に関連する，地球のエネルギー収支について，議論を進めていこう．

　図 3-1 は，地球のエネルギー収支を示した図[1]である．この図では，大気上端に到達した太陽エネルギーの量を 100 として，エネルギーの量をその相対値で表示している．大気上端に到達した太陽エネルギーは，地表面に到達するまでに，大気と雲によって反射，吸収される．さらに，地表面そのも

---
1) 地球のエネルギー収支に関する詳細な図は，本講座第 2 巻第 1 章を参照されたい．

のによっても反射される．その結果，最終的に地球が吸収するエネルギーは，はじめの太陽エネルギーの半分以下にすぎない．一方，地表面から吸収されたエネルギーも，地表面からの正味放射[2]，顕熱および潜熱による熱輸送という三つの経路をつうじて，最終的には宇宙空間に放出される．図 3-1 は，大気上端および地表面において，地表面に対して鉛直下向きのエネルギーと，鉛直上向きのエネルギーがつり合っていることを示している．われわれが生活する地表面付近の温度は，このエネルギー収支のつり合いによって，急激な上昇や下降をすることなく，ある程度一定に保たれているのである．

ところで，顕熱とは，人間が熱として感じることができるエネルギーのことである．われわれが普段生活している地表面のすぐ上の大気は，この顕熱によって暖められる．一方，潜熱とは，地表面からの蒸発や，植物による蒸散（この二つを合わせて蒸発散という）にともなって，地表面から奪われる熱をさす．潜熱は，液体としての水が蒸発によって水蒸気に変化する際に必要なエネルギーだが，この水蒸気が上昇して雲となり，気体としての水蒸気が液体としての水に相変化する際，熱として放出される．顕熱と潜熱による熱輸送によって，地表面から奪われるエネルギーの量を純放射量という．地球のエネルギー収支をふまえれば，純放射量は，「地表面から吸収された太陽エネルギー」から，「地表面からの正味放射」を差し引いたものである．後述するように，純放射量は，地球全体での循環の駆動力となるだけでなく，地表面付近の温度の決定をつうじて，地球上のすべての生物の生育環境を大きく規定している．したがって，地球圏のもつ可能性をあらわす値として，太陽エネルギーを採用し，これを純放射量のかたちで表現することとする．

図 3-2 は，1984 年 11 月から 1990 年 2 月における NASA (the National Aeronautics and Space Administration；アメリカ航空宇宙局) の衛星観測データをもとにして，地表面における純放射量の年間平均値を算出したものである (NASA 1999)．ウェブサイトから入手可能な純放射量に関するデータは，グリッドデータ（地表面全体を一定の大きさで分割した格子データ）として提供されている．図 3-2 では，地理情報システムをもちいて，国家の領域における

---

[2] 地表面から射出された放射エネルギーから，大気および雲によって吸収されたのち，地表面に向けて再放射されたエネルギーを差し引いたもの．

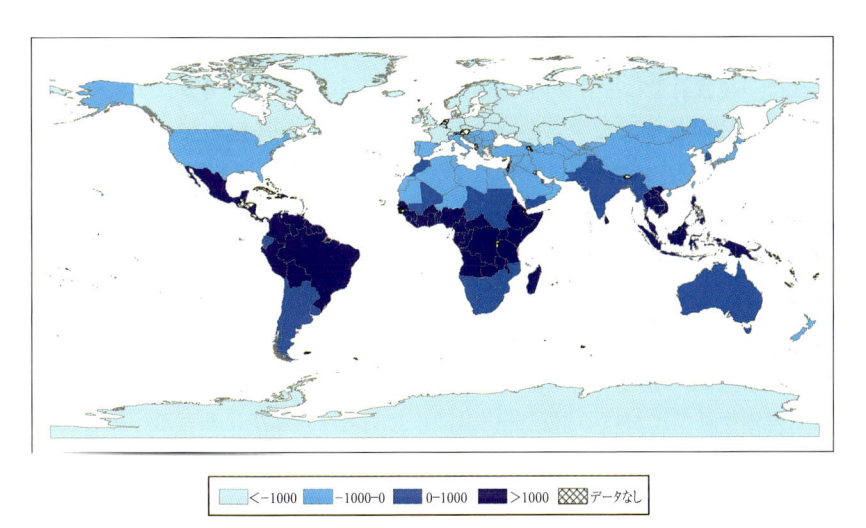

図 3-2　太陽エネルギー（純放射量）の分布
出典：NASA (1999) をもとに筆者作成.

純放射量の月別平均値を算出し，これを 1 年を単位として積算し表現した．

地表面におけるエネルギー収支がつり合っていることはすでに述べた．図 3-1 は，地球全体のエネルギー収支を平均して表現したものである．しかしながら，実際のエネルギー収支には，図 3-2 のような空間的差異が認められる．赤道における地球の断面のことを赤道面というが，太陽は赤道面の延長上に位置しているので，太陽エネルギーは赤道付近では真上から入射し，緯度が高くなるにつれてその入射する角度は小さくなる．そして，この入射角度が小さくなるほど，地表が受け取る太陽エネルギーの量も少なくなる．その結果，赤道を中心とする低緯度地域では純放射量は正の値を示すが，高緯度になるほどその値は減少し，温帯，亜寒帯に属するほとんどの国々では負の値を取ることになる．これは，低緯度地域において，地球が吸収したエネルギーが地表面から出ていくエネルギー量を上回り，エネルギー収支が「黒字」を示している一方で，高緯度地域では両者の関係が逆転して，エネルギー収支が「赤字」となっている，と言い換えることもできる．

ところで，地球圏が生成してから現在までの 46 億年の間，大気上端に到

達する太陽エネルギーの量は，一定に維持されてきたわけではない．前述のように，純放射量は生存圏の様相に大きな影響を与えているが，外部要因によって純放射量が変化するのであれば，人類の生存基盤として太陽エネルギーを表現する場合においても，これを考慮する必要があるかもしれない．では，その外部要因とは何だろうか．一つは放射源である太陽活動の変化であり，もう一つは太陽エネルギーを受け取る地球の軌道パラメータの変化である．

まず，第一の要因である，太陽活動の変化について考えてみることにしよう．太陽エネルギーの源は，核融合反応によって放出されるエネルギーにある．天体物理学における恒星進化論にしたがえば，太陽における核融合反応は時間とともに効率的になり，太陽から放出されるエネルギーもそれにともなって増大する．このエネルギーの増加率は，1億年に1％程度と推定され，地球が誕生した46億年前には，現在の70％ほどのエネルギーしか太陽からは放出されていなかったと考えられている（田近2009）．逆に考えれば，大気上端に到達する太陽エネルギーの量は，過去46億年にわたって連続的に増加していると推定される．太陽活動の変化としてもう一つ重要なのは，黒点の数や面積の変化として観測される，太陽エネルギーの出力における周期的変化である．観測結果から，黒点の占める面積は，11.2年周期でほぼ規則的に変動することがわかっている（Burroughs = 松野監訳2003）．黒点の占める面積の増加にともなって，太陽エネルギーの出力は増大するが，その周期的変動の幅はおよそ0.1％程度にすぎない（Burroughs = 松野監訳2003）．このように，太陽エネルギーの量が増大する方向に進んでいること，エネルギーの変動はそれほど大きくないことを考慮すれば，今後百年を見据えながら人類の生存基盤について考えようとする場合，太陽活動の変化を考慮する必要性は低いといえるだろう．

次に，第二の要因である，地球の軌道パラメータの変化について考えてみよう．図3-2に示した純放射量は，1年間に地球が吸収するエネルギー量を示したものだが，言うまでもなく，この量は季節や時間によって変化する．この変化は，地球の公転運動や，傾いた地軸を回る自転運動によって生じている．純放射量の季節変動や日変動そのものは，われわれの生存基盤におい

て，所与の現象として考えてよいだろう．しかしながら，この季節変動や日変動をもたらす地球の軌道パラメータそれ自体も周期的に変化しており，結果として純放射量を変化させている．そのパラメータとは，(1) 地球の公転軌道が描く楕円の歪み具合をあらわす離心率，(2) 地軸の公転面に対する傾斜角度，および (3) 1年のうちで地球が太陽から最も遠ざかる時期の変動（歳差運動）の三つである．三つのパラメータの変動周期は，それぞれ，(1) 9万5,000年，(2) 4万1,000年，(3) 約2万2,000年と推定されている（Burroughs = 松野監訳 2003）．このように，地球の軌道パラメータは，数万年のスケールで変動している．よって，今後百年を見据えるための地球圏の指標としては，太陽活動の変化と同様に，これの変動を考慮する必要性は低いと考えられる．

　この節では，地球のエネルギー収支という観点から，地球圏の可能性指数として太陽エネルギーを選択し，これを純放射量として表現した．また，その空間分布について説明するとともに，これに影響を与える要因を生存基盤指数において考慮すべきかどうかについて議論した．図 3-2 の世界地図は，生存圏においてほとんど唯一のエネルギー源といえる太陽エネルギーが，熱帯で最も多く吸収され，極域に向かって漸次的に減少していくことを示している．次章で説明するように，エネルギーの確保は，人間を含めたすべての生物における基本的ニーズである．生存基盤の持続という観点から地球を捉えるとき，図 3-2 は，熱帯への注目の必要性をわれわれに物語っているのではないだろうか．

3　地球圏の関係性指数：大気・水循環指数

　地球のエネルギー収支は，地球全体を平均してみるとバランスがとれている．しかしながら，純放射量の実際の空間分布は，低緯度地域で正の値を，高緯度地域で負の値を示しており，その分布は均一ではない（図 3-2）．純放射量におけるこのような空間的不均一性を是正するために，低緯度から高緯度にエネルギーを輸送するメカニズムが地球圏には存在する．それが，大気

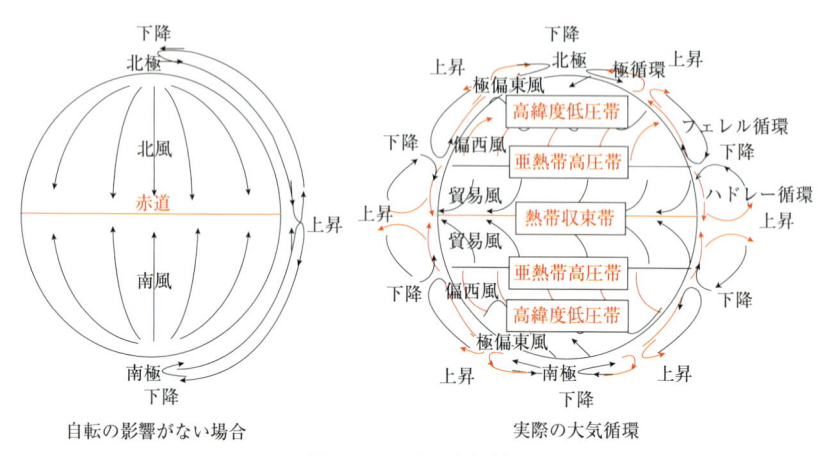

第2編 ── 生存基盤指数からみた世界

図 3-3 地球の大気循環

出典：甲山（2010）より引用.

と海洋による地球規模の循環である．

　まずはじめに，大気循環についてみてみよう．図 3-3 に地球の大気循環を示した．左に示したのは，地球が自転していなかった場合に想定される大気循環の様子である．純放射量によって，赤道付近の大気は暖められて上昇気流を生む一方，極域の大気は冷やされて下降気流を生む．しかしながら実際には，地球の自転にともなうコリオリ力（第 6 巻第 3 編グロッサリー「コリオリ力」の項目を参照）の影響が加わるため，赤道付近から極域にかけて，ハドレー循環，フェレル循環，極循環という南北方向の三つの循環が成立することとなる（図 3-3 の右図）．

　ハドレー循環は，赤道付近で上昇し，南北緯度 30 度付近で下降する循環である．純放射量が最も高い赤道付近では，暖かく湿った空気が上昇することによって，地表付近に熱帯収束帯と呼ばれる低圧帯が形成される．また，上空では水蒸気が凝結して積乱雲が発達し，降雨をもたらす．この雲の発達にともなって放出された潜熱は，上空 15 km 付近で風によって高緯度方向に運ばれる．この風はそのまま極域までは到達せず，南北緯度 30 度付近で下降し，地表付近では亜熱帯高圧帯と呼ばれる高圧帯が形成される．熱帯収束帯と亜熱帯高圧帯の間の気圧差と，地球の自転にともなうコリオリ力に

よって，北半球では北東から，南半球では南東から貿易風（低緯度の対流圏全層に吹く南向きの風）が吹くとともに，水蒸気も中緯度から赤道域に輸送される．このような大気循環の結果，熱帯収束帯付近では湿潤な気候が，亜熱帯高圧帯付近では乾燥した気候が成立する（甲山 2010）．

　温度が高い地域で上昇し，低い地域で下降する循環を直接循環という．ハドレー循環だけでなく，南北緯度 60 度付近から両極にかけて生成される極循環も直接循環の一つである．極域に比べて比較的暖かい南北緯度 60 度付近では上昇気流が生じ，地表付近に高緯度低圧帯と呼ばれる低圧帯が形成される．また，上空では水蒸気が凝結して積乱雲が発達し，降雨をもたらす．この雲の発達にともなって放出された潜熱は，上空で風によって極方向に運ばれる．移動した大気は，極域で冷やされて下降し，地表付近に極高圧帯が形成される．極高圧帯と高緯度低圧帯の間の気圧差と，地球の自転にともなうコリオリ力によって，北半球では北東から，南半球では南東から極偏東風が吹くとともに，水蒸気も極域から中緯度域に輸送される．こうして，ハドレー循環の場合と同様に，高緯度低圧帯付近では比較的湿潤な気候が，極高圧帯付近では乾燥した気候が成立する（甲山 2010）．

　上述した二つの循環の間に位置する中緯度域においては，ハドレー循環と極循環という二つの直接循環とバランスをとるように，南北緯度 60 度付近で上昇し 30 度付近で下降する，フェレル循環という見かけ上の循環（間接循環）が生成される．この地域では，極東風や貿易風とは正反対の偏西風が発生し，緯度円に沿って東西方向に吹く（甲山 2010）．このような三つの大気循環により，熱帯で吸収されたエネルギーが低緯度地域から高緯度地域へと輸送されるのである．

　次に，海洋循環についてみてみよう．海洋における深層流も，純放射量の不均一な分布の是止に重要な役割を果たしている．海洋には，表層数百 m の部分で生じる表層流と，深さ 2,000 m 以上の深層で生じる深層流という二つの流れが存在する．北大西洋のグリーンランド近郊で生成される北大西洋深層水（NADW）と呼ばれる深層水は，大西洋を南下し，南極海を東に進んだのち，インド洋および太平洋上を北上したあと，それぞれの地域で深層流と逆の流れを表層水に引き起こす．このような深層水と表層水の流れを一体

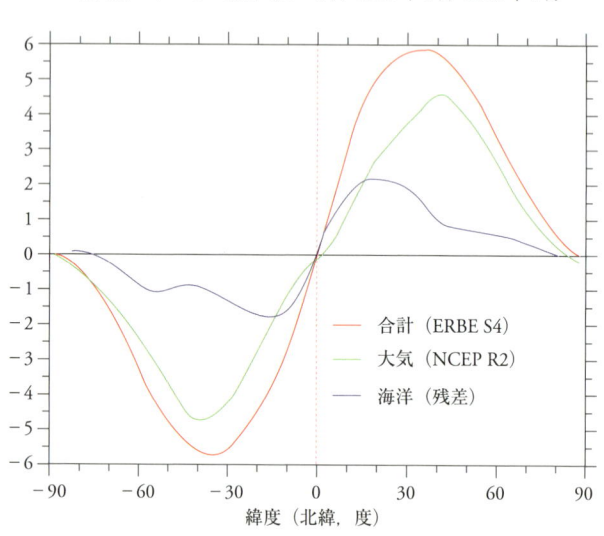

北向きエネルギー輸送（10^{15} W），1985年2月-1989年4月

図3-4 大気および海洋による南北方向のエネルギー輸送量
出典：増田（2007）より引用．

化した海洋水の大循環は，コロンビア大学のW. ブロッカー（Wallace S. Broecker）によって，「コンベアー・ベルト」と名づけられた（大河内2008）．

　図3-4は，大気および海洋による，各緯度における南北方向のエネルギー輸送量を示したものである．図をみるとエネルギー輸送の多くは大気循環によるものだが，海洋によるエネルギー輸送の影響も大きいことがわかる．

　前節で説明した，地球の軌道パラメータの変化による気候変動は「ミランコビッチ・サイクル」（Milankovitch cycle）と呼ばれている．一方，ブロッカーらは，コンベアー・ベルトが停止あるいは弱まることによって気候が急速に変化する，「オン・オフ・モデル」という気候変動のメカニズムを提唱している（大河内2008）．

　生存基盤指数では，純放射量の不均一な分布を是正する二つの循環のうち，エネルギー輸送への貢献が高い，大気循環に着目する．上述したように，大気循環は水循環もともなっているので，これを大気・水循環指数と呼ぶことにしよう．全球で生じる大気・水循環を，国家の領域を単位とする指数に

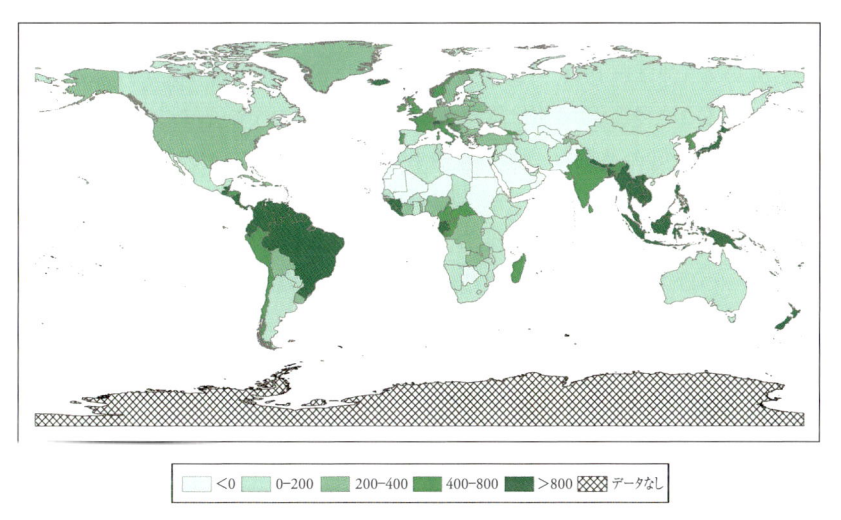

図 3-5　大気・水循環指数（年間降水量−年間実蒸発散量）の分布
出典：FAO（2000; 2009）をもとに作成．

変換するために，1961 年から 1990 年の 30 年間における平均年間降水量（FAO 2000）と平均年間実蒸発散量（FAO 2009）に関するグリッドデータをもちいて，各国の国家領域における大気・水循環指数を算出したものが，図 3-5 である．この図では，東南アジア諸国，中央アフリカの一部の国，西アフリカ南西部，中央アメリカと南アメリカなどの熱帯地域のほか，日本，朝鮮半島，ニュージーランド，ヨーロッパ西部といった温帯の国や地域でも，比較的高い値が認められる．その一方で，サハラ砂漠からゴビ砂漠へとつながる大乾燥地帯（Great Arid Zone）と呼ばれる地域に位置する国々や，ボツワナなどの数値は低く，負の値も数多く認められる．熱帯地域における高い値と，南北緯度 30 度付近に位置する国や地域での低い値は，ハドレー循環による影響を受けた結果である．

　図 3-5 は，二つの意味をもっている．一つめはその名のとおり，大気および水の循環の様相をあらわすものである．地球上に存在する水は，固相（氷および雪），液相（水），気相（水蒸気）とその状態を変化させながら，絶え間なく循環を繰り返している．大気中における水蒸気の移動という観点から

捉えた場合，この値は大気水蒸気収束量と呼ばれ，大気中における水収支を示している（沖ほか 1991）．図 3-5 において，正の値は水蒸気が外部から流入していることを，負の値は水蒸気が外部に流出していることをあらわす．大気中の水蒸気の移動は，熱の輸送もともなっているので，図 3-5 は，地球が吸収した太陽エネルギーを，大気循環によって世界各地に再配分する様子も概略的に示している（この場合，流れは水蒸気と逆）．

もう一つは，地表面上における水の量を表現する，水資源賦存量である．水資源賦存量は，理論上，人間が最大限利用可能な水量をあらわすものとして定義され，河川水や地下水のかたちでわれわれが明確に認識できる水をさす．近代的な河川工学や灌漑工学は，この水を制御することにより利水と治水を実現してきた．資源として認識された水は，市場経済によって商品化され，世界の主要な灌漑農地を潤すとともに，都市や工業セクターの用水として，近代的な社会システムの基盤を担ってきた（河野 2010）．

現在，世界の各地で水に関するさまざまな問題が発生している（Pearce＝古草訳 2006）．1995 年，当時世界銀行副総裁であった I. セラゲルディン（Ismail Serageldin）は，「20 世紀の戦争が石油をめぐって戦われたとすれば，21 世紀は水をめぐる争いの世紀になるだろう」と述べた（Calder＝蔵治ほか監訳 2005）．地表にある水を捉える視点が，水資源賦存量，すなわち資源としての視点から，大気・水循環というメカニズムのなかでわずかな時間だけ地表に滞留しているとする，循環の媒体としての視点に変わったとき，世界の水問題はどのように認識されるのだろうか．図 3-5 に示した世界地図は，地球全体を対象とした，大気・水循環をつうじたエネルギーの再分配過程をあらわすものとして捉えるべきである．このような二つの意味を持つ大気・水循環指数は，われわれに水に対する認識を変えることを迫っているようにみえる．

4　地球圏の撹乱指数：CO_2 排出量

第 1 節において，宇宙空間と地球の間におけるエネルギーのやりとりにおいて，二つの事実が存在していることを指摘した．本節では，その二つめの

事実である．「地球が太陽エネルギーを受け取ることによって14℃程度まで温度が上昇していること」，すなわち，地球の温暖化について議論を進めていこう．

　図3-1で説明したようなエネルギー収支をもとに計算を行うと，じつは地球温度は−18℃で落ち着くことになる（大河内2008）．しかしながら，実際の気温は前述のとおり14℃程度である．この温度の違いは，地球が大気という「衣」をまとっていることによる．大気中に含まれる水蒸気，二酸化炭素，メタンなどといった微量成分は，地表面から放出されたエネルギーをいったん吸収し，そのエネルギーを熱に変換して大気を温める．地表面から宇宙空間に向けて放射されるエネルギーが，大気という衣によって一時的に遮られる結果，地表面付近の温度が平均気温14℃という，生物の生存に最適な気温に保たれているのである．一般的には，CO_2→温室効果→地球温暖化（環境問題）のような連想が働くが，じつは，温室効果なくして地球上のすべての生命は存在し得ないのである．

　第1節で説明したように，太陽エネルギーの出力は1億年につき1％ずつ増加しており，地球が誕生した46億年前には現在の70％にすぎなかった．ここで，太陽エネルギー以外の条件が46億年間ずっと一定だったと仮定すると，地球の気候は過去にさかのぼるほど寒冷だったことになる．これをもとに推定すると，地球の誕生から26億年の間，すなわち現在から20億年前にいたるまで，地球上のすべての陸面は凍結していたことになってしまう．しかしながら，そのような地質学的証拠はどこにも存在しない．この矛盾は「暗い太陽のパラドックス」と呼ばれ（田近2009），実際には太陽エネルギー以外にも時間的に変化してきた事象があることを示している．それは，CO_2濃度である．当時の太陽エネルギーの出力は現在より少なかったが，CO_2濃度は現在よりも数百から数千倍高く，これによって強い温室効果が働いて，地球は温暖な状態が維持されていた，と考えられているのである．

　現在の大気組成では，窒素がおよそ78％，酸素がおよそ20％を占め，CO_2はわずか0.04％を占めるにすぎない．46億年の間にCO_2濃度は大きく減少してきたわけだが，その原因としてはおもに二つの要因が考えられている．一つはCO_2が水に溶けた結果生じる，ケイ酸塩鉱物の風化作用と炭酸

塩鉱物の沈殿からなるプロセスであり，もう一つは，生物による光合成をつうじた CO_2 の固定である（田近 2009）．よって，現在の大気組成は，地球圏の作用および地球圏・生命圏の相互作用の歴史的結果として捉えることができるだろう．

しかしながら，現在，国際的な問題になっている地球温暖化現象は，上述のような地質学的な時間スケールで起こっているものではない．18 世紀末から 19 世紀初頭にかけてイギリスで生じた産業革命は，工業化と都市化という二つの大きな変化をもたらしたが（杉原 2010），同時に地球圏における循環を大きく攪乱することにもつながった．それは，世界経済のエネルギーベースが，それまでのバイオマスから石炭を中心とする化石燃料に大きく変化したことに起因する，温室効果ガス濃度の人為的増大である．19 世紀中ごろには，石炭に代わって石油が新たなエネルギー源として登場した（Chevalier＝増田監訳 2007）．このような化石燃料の消費により，工業化以前と比べて，大気中の CO_2 濃度はおよそ 1.35 倍に，メタンの濃度は 2.5 倍に，一酸化二窒素の濃度は 1.18 倍に増加している．また，現在の CO_2 およびメタンの濃度は，過去 65 万年の自然変動の範囲をはるかに上回っている．さらに，1750 年以降の人間活動によって，大気中の温室効果ガス濃度は急激に増加した結果，20 世紀後半の北半球の平均気温は，少なくとも過去 1300 年間で最も高かったと考えられている（IPCC＝文部科学省ほか訳 2007）．このような人為的な要因による気温の上昇は，海面水位の上昇や気候の急激な変動を引き起こしており，われわれの生存基盤を脅かしている．そこで，近年の地球温暖化に関する議論をふまえ，地球圏の攪乱指数として，CO_2 排出量を採用することとした．

図 3-6 は，2005 年における世界各国の人口 1 人当たりの CO_2 排出量の分布を示したものである．熱帯地域における数値の低さと，中緯度・高緯度地域における数値の高さは対照的であり，また，太陽エネルギーの分布（図 3-2）と正反対の分布を示している．純放射量の空間分布は，赤道を中心とする低緯度地域で正の値を示し，高緯度になるほどその値は減少していた（図 3-2）．このような空間的偏りをもって地表面に供給されたエネルギーは，大気・水循環をつうじて，地球全体に再配分される．図 3-6 は，各国における化石

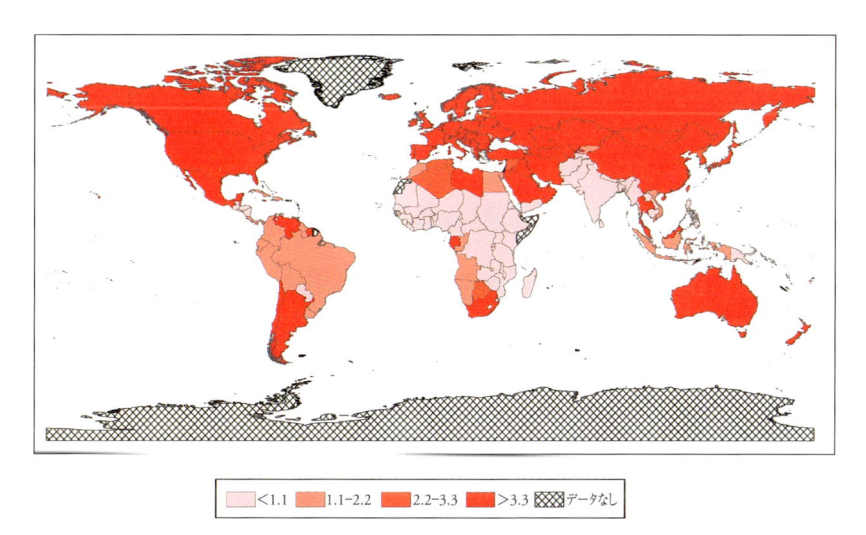

図3-6　各国人口1人当たりのCO$_2$排出量
出典：WRI (2012) をもとに作成．

燃料の利用の多寡を間接的に表現するものである．産業革命以前における，人類のエネルギー獲得は，太陽エネルギーに直接または間接に依存していた．図3-2と図3-6の対照は，温帯と熱帯におけるエネルギーの獲得方法の違いを明確に示している．化石燃料の利用にともなって排出されるCO$_2$は，地球の温暖化を短期間で急速に進行させている．この温暖化は，地表面からの潜熱による熱輸送を変化させ，結果として，図3-5に示した大気・水循環の様相を変化させる．三つの図（図3-2，図3-5，図3-6）を比較すると，図3-6は，化石燃料を利用した工業化によって経済的な繁栄を獲得した温帯諸国が，大気および水の循環を攪乱し，地球全体の生存基盤を危うくしていることを示しているのではないだろうか．

本書第5章で述べるように，国連の人口推計によれば，世界人口は2050年には93億人となり，2085年に100億人を超え，2100年には101億人に達すると予測されている (UN 2011)．この予測が正しければ，大気中のCO$_2$濃度の上昇を回避するために，人口1人当たりのCO$_2$排出量は，当然小さくならなければならない．また，一般的に，1人当たりのエネルギー消費量と，

1人当たりGDPで示される各国の経済状態は，正相関があることが知られている．そのため熱帯地域に多く存在する低所得国でも，現在の温帯先進国と同じような経済発展を指向するならば，仮に人口水準が現在の状態で維持されたとしても，世界のCO_2排出量は急速に膨れ上がることとなろう．図3-6は，地球圏の論理「循環」に対する撹乱を抑制するために，全世界のCO_2排出量の多くの割合を占める温帯「先進国」が，化石資源への依存から脱却するために最大限の努力を払う必要があることを訴えていると同時に，化石資源に依存したこれまでの経済成長に代わる，新たな「発展」のかたちを創出する必要性を訴えているのである．

5 地球圏総合指数からみた世界

これまでの節では，地球圏の可能性指数としての太陽エネルギー，関係性指数としての大気・水循環指数，撹乱指数としてのCO_2排出量について説明してきた．生存圏におけるほとんど唯一のエネルギー源である太陽エネルギーは，熱帯を中心として極域に行くほど減少する分布を示していた．しかしながら，南北方向におけるエネルギー格差を是正するために，熱帯から高緯度地域に向けてエネルギーが輸送されていた．人類の生存基盤としての地球圏の重要性は，大気・水循環指数によって表現される論理「循環」に集約されると考えることができる．その一方で，産業革命を契機とする化石燃料への依存は，温室効果ガスの増大を招き，地球圏が46億年の歴史で経験してきた気候変動とは全く異なる短いタイムスケールでの大気組成の変化と温暖化を引き起こしている．

図3-7は，太陽エネルギー，大気・水循環指数，CO_2排出量という，三つの数値を総合した地球圏総合指数からみた世界を示している．三つの指標の関連性を考慮すれば，この図は世界各国の現状が，「循環」にどの程度配慮しているかをあらわしたものだといえるだろう．図を見ると，熱帯域から極域に進むほど指数値は低下するという全体的な傾向を示すが，同じ緯度帯にあっても，アフガニスタンやタジキスタンなどでは比較的高い値が認めら

第3章　地球圏総合指数とその構成要素

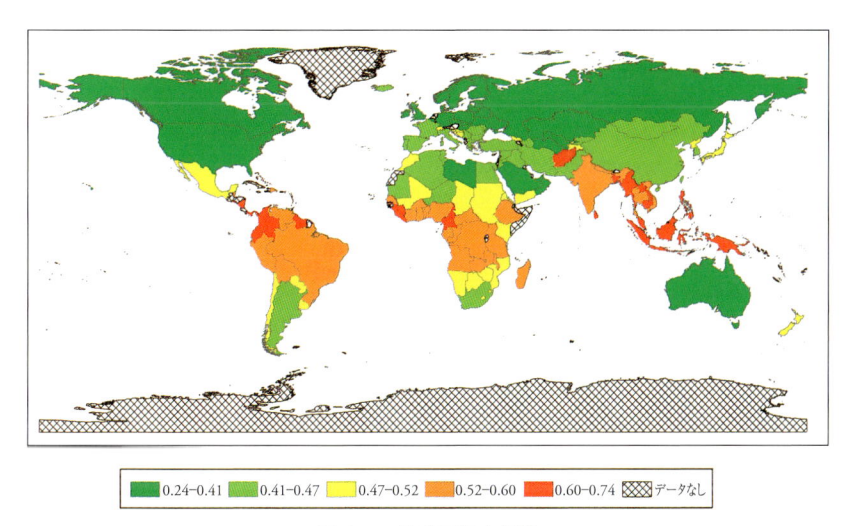

図 3-7　地球圏総合指数

れる一方，化石資源への依存度が大きいサウジアラビア，オマーン，リビアなどの産油国では，撹乱指数の影響を受けてその値が低くなっている．地球圏のもつ論理「循環」に配慮した発展のかたちを考えたとき，この図で緑色に彩られた国々では，化石資源に依存した現代生活のあり方をあらためて問い直す必要があるのではないだろうか．その意味で，図 3-7 は，地球圏の視点からみた，現代世界におけるエネルギー利用の性格を示す基礎資料を提出しているのである．

参考文献

Burroughs, W. J. 2001. *Climate Change: A Multidisciplinary Approach* [2nd edition], New York: Cambridge University Press（松野太郎監訳『気候変動 —— 多角的視点から』シュプリンガー・ジャパン，2003 年）．

Calder, I. 2005. *Blue Revolution: Integrated Land and Water Resource Management* 2nd Edition, Routledge（蔵治光一郎・林祐美子監訳『水の革命 —— 森林・食糧生産・河川・流域圏の統合的管理』築地書館，2008 年）．

Chevalier, J.-M. 2004. *Les grandes batailles de l'énergie*, Gallimard（増田達夫監訳『世界エネルギー市場 —— 石油・天然ガス・電気・原子力・新エネルギー・地球環境をめぐる 21 世紀の経済戦争』作品社，2007 年）．

Food and Agriculture Organization of the United Nations (FAO) 2000. "Global Map of Monthly Precipitation – 10 arc minutes" http://www.fao.org/geonetwork/srv/en/main.home（2012年2月23日アクセス）.
―― 2009. "Global Map of Yearly Actual Evapotranspiration – 5 arc minutes" http://www.fao.org/geonetwork/srv/en/main.home (2012年2月23日アクセス).
IPCC 1995. *Climate change 1995: The Science of Climate Change*, Cambridge, UK: Cambridge University Press.
―― 2007. *Climate Change 2007 – Impacts, Adaptation and Vulnerability: Working Groups I–III Contribution to the Fourth Assessment Report of the IPCC*, Cambridge, UK: Cambridge University Press（文部科学省・経済産業省・気象庁・環境省訳『IPCC地球温暖化第四次レポート　気候変動2007』中央法規，2009年）.
甲山治 2010.「地球圏の駆動力としての熱帯」杉原薫・川井秀一・河野泰之・田辺明生編『地球圏・生命圏・人間圏 ―― 持続的な生存基盤を求めて』京都大学学術出版会，129-152頁.
河野泰之・孫暁剛・星川圭介 2010.「水の利用からみた熱帯社会の多様性」杉原薫・川井秀一・河野泰之・田辺明生編『地球圏・生命圏・人間圏 ―― 持続的な生存基盤を求めて』京都大学学術出版会，185-209頁.
増田耕一 2007."大気と海洋による南北エネルギー輸送量" http://macroscope.world.coocan.jp/ja/edu/clim_sys/atmos_ocean/energy_transport.html（2012年1月28日アクセス）.
松井孝典 2005.「文明の普遍性とは何か」松井孝典編『宇宙で地球はたった一つの存在か』ウェッジ選書21，155-185頁.
National Aeronautics and Space Administration (NASA) 1999. "ERBS total net radiation from NASA ERBE (Earth Radiation Budget Experiment)" http://iridl.ldeo.columbia.edu/SOURCES/.NASA/.ERBE/.ERBS/.total/.net/（2012年3月5日アクセス）
大河内直彦 2008.『チェンジング・ブルー ―― 気候変動の謎に迫る』岩波書店.
沖大幹・虫明功臣・増田耕一 1991.「大気水蒸気収束量と流域水収支の対応 ―― チャオプラヤ川での事例分析」『水工学論文集』35: 679-682.
Pearce, F. 2006. *When the Rivers Run Dry*, London: The March Agency Ltd.（古草秀子訳『水の未来 ―― 世界の川が干上がるとき　あるいは人類最大の環境問題』日経BP社，2008年）.
杉原薫 2010.「グローバル・ヒストリーと複数発展径路」杉原薫・川井秀一・河野泰之・田辺明生編『地球圏・生命圏・人間圏 ―― 持続的な生存基盤を求めて』京都大学学術出版会，27-59頁.
竹内均 1981.「エネルギーと地球」『日本物理学会誌』36: 13-18.
田近英一 2009.『地球環境46億年の大変動史』化学同人.
United Nations (UN) 2011. "World Population Prospects, the 2010 Revision" http://esa.un.org/unpd/wpp/index.htm（2012年1月28日アクセス）.
World Resources Institute (WRI) 2012. "CO_2 Emissions per Capita" http://earthtrends.wri.org/searchable_db/index.php?theme=3&variable_ID=466&action=select_countries（2012年1月28日アクセス）.

第4章

生命圏総合指数とその構成要素

佐 藤 孝 宏

　本章では,およそ40億年前に生成された,生命圏について議論する.生命圏とは,地球圏よりも小さな物理的階層(地殻の一部 – 陸水・海水 – 対流圏の一部)において,有機物を媒体として物質・エネルギー循環を行う圏のことである.地球圏と同様に,生命圏の持続が保証されなければ,人間圏の持続はあり得ない.この章では,まず,生命圏がもつ固有の生成・発展の論理「多様化」について説明する.次に,この論理をふまえ,生命圏を表現するために選択した,森林バイオマス,生物多様性指数,HANPP (Human Appropriated Net Primary Production; 人間活動による純一次生産量の収奪[1]) という三つの数値について説明し,これを地図化するとともに,その含意について議論を行う.最後に,三つの構成要素を統合した生命圏総合指数を提示し,生命圏からみた世界の現状が指し示すものについて述べることとする.

1 生命圏の論理:多様化

　地球上に初めて生命が誕生したのは,およそ40億年前のこととされてい

---

[1] 消費でなく「収奪」という表現をもちいるのは,生命圏の側から人間圏を評価しようとしているためである.

る．そのころの生命活動は，無機的なエネルギー変換，たとえばメタン，硫黄化合物，アンモニアの酸化などに依存していた（Begon et al. = 堀監訳 2003）．しかし，およそ 13 億年の後，生物は太陽エネルギーを自ら固定する「光合成」という能力を獲得する．カンブリア紀に入ると，生物間の相互関係は光合成能力を基盤として大きく変化し，その結果，生命圏は急速に多様化する．植物を食べる動物が現れ，さらにその動物を食べるより大きな動物が現れた．各生物個体は自らの生存のためにさまざまな戦略を駆使するようになった．生物の生存戦略として，100 万個の卵を産んで 1 個体が生き残る可能性にかける，体を大型化させて余分な栄養を体内に蓄える，他の生物に寄生して自らを増殖させる，などの例が挙げられるだろう．海を舞台として進行した生物の多様化という現象は，光合成の副産物である酸素が大気中に蓄積することによって陸上へ，さらには空中へとその舞台を広げながら拡大していった．

　このように，生命圏を構成する生物は，周囲の物理的・化学的・生物的環境と関わりをもちながら，自らを進化させてきた一方で，与えられた環境に適応できなかったものは絶滅した．現在，世界各地で認められる生物の多様性は，さまざまな変動を生き延びてきた生物群の歴史的重層として捉えられるが，見方を変えれば，多様な生物が存在していたからこそ，生命圏は，現在まで 40 億年の歴史を刻むことができたともいえる．よって，生命圏がもつ固有の生成・発展の論理とは，前章で説明した地球圏の論理「循環」という前提のもとで，自らの再生産を維持し，その分布を拡大させるために生み出した，「多様化」と考えられるだろう．

　以下の節からは，生命圏の論理「多様化」を念頭に置きつつ，生命圏がもつ潜在力の量を表現する可能性指数，質を表現する関係性指数，人間圏による生命圏の撹乱をあらわす撹乱指数の三つについて，個別に議論を進めていくことにしよう．

2 生命圏の可能性指数：森林バイオマス

　緑色植物や植物プランクトンは，光合成をつうじて太陽エネルギーの一部

を有機物のかたちで固定する．光合成をつうじた有機物の生産過程を一次生産と呼び，ある一定期間に植物によって固定された有機物の総量から，植物自身の呼吸にともなう有機物の消耗を差し引いた値を純一次生産量（Net Primary Production; NPP）と呼ぶ．光合成能力をもたない他の生物は，食物連鎖をつうじて純一次生産量を直接・間接に利用することで，生存に必要なエネルギーを確保している．そのため，純一次生産量は，人間を含めたすべての生物の活動を支える原動力となっている．

　生きている生物の量（現存量）と死んだ生物の量（死物体量）の二つを合わせた量をバイオマスという．生きている植物の量，すなわち，植物バイオマス現存量は，純一次生産という新たな成長のかたちで利子を稼ぐことができる，運用資本に相当する（Begon et al.＝堀監訳 2003）．生命圏には多様な生物が存在するが，そのバイオマスの大半は，食物連鎖をつうじて植物バイオマスが変換されたものである（第4節図4-4参照）．よって，植物バイオマス現存量の多寡は，地域生命圏全体のバイオマス量の多寡を間接的に表現する値と考えてよいだろう．R. H. ホイッタカー（Robert H. Whittaker）と G. E. ライケンス（Gene E. Likens）によれば，世界の植物体のバイオマスは乾物重で $1,841 \times 10^9$ t と推定され，陸上植物がその99.8％，森林が陸上植物の90％を占めている（Whittaker and Likens 1973）．このようなデータをふまえると，生命圏のもつ量的な大きさは，森林バイオマス現存量によって表現されうると考える．

　図4-1は，2010年における森林バイオマス現存量の分布を，そこに含まれる炭素量で表現したものである．大きい森林バイオマスが認められるのは，東南アジア島嶼部，東南アジア大陸部，中央アフリカ諸国，西アフリカ西部，南アメリカ北中部といった熱帯諸国に加え，ニュージーランド，ブータン，ネパール，ヨーロッパ東部とスウェーデン，フィンランド，日本などの温帯諸国である．一方，明らかに小さい値を示しているのは，サハラ砂漠から中東を経てゴビ砂漠へとつながる大乾燥地帯（Great Arid Zone）に位置する国々と，ナミビアなどがこれに該当する．北アメリカやロシア，オーストラリアといった国や地域でも，全球分布でみれば中程度の値を示している．生命圏より先に生成された地球圏においては，熱帯の中心性が如実に示され

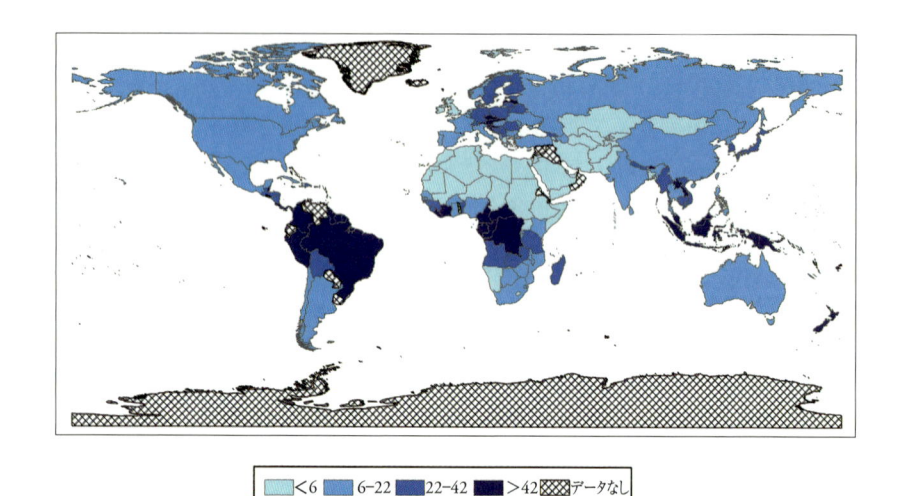

第2編 ──● 生存基盤指数からみた世界

| <6 | 6-22 | 22-42 | >42 | データなし |

図 4-1　森林バイオマスの分布
註：森林バイオマス現存量における炭素蓄積量．単位は (t/ha)．
出典：FAO (2010) をもとに筆者作成．

ていた（本書第 3 章）．しかしながら，図 4-1 に示した森林バイオマスの分布は，熱帯アジアを含めたモンスーン・アジア全体，ヨーロッパ，熱帯アフリカおよび熱帯アメリカで大きい値を示していることから，熱帯の中心性が緩和されているようにみえる．その理由を以下で考えてみよう．

　図 4-1 の作成にもちいたデータにおいて，森林とは「樹高 5 m 以上の樹木が生育する 0.5 ha 以上の土地で樹冠率が 5 から 10％以上のもの，または灌木や低木と合わせて樹冠率が 10％以上の土地」と定義されている（FAO 2010）．森林を構成する樹種にはさまざまなものがあり，同じ環境下にあっても樹木の生育は種によって異なるので，図 4-1 の空間分布を考える際には，それぞれの地域において森林を構成する樹種にも注目する必要があるだろう．図 4-2 は，WWF (World Wide Fund for Nature; 世界自然保護基金) により作成された，陸上生物種の生物地理界と生物群系（バイオーム）の空間分布を示したものである．図に示された 16 の生物群系のうち，森林として定義できるものは，(1) 熱帯・亜熱帯の湿潤広葉樹林，(2) 熱帯・亜熱帯の季節林，(3) 熱帯・亜熱帯の針葉樹林，(4) 温帯の広葉樹林・混合林，(5) 温帯針葉樹林

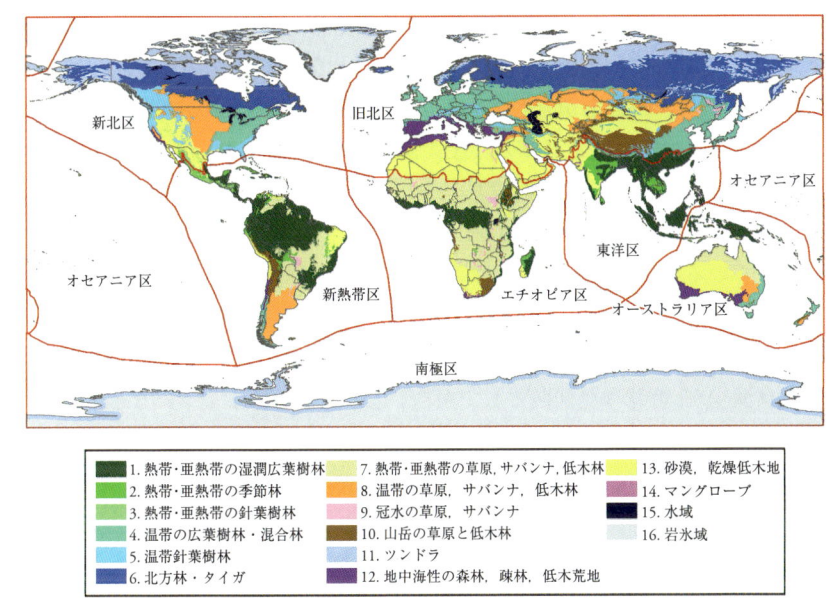

第4章　生命圏総合指数とその構成要素

図4-2　陸上生物種の生物地理界と生物群系（バイオーム）
出典：WWF（2006）より引用.

凡例：
1. 熱帯・亜熱帯の湿潤広葉樹林
2. 熱帯・亜熱帯の季節林
3. 熱帯・亜熱帯の針葉樹林
4. 温帯の広葉樹林・混合林
5. 温帯針葉樹林
6. 北方林・タイガ
7. 熱帯・亜熱帯の草原，サバンナ，低木林
8. 温帯の草原，サバンナ，低木林
9. 冠水の草原，サバンナ
10. 山岳の草原と低木林
11. ツンドラ
12. 地中海性の森林，疎林，低木荒地
13. 砂漠，乾燥低木地
14. マングローブ
15. 水域
16. 岩氷域

および (6) 北方林・タイガの六つである．図4-1と図4-2を比較すると，図4-1で高い値が認められた東南アジア，中央アフリカ諸国，西アフリカ西部，南米大陸北中部といった熱帯諸国では (1) が，ヨーロッパ東部や日本・韓国などの温帯諸国では (4) が，ロシア，スウェーデン，フィンランドおよびカナダといった，国土の多くが亜寒帯に分類される国々では (6) が広がっていることが読みとれる．

　ホイッタカーによれば，図4-2で示した陸上生物種の生物群系は，年平均気温と年平均降水量によって類型化することが可能である（Whittaker=宝月訳1975）．大まかに言うと，年平均気温が−5℃以下の地域や，年平均降水量がおよそ1,000 mm以下の地域では，森林は形成されない．本書第3章では，地球圏の可能性指数として太陽エネルギーを，地球圏の関係性指数として大気・水循環指数を採用した．太陽エネルギーは年間純放射量によって表現されているが，生物群系を大きく規定する年平均気温は，この年間純放射

量の関数である．また，生物群系を規定するもう一つの要因である年平均降水量は，大気・水循環指数の構成要素の一つとなっている．生物群系の違いが，バイオマスの量を規定しているのであれば，結果として図 4-1 に示した森林バイオマスは，地球圏の特性に強く規定されるといえよう．しかしながら，同じ生物群系に属する国々，たとえば，(4) に類型されるヨーロッパの国々でも，図 4-1 に示した森林バイオマスでは異なるカテゴリーに類型化されている場合もある．これは，森林バイオマスの量が，地球圏の特性の影響を強く受けているだけでなく，人間圏による影響も強く受けてきたためである．

　森林減少が，地球環境問題として大きく取り上げられるようになったのは，1970 年ころからである（日本生態学会 2003）．しかしながら，これ以前の時代においても森林は人間圏の影響を受けて変化してきた．少しデータは古いが，表 4-1 にいくつかの国における森林の広がりの変化を示した．この表によれば，中央アメリカ，タイ，コートジボワール，ガーナ，北インド，リビアといった国や地域において，50 年から 100 年，もしくはそれ以上の長期にわたって，森林が減少していることがわかる．表 4-1 に挙げた熱帯諸国における森林減少は，21 世紀に入っても続いている（宮本 2010）．その一方で，フランスおよびハンガリーでは，18 世紀または 19 世紀までは森林面積が減少傾向にあったものの，その後は増加傾向に転じていることが読みとれる．同様の傾向は，他のヨーロッパ諸国や北アメリカ（Mather＝熊谷訳 1990），中国（Kanninen＝藤間ほか訳 2008）でも認められる．後者のように，森林が一度消失してから回復するという長期にわたる過程を「森林推移」と呼ぶ．A. S. メイサー（Alexander S. Mather）は，各国における森林面積の歴史的トレンドを分析し，経済発展の初期段階では，農産物の需要増大や社会基盤の整備により森林は減少するが，その後の経済発展にともなって森林が増加に転じるとする，森林推移のモデルを提示している（Mather＝熊谷訳 1990）．

　H. J. ガイスト（Helmut J. Geist）と E. F. ランビン（Eric F. Lambin）は，森林減少の直接的原因として，(1) 農業の拡大，(2) 樹木の採取，そして (3) インフラストラクチャーの拡大の三つを挙げている（Geist and Lambin 2002）．ま

表 4-1　森林の広がりの変化

地域	年	樹林地率（%）/面積	地域	年	樹林地率（%）/面積
(1) 中央アメリカ	年	樹林地率（%）	(5) 北インド	年	樹林地率（%）
	1700	92.0		1870	24.6
	1800	91.8		1890	21.5
	1850	85.0		1910	19.2
	1900	77.8		1930	18.2
	1940	70.7		1950	16.2
	1950	67.7		1970	13.7
	1960	62.4	(6) リビア	年	面積（1000 ha）
	1970	55.4		1920	6475
	1977	50.9		1950	5520
(2) タイ	年	樹林地率（%）		1968	2500
	1913	75		1980	2000
	1930	70	(7) フランス	年	樹林地率（%）
	1949	69		3000BC	80
	1959	58		0	50
	1969/7	52		1400	33
	1978	25		1650	25
(3) コートジボアール	年	面積（1000 ha）		1789	14
	1900	14500		1862	17
	1955	11800		1912	19
	1965	8983		1963	21
	1973	6200		1970	23
	1980	3945		1977	24
(4) ガーナ	年	面積（1000 ha）	(8) ハンガリー	年	面積（1000 ha）
	1920	9871		1800	2766
	1937/8	4789		1925	1091
	1948/9	4236		1838	1106
	1953	2810		1946	1124
	1958	2493		1950	1166
	1960/1	2424		1960	1306
	1968	2207		1970	1471
	1980	1718		1980	1610

出典：Mather＝熊谷訳（1990）より引用．

た，これらの要因を推進する潜在的原因として，人口動態，経済，技術的側面，制度，文化多様性の五つが指摘されている（Kanninen＝藤間ほか訳 2008）．しかしながら，森林減少を引き起こす原因としてとりわけ重要なのは，森林が広がる国家の経済が，世界経済システムのなかに組み込まれることによって，その国の森林資源に対する需要が急速に増大することだろう（Mather＝熊谷訳 1990）．石川は，マレーシア・サラワク州の事例をもとに，外部世界における木材資源の需要増大により，熱帯雨林における資源利用が描く「非木材森林産物の採取」→「木材の収奪」→「森林植生の全面的転換を通じた再生産」という軌跡について述べている（石川 2010）．世界各国における森林面積変動のトレンドを国家領域の内部で捉えるならば，メイサーの指摘するような「森林推移」の存在は明らかだろう．しかしながら，世界経済システムとの関連性を考慮したとき，図 4-1 と図 4-2 の相違はヨーロッパ世界における森林バイオマスの大きさが，熱帯の森林バイオマスの大きさとは異質なものであることをわれわれに示している．

このように，生命圏の可能性指数である森林バイオマスは，地球圏の特性によって強く影響されるものの，人間圏による影響も無視できない．近年，気候変動枠組条約や生物多様性条約の締約国会議において，森林に関する議論が活発に行われている．しかしながら，本書第2章でも指摘したように，このような議論の出発点が，生命圏が歩んできたおよそ 40 億年の歴史をふまえた議論になっているかどうかに注意を払う必要がある．人類の生存基盤としての森林を生命圏の側から考える場合には，近年のデータを出発点にするのではなく，これをより長期の歴史のなかで捉え，その認識に基づいて議論を進めていくことが不可欠と考えられる．

3 生命圏の関係性指数：生物多様性指数

海洋無脊椎動物の化石の属数をもとに，5.4 億年前から現在にいたるまでの生物多様性の変遷を推定すると，何回かの大量絶滅を経験したあと，およそ 2 億年前から現代にかけて，生物多様性は連続的に上昇していることがわ

かる (Benton 2009). 現在にいたるまでのおよそ40億年の間, 生命圏を構成する生物種は, 周囲の物理的・化学的・生物的環境と関わりをもちながら, 自らを進化させてきた一方で, 与えられた環境に適応できなかったものは絶滅した. このような長期的変遷をふまえれば, 生物多様性とは, 生命が誕生してから40億年間における, 地球圏と生命圏の関わりの歴史的重層として捉えることができるだろう.

　生態学では, 種の豊かさを説明するために, 古くから種多様性 (species diversity) という概念をもちいてきた. 一方, この節で議論する生物多様性 (biodiversity) は, 1988年に登場した比較的新しい造語であり, 遺伝的多様性, 種の多様性および生態系の多様性という, 三つの多様性を含む複合的な概念とされている. ここでは, 各国における維管束植物, 両生類, 爬虫類, 鳥類と哺乳類の全種数および固有種の数の推定値をもとに, UNEP-WCMC (国連環境計画　世界自然モニタリングセンター) が2002年に作成した, 各国の陸域生態系における生物多様性指数 (Groombridge and Jenkins 2002) を, 生命圏の関係性指数として採用することにしよう. この指数は, 上記の五つの生物群をその構成要素としているが, これらの種数をそのまま足し合わせて指数を算出したわけではない. (1) 維管束植物の多様性に他の脊椎動物の4倍のウェイトを置く, (2) 種数−面積関係 (調査する面積の増加にともなって, 出現する生物の種数の増加速度が次第に小さくなるという関係) を考慮して, 単位国土面積当たりの多様度の推定を試みている, など, 生態系の構造に配慮した算出を行っている[2]. およそ3,000万種と推定される地球上の生物種のうち, 人間によって記載されている総種数はわずか175万種にすぎない (環境省 2010). 現在, 生物多様性指標パートナーシップ (Biodiversity Indicators Partnership; BIP) によって新たな指標づくりが推進されており, 近いうちに世界の生物多様性の評価は大きく変わる可能性があるが, 現時点で発表されている不十分なデータをもとに生物多様性を評価する場合, 生態系の構造にある程度配慮した上記の指数は, それなりの妥当性をもっていると考えられる.

　図4-3をみると, 生物多様性が高い国や地域は, 東南アジア島嶼部, イ

---

[2] 計算方法の詳細は, Groombridge and Jenkins (2002) を参照のこと.

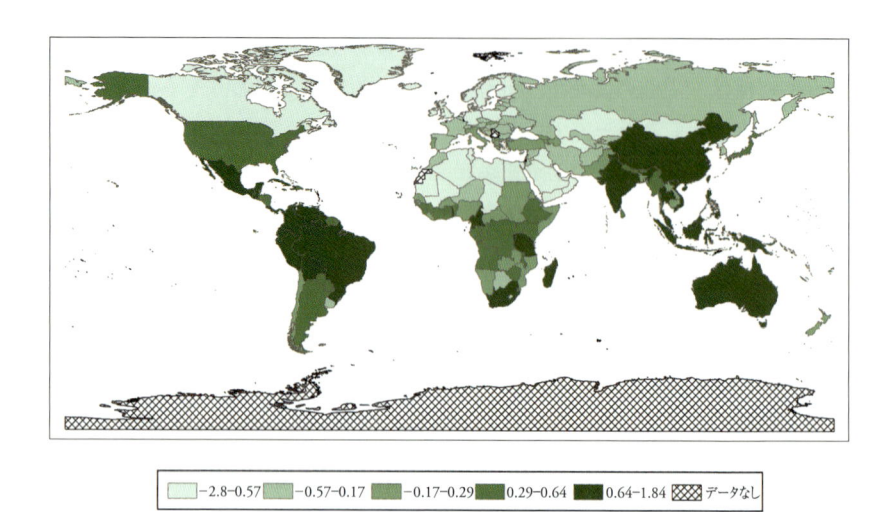

図 4-3　生物多様性指数
出典：Groombridge and Jenkins (2002) をもとに筆者作成．

凡例：-2.8–0.57／-0.57–0.17／-0.17–0.29／0.29–0.64／0.64–1.84／データなし

ンド，マダガスカル，中央アフリカおよび西アフリカの一部，中央アメリカ北部およびメキシコといった熱帯の国々だけではない．中国，アメリカなどといった，広大な国土面積を有する温帯諸国でも高い値が認められる．これは，国土面積が大きくなると，近隣の異なる生態環境を有する国々から，多くの生物種が移入するためであろう．生物の移動は国家の領域とほとんど関連がないが，国家の領域を単位として表現するならば，世界の生物多様性は図 4-3 のようになる．これを図 4-1 に示した森林バイオマスの分布と比較すると，依然として熱帯諸国における数値の相対的な高さは認められるものの，同じ熱帯諸国でも中央アフリカ諸国の数値が比較的低いこと，中国，オーストラリア，アメリカ，インドといった国土面積の大きな国々で高い値を示していること，などがその特徴として挙げられるだろう．

　前節で述べた森林バイオマスと生物多様性を関連づけるために，人間を含めたすべての生物の活動を支える原動力となっているエネルギー，純一次生産量の流れについて考えてみよう．図 4-4 は陸上群集の栄養段階構造とエネルギー流の一般化モデルをあらわしたものである．この図では，(1) 植物

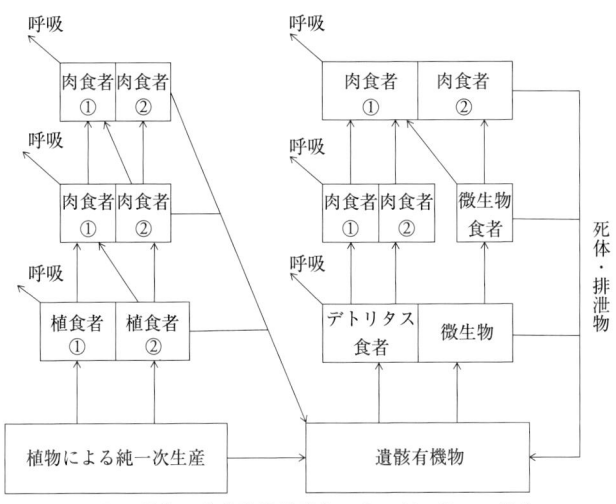

図 4-4　陸上群集の栄養段階構造とエネルギー流の一般化モデル
註：図中の①，②は，脊椎動物および無脊椎動物を示す．
出典：Heal and MacLean (1975) を一部改変．

による純一次生産が植食者によって消費される，(2) 植食者は肉食者によって消費される，(3) 肉食者は異なる栄養段階にある肉食者によって捕食される，という生食連鎖に加え，(4) 各栄養段階で生成される排泄物や遺骸が分解者の系に流れ，消費されていく過程（腐食連鎖）についても示してある．植物の光合成をつうじ純一次年産量として固定された太陽エネルギーは，図4-4で示した連鎖の内部を移動する間に，各栄養段階に属する生物の呼吸によって熱エネルギーに変換され，最終的には宇宙空間に放出される．生命圏を構成するすべての生物種は，その活動に必要なエネルギーを純一次生産から直接または間接に得ているので，純一次生産が大きいほど多様性も高くなるのではないかという仮説を立てる研究者もいる．

「種の豊富さが利用可能なエネルギーによって決定されている」という考えは「多様性の生産力仮説」(Species-Energy Theory) と呼ばれている．図 4-5 に，純一次生産量（またはそれに類似したデータ）と脊椎動物群（図 4-3 に示した生物多様性指数の構成要素の一部である，両生類および爬虫類，鳥類，哺乳類）の種多様性の関係に関して，既存研究での報告を分類した結果を示した

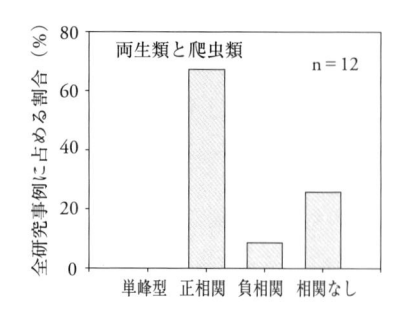

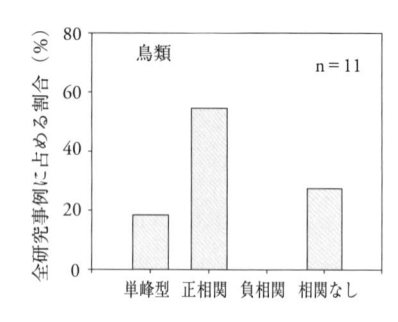

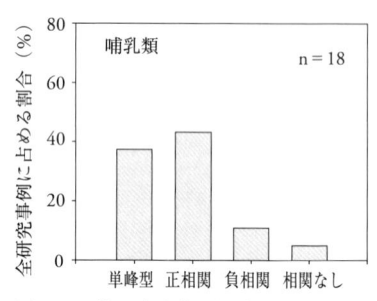

図 4-5　純一次生産に関連するデータと脊椎動物（両生類および爬虫類，鳥類，哺乳類）の種多様性の関係
出典：Waide et al. (1999) より引用．

(Waide et al. 1999)．両生類および爬虫類では，既存研究の 7 割近くにおいて正の相関関係が認められ，鳥類や哺乳類でも 5 割前後の事例で正相関が認められる．しかしながら，図 4-5 は，単峰型の関係が認められる事例や，相関関係の有意性が認められない事例の存在も示している．よって，このデータは，多様性の生産力仮説をある程度は支持しているようにみえるが，その一方で，種多様性の決定には他の要因も影響していることを示唆している．この理由を図 4-4 のモデルで考えてみよう．植物による純一次生産のすべてが植食者によって消費されているわけではない．よって，純一次生産量が増加しても，植食者によって有効利用されるとはかぎらず，植物バイオマスの増加に寄与するだけかもしれない．また，純一次生産量の増加が，種数の増加ではなく，ある特定の種の個体数の増加に貢献するだけかもしれない．ある栄養段階で利用できる総生産量のうち，その一つ上の栄養段階の生物に

よって消費される割合を消費効率というが，植食者の消費効率は森林でほぼ5％，草原で25％程度にすぎない（Begon et al. ＝堀監訳 2003）．

多様な生物世界が形成されるメカニズムを，生物間の相互作用から説明しようとする研究者も多くいる．ほどほどの撹乱があると生物間の競争が緩和され，より多くの種が共存できるとする説を，コネルの中規模撹乱説と呼ぶ（Connell 1978）．図4-3において，中央アフリカ諸国の多様度指数は，他の熱帯諸国と比べて相対的に低い値を示していた．湯本は，同地域の熱帯雨林における樹木の多様性の低さを指摘するとともに，中規模撹乱説をその理由として述べている（湯本 1999）．

生命圏は，地球圏による「循環」という論理を「食物連鎖を介した物質・エネルギー循環」というかたちで継承している．生物多様性とは，この「循環」という前提のもとで，生物世界が適応と進化の歴史をつうじて独自につくり出した論理として捉えられる．多様性の維持機構はすべて明らかになっているわけではないが，図4-3は，多様な生物世界を維持・繁栄させるために，国際社会が予防原則にたって具体的対策を議論すべき，国や地域を表しているとも考えられる．

4　生命圏の撹乱指数：HANPP

生態学における撹乱とは，さまざまな生態レベルの構造，組成，機能などに影響を及ぼす破壊的作用を指す．具体的には，地震，山火事，台風，土石流などの物理的撹乱，大気汚染などの化学的撹乱，昆虫の大発生などの生物的な撹乱が挙げられる（日本生態学会 2003）．ここでは，撹乱を引き起こす主体を人間圏として，生命圏の撹乱について考えてみよう．生存の手段を狩猟採集にたよっていたころの人類は，生命圏を構成する一つの生物種にすぎず，生命圏が大規模に撹乱されることは少なかったのではないだろうか．しかしながら，野生植物の栽培化や野生動物の家畜化が始まった時代から，人類は生命圏がつくりあげた「景観」を主体的に改変することをつうじ，生命圏の論理を大きく撹乱するようになった．さらに，産業革命による工業化がもた

らした大量生産と大量消費というレジームにより，生命圏の撹乱はさらに拡大された．WWFは，生物多様性に対する主要な脅威として，(1) 土地利用転換をつうじた生息地の消失，改変および分断化，(2) 野生生物個体群の過剰利用，(3) 化学物質汚染，(4) 気候変動，(5) 侵略的外来種の五つを挙げている (WWF 2010)．本節では，人間を含めたすべての生物の活動を支える原動力である純一次生産量に着目し，HANPPを撹乱指数として採用する．HANPP[3]とは，人間が消費する陸域生命圏由来の資源 (穀物，野菜，肉，卵，木材，紙，繊維など) について，作物の収穫係数 (純一次生産量に対する収穫部分の比率)，家畜の生産効率 (飼料となる植物の純一次生産量に対する畜産物生産量の比率)，加工や輸送にともなう資源の減耗などを勘案して，各国における生物資源の消費量を純一次生産量に還元し，国家領域を単位としてこれを積算した値である (Imhoff et al. 2004)．類似した環境指標として，エコロジカル・フットプリント (Ecological Footprint) が挙げられるが，両者では分析の視座が異なっている．エコロジカル・フットプリントは，人間の需要に応えるために利用可能な資源量を示すバイオキャパシティ (Biocapacity) を基準として議論が行われており，その根底には人間に必要な資源を供給する場として自然を捉える視点がある (本書第2章)．その一方でHANPPは，「多様性の生産力仮説」を前提として，光合成によって固定された純一次生産量を基準に議論が行われており，その根底には人間活動が生態系における物質・エネルギー循環を阻害し，多様性の喪失を招いているという視点がある．われわれは，生命圏の論理「多様化」を受容するには，生命圏の現状を，それを利用する人間の側からではなく，生命圏それ自体の側から評価すべきと考えている．このような理由から，生存基盤指数では，エコロジカル・フットプリントではなく，HANPPを人間圏による生命圏の撹乱の指標として選択したのである．

　M. L. イムホフ (Marc L. Imhoff) らが算定した1995年におけるHANPPを，

---

[3] HANPPは研究者によって異なる定義がなされている (Vitousek et al. 1986; Wright 1990; Rojstaczer 2001; Haberl 2007などを参照のこと)．イムホフらの方法は，そのなかで唯一，人間による資源消費の統計値からHANPPを算出している (Imhoff et al. 2004)．本書ではこのイムホフらによるHANPPの定義を採用し，それに基づいて解説および指数化を行う．

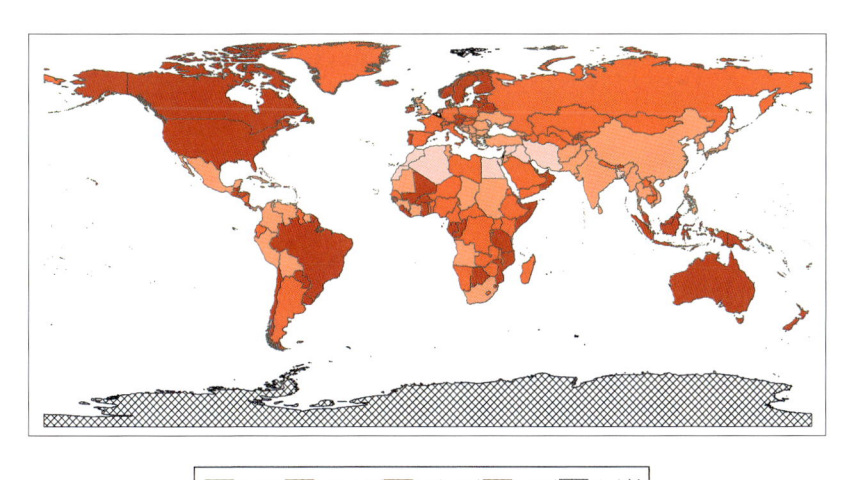

図 4-6 人間活動による純一次生産量の収奪（HANPP）
出典：Imhoff et al.（2004），FAO（2012）をもとに筆者作成．

凡例：0-0.98　0.98-1.96　1.96-2.94　>2.94　データなし

同年の各国人口により除算し，人口 1 人当たりの HANPP として算出したものを，図 4-6 に示した．北米，南米諸国，北欧，オセアニアといった地域の高い数値が目につくが，その他にもマレーシア，ブータン，ポルトガル，ボツワナ，スワジランド，リベリア，オーストリア，コスタリカといった国々でも高い値が認められ，地理的な傾向が顕著には認められない．これは資源消費量の増大にともなう HANPP の増加と，生産効率の低さによる HANPP の増加という二つの要素が入り混じっているためと思われる．ここで，食料消費とそれに関わる HANPP の大きさについて考えてみよう．図 4-7 に，世界各国における食料消費に関わる HANPP を各国の人口で割った値と，1 日 1 人当たりのカロリー摂取量の関係を示した．全体的にみれば，HANPP が増加するほどカロリー摂取量は逓減する．1 人の人間が 1 日に食べられる量には限界があるため，カロリー摂取量が無限に増加しないのは当たり前ではあるが，見方を変えれば，人類による食料消費につながらない HANPP の存在をこのグラフは物語っている．図 4-7 のマーカーの違いは，1995 年における人口 1 人当たり GDP を 1,000USD と 5,000USD を境界として三つに分けたものである．経済状態が上昇するほど HANPP も増加する傾向が認めら

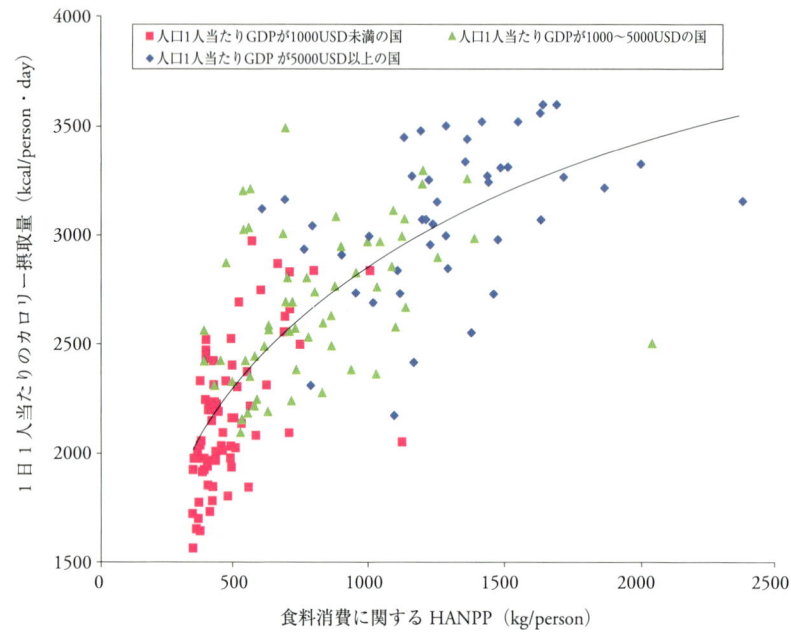

図 4-7　食料消費に関わる HANPP とカロリー摂取量の関係
出典：Imhoff et al. (2004), FAO (2012) および UN (2012) をもとに筆者作成.

れるが，これは，生物学的な食料要求をはるかに超えた消費が，いわゆる「先進国」において多く行われていることを表している．一方，図4-7ではいくつかの「発展途上国」においても，高いHANPPが認められる．これは，生産効率の低さや薪炭材の利用によるHANPPの増大を反映したものと考えられる．

　人類は，生命圏の一員としての側面をもっている．すなわち，植物が固定した純一次生産を直接・間接に摂取することによって，自らの生存を維持しているのである．よって，他の生命を絶滅させてしまえば，自らの生存基盤を確保することはできない．人間圏による生命圏の撹乱を表現するHANPPがゼロになることはあり得ないが，過剰な生物資源消費の抑制と生産効率の向上によって，われわれは生命圏への負の影響を軽減することは可能である．図4-6に示した世界地図は，このような課題を背負った国や地域を示した

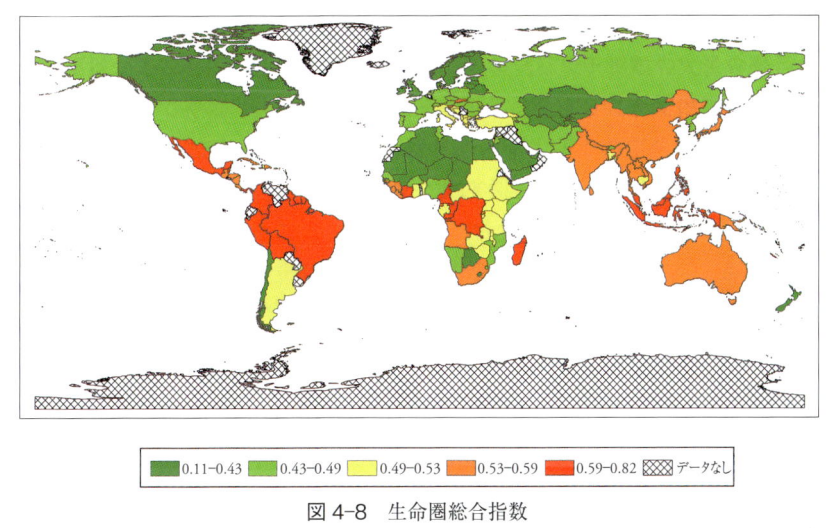

第4章 生命圏総合指数とその構成要素

■ 0.11–0.43　■ 0.43–0.49　■ 0.49–0.53　■ 0.53–0.59　■ 0.59–0.82　▨ データなし

図 4-8　生命圏総合指数

ものとして捉えることができよう．

5　生命圏総合指数からみた世界

　これまで，生命圏の可能性指数である森林バイオマス，関係性指数である生物多様性指数，撹乱指数である HANPP について議論を行ってきた．この節では，これら三つの指数を統合した，生命圏総合指数からみた世界を提示しよう．

　図 4-8 は，生命圏総合指数をもとに作成した世界地図である．前節までの議論をふまえれば，生命圏の論理「多様化」から映し出した，世界各国の現状をあらわしているといえるだろう．

　図 4-8 では，地球圏総合指数と同様に，概して熱帯諸国で高い値を示している．しかしながら，オーストラリア，中国，インド，南アフリカ，日本といった国々の生命圏総合指数もやや高めの指数値を示している．これは，近隣諸国からの種の移入により生物多様性が高くなっていることや，

103

HANPP が低いことによるものと考えられる．全般的にみると，熱帯アメリカ，熱帯アフリカとモンスーン・アジアにおいて，生命圏のもつ「潜在力」が高く，この潜在力に温帯「先進国」が依存しているためではないだろうか．生命圏総合指数が示す世界は，生物資源の豊かさを享受している人々に，これらの国々における生物多様性への配慮を求めているのである．

参考文献

Benton, M. J. 2009. "The Red Queen and Court Jester: Species Diversity and the Role of Biotic and Abiotic Factors Throuth Time", *Science*, 323: 728-732.
Begon, M., J. L. Harper and C. R. Townsend 1996. *Ecology: individuals, populations, and communities* [3rd edition], Wiley-Blackwell (堀道雄監訳『生態学 —— 個体・個体群・群集の科学』京都大学学術出版会，2003 年).
Bertrand, A. 1983. "La Déforestation en Zone de Forêt en Côte d'Ivoire", *Bois et Forêts des Tropiques*, 202: 3-17.
Connell, J. H. 1978. "Diversity in Tropical Rainforests and Coral Reefs", *Science*, 199: 1302-1310.
Food and Agricultural Organization of the United Nations (FAO) 2010. *Global Forest Resources Assessment 2010 (FRA 2010)*, Rome: FAO.
—— 2012. "FAOStat" http://faostat.fao.org/default.aspx (2012 年 2 月 23 日アクセス).
Feeny, D. 1988. "Agricultural Expansion and Forest Depletion in Thailand 1900-1975", in J. F. Richards and R. P. Tucker (eds), *World deforestation in the twentieth century*, Durham: Duke University Press, pp. 112-143.
Geist, H. and E. Lambin 2002. "Proximate Causes and Underlying Driving Forces of Tropical Deforestation", *BioScience*, 52(2): 143-150.
Gonitz, V. 1985. "A Survey of Anthoropogenic Vegetation Changes in West Africa during the Last Century-climatic Implications", *Climatic Change*, 8: 285-325.
Groombridge, B. and M. D. Jenkins 2002. *World Atlas of Biodiversity: Earth's Living Resources in the 21st Century*, Barkeley and Los Angeles, California: University of California Press.
Heal, O. W. and S. F. MacLean 1975. "Comparative productivity in ecosystems-secondary productivity", in W. H. van Dobben and R. H. Lowe-McConnell (eds), *Unifying Concepts in Ecology*, The Hague: Junk, pp. 89-108.
Imhoff, M. L., L. Bounoua, T. Ricketts, C. Loucks, R. Harriss and W. T. Lawrence 2004a. "Global Patterns in Human Consumption of Net Primary Production", *Nature*, 429(24): 870-873.
—— 2004b. *Human Appropriation of Net Primary Production (HANPP) by Country and Product* http://sedac.ciesin.columbia.edu/es/hanpp.html（2012 年 1 月 28 日アクセス）.
石川登 2010.「歴史のなかのバイオマス社会 —— 熱帯流域社会の弾性と位相転移」杉原薫・川井秀一・河野泰之・田辺明生編『地球圏・生命圏・人間圏 —— 持続的な生存基盤を求めて』京都大学学術出版会，251-274 頁.

環境省編 2010.『環境白書　循環型社会白書/生物多様性白書　地球を守る私たちの責任と約束 ── チャレンジ25』環境省.

Kanninen, M., D. Murdiyarso, F. Seymour, A. Angelsen, S. Wunder and L. German 2007. *Do trees grow on money?: The implications of deforestation research for policies to promote REDD*, Bogor, Indonesia: Center for International Forestry Research（CIFOR）（藤間剛・鷹尾元・御田成顕・岩永青史訳『木はお金で育つか？ ──「森林幻想と森林劣化に由来する排出削減（REDD）」に対する森林減少研究からの示唆』2008 年 http://www.cifor.cgiar.org/publications/pdf_files/Books/BKanninen0801JP.pdf（2012 年 1 月 28 日アクセス）.

Keogh, R. M. 1986. "A Preliminary Model to Determine Forest Cover History of Central America", *Forest Ecology and Management*, 15: 95-102.

Keresztesi, B. 1984. "The Development of Hungarian Forestry 1950-1980", *Unasylva*, 36(145): 34-40.

Mather, A. S. 1990. *Global Forest Resources*, Timber Press（熊崎実訳『世界の森林資源』築地書館，1992 年）.

宮本基杖 2010.「熱帯における森林減少の原因 ── 焼畑・人口増加・貧困・道路建設の再考」『日林誌』92: 226-234.

日本生態学会 2003.『生態学事典』共立出版.

Olson, D. M, E. Dinerstein, E. D. Wikramanayake, N. D. Burgess, G. V. N. Powell, E. C. Underwood, J. A. D'amico, I. Itoua, H. E. Strand, J. C. Morrison, C. J. Loucks, T. F. Allnutt, T. H. Ricketts, Y. Kura, J. F. Lamoreux, W. W. Wettengel, P. Hedao and K. R. Kassem 2001. "Terrestrial Ecoregions of the World: A New Map of Life on Earth", *BioScience*, 51: 933-938.

Prieur, M. 1987. *Forestry: France, European Environmental Yearbook*, London: DocTer, 252-258.

湯本貴和 1999.『熱帯雨林』岩波書店.

Richards, J. F., E. S. Haynes and J. R. Hagen 1985. "Changes in Land and Human Productivity in Northern India 1870-1970", *Agricultural History*, 59: 523-548.

United Nations (UN) 2012. "Per Capita GDP in US Dollars", National Accounts Main Aggregates Database, http://unstats.un.org/unsd/snaama/dnllist.asp（2012 年 3 月 4 日アクセス）.

Waide, R. B., M. R. Willig, C. F. Steiner, G. Mittelbach, L. Gough, S. I. Dodson, G. P. Juday and R. Parmenter, 1999. "The Relationship between Productivity and Species Richness", *Annual Review of Ecology, Evolution and Systematics*, 30: 257-300.

Whittaker, R. H. 1975. *Communities and Ecosystems*, Macmillan（宝月欣二訳『生態学概説 ── 生物群集と生態系［第 2 版］』培風館，1979 年）.

Whittaker, R. H. and G. E. Likens 1973. "Primary Production: The Biosphere and Man", *Human Ecology* 1: 357-369.

World Wildlife Fund (WWF) 2006.『生きている地球レポート　2006』http://assets.panda.org/downloads/lpr_2006_japanese.pdf（2012 年 1 月 28 日アクセス）.

── 2010.『生きている地球レポート　2010 年版　生物多様性，生物生産力と開発』http://www.wwf.or.jp/activities/lib/lpr/WWF_LPR_2010j.pdf（2011 年 10 月 10 日アクセス）.

第5章

人間圏総合指数とその構成要素

和 田 泰 三

　本章では，生存基盤としての人間圏について議論する．生存基盤とは，個人が生きるために，あるいは地域社会が自己を維持するために必要な物質的精神的諸条件を指す（佐藤・和田 2010; 本講座第1巻序章）．人口の急速な増大や，生活・消費レベルの拡大が地球圏・生命圏に影響し，生存基盤の持続可能性を脅かすであろうことは容易に想像できる．しかし，三つの圏のなかでもとくに人類の「生存」とその持続可能性を扱う本章では，人間存在の根底には「ケア」が本質的に重要であるということを前提とし，人間圏の関係性をあらわす指数として，平均世帯内人数 (Mean Household Size; MHS) と男性人口を基準とする女性人口の比率 (Female Male Ratio; FMR) を採用した．また，他者や相手のために気づかいと寛容のまなざしを向けあうかぎりにおいて人口密度が大きいことは指数に正の効果を与えると考え，これらを人間圏の可能性指標として扱った．すなわち，自律した人間がその共感能力を最大限に発揮するとき，人口や人口密度が大きいことはマンパワーが大きいことといえ，人間圏の潜在力も高いと評価した．人口増大と消費レベルの拡大にともなう地球圏・生命圏へのインパクトについては，第3章，第4章それぞれの圏への撹乱指数の項を参照されたい．また，人間圏を撹乱する因子としては地球圏・生命圏・人間圏それぞれから人間存在を脅かす要因として，災害・感染症・紛争や自殺による死亡をとりあげて指標化した．

1 人間圏の論理：自律と共感

 ヒト（Homo Sapiens）は，あらゆる生命体のなかでも最も複雑な神経系をもち，進化の過程で唯一高度な思考が可能になった生物である．人間圏の論理をひとことで表現することは不可能ともいえるが，本書では人間圏には生命圏とは異なる自律と共感という論理があり，その両方が「ケア」を可能にしていると考えた．
 C. R. ドーキンス（Clinton Richard Dawkins）は，その著書『利己的な遺伝子』において，動物の行動や資質や関係を究極に支配している動因は遺伝子であり，個体は遺伝子が生存するための生存機械にすぎないという見方を示している（Dawkins 1976）．これは遺伝子があたかも利己的な主体であって，あらゆる生物個体の形質や行動を，自分たちの増殖に有利なようにさまざまな「戦略」を立ててプログラムし，設計しているかのごとくに考えると理解しやすいとするものである．
 ドーキンスの理論は，これまでの理論では説明不可能だった動物の行動を，遺伝子を主体として統一的に説明しようとした．真木は，この理論を批判的に引用しながら，(1)「利己／利他」という概念は，それを定義する際に準拠する主体（遺伝子／個体）の効果にほかならないこと，(2) 遺伝子の利己性は，結果として個体の利己性および利他性の存在を証明していること，(3) 人間個体は，遺伝子の命ずるところに反逆することができ，これによって個体の主体性が確立される，という三つの見方を提示している（真木 2001）．多くの生物種は，細胞－組織－器官－個体－グループ－社会という階層をもちながら存在している．生物としての最小ユニットである細胞の増殖は，その個体のもつ遺伝子情報に基づいて行われるのだが，その情報が個体の主体性や個体間の社会関係を全面的に規定するわけではない．多くの生物個体は，利己性と利他性という，一見すると相反する行動の論理をもちうることになる．
 利己性はいわば，遺伝子をもつ生命体すべてに共通する原理であり，他方で利他性は，社会を形成する多くの生物の行動に見いだされる原理である．

人間は社会生活を営む種として，この二つの行動原理を引き継ぎながらも，進化の過程でより高次の行動規範を発達させてきた．それは「自律と共感」である．個々の人間がもつ自律性は，たんに利己性を継承したものではなく，利己的あるいは利他的な行為を選びとる人間の主体性によって支えられている．また人間が他者に共感するという事実は，たんにわれわれが，ある条件のもとで利他的に行動するように方向づけられているということを示しているのではないだろう．ヒトは，進化の過程で想像する力（松沢 2011）を獲得し，利己性および利他性という能力を互いに連携させながら，自律性と共感能力というかたちに昇華させたのである．

　われわれが互いに価値ある人格として認めあう，その倫理的な経験の根源にあるのが，共感するということである．そこには，自己を犠牲にして利他的にふるまうという経験が含まれるかもしれないが，それは共感から導かれる効果の，ほんの一面にすぎない．自律と共感は，利己的で同時に利他的な種としてのヒトが，その進化の過程で発達させてきた人間圏の論理なのである．

2 人間圏の関係性指数：ケア指数

2-1　人間圏を貫く価値：ケア

　古代ローマの伝統において，「ケア」(care, cura) は (1) 気がかり，心配，心の重荷と (2) 他者に幸福を与えること，献身，配慮という二つの基本的に対立する意味をもっていた．この伝統のうちにあって影響を与えたといわれるのは古代ローマ神話の女神クーラ (cura = care) の話である（中山・高橋 2001；本書第 9 章）．女神クーラは泥から人間のイメージをつくり，それにジュピテルが魂を吹き込んだという．人間をつくったもとは泥（テラ；大地）であるが，クーラ（ケア）がはじめに人間をつくったのであるから，人間が生きているかぎりクーラ（ケア）が人間を掌握する．つまりケアによって人間は人間となる．そして，人間という存在の根底をなすところのケアとは冒頭の二つの意味をもっていた．すなわち，気苦労の意味にせよ，気づかいや世話の

意味にせよ，人間はケアを離れて存在できず，ケアによって人間は完成される．人間にとってケアが本質的であるということは時代と文化の相違を超えて当てはまる（Stephen 2003）．しかし，ケアの二つの意味は相反するようにみえてじつは密接に関連しているともいえる．ケアの最も狭義の意味は医療や福祉といった領域に特化したもので，看護ケア（nursing care），医療ケア（medical care），緩和ケア（palliative care）といった専門的かつ職業的な意味内容を含むもちいられ方をするものであるし，もう少し中間的な「世話」といったニュアンスでは子育て（child care）や家庭での老人介護（home care for the elderly）といった場面での「ケア」もある（広井 2000）．これらのケアの実際は他者（患者）の精神的悲痛に対する共感が最も基本的かつ重要な要素となり，真に共感できたとき初めて気づかいや世話が可能となる．

　人間圏総合指数が目指したパラダイム転換は，近代以降の「発展」の中で成立した，「生産」を中心とする考えから，人間圏が成立して現代にいたるまでの間より根源的な価値であった「生存」への転換である．その「生存」も人間圏総合指数がはかろうとするものは，既存の指数とはことなる．ひとことでいうと，一定の生命の長さは必要であろうが，「ケア」なき生命は低く評価したいということである．医学の進歩や衛生状態の改善によって多くの感染症死が予防できるようになり，生まれてまもない乳幼児の死亡率は著しく低下した．その結果，人類の多くが成人して豊かな生活を享受できるようになったと同時に，生殖期を終えてからの長い年月を生きることができるようになった．一方で，乳幼児や老人の虐待，孤独死といった新たな問題も顕在化してきている．健康のグローバル指標として0歳児平均余命が使用されるが，寿命が延長しても，乳幼児期の育児や虚弱高齢者に対する介護といった「ケア」の質や量が乏しければ生活の質の向上は望めず，「生存」の意味も低下する．健やかな発達と自然で尊厳ある最期には双方向性のケアが決定的に重要であり，健康や生存を大きく左右するともいえるだろう．GNIが高い国は周産期死亡率が低く，平均余命が長いという相関関係があるが，乳幼児や学童の健やかな発達，高齢期の生き甲斐を抜きにして，「生存」の議論はあり得ない．家族や地域の構成員すべての人が平等に価値を認めあい，共感しあえることは双方向性のケアの実践に必須であり，人間圏にとって

もっとも重要な価値である．乳幼児の健やかな発達，高齢者にとっての豊かな老い，そして「安寧な死」とはなにか．紛争や災害，低栄養，感染症などによる早すぎる死（premature death）は悲しみの大きい受け入れがたい死と捉えられる．しかし若年期から壮年期にかけて健康を維持して社会生活を営み，90歳を超えてから癌などの悪性腫瘍をわずらい，近代医学を尽くしても治療困難な状態で死を迎えるような場合はその対極ともいえる．そこには生きとし生ける者の運命として死を諦念とともに受け入れる場合が多いのではないか．高齢者にとって死が避けがたいものである場合，「穏やかで安寧な死」は，痛みをコントロールされた癌によるものに限らず，生命の論理の限界ともいうべきいくつかの疾患・病態で定義できるようにも思う．人間はどのような病態であれ，存在することそのものに価値があり，いかなる障害や疾患をもつものもすべての生命は尊重されるべきであることは当然だ．しかし，生殖期以降も長い余命を手にした人類は，高齢期以降の末期癌や変性性認知症末期に象徴されるような，生命の原理の限界ともいえる病態においては，高度な医療技術は本人にとって不利益なことが多い．家族が傍らに寄り添うことのできる環境と「ケア」の実践がこの場合つよく求められるが，これこそが人間圏の論理を貫く最も重要な価値といえる．

2-2　平均世帯内人数と女性人口比（Female Male Ratio）
―― ケア空間と関係性の視点

　人間圏の論理の根底には自律と共感を基本とした双方向性のケアがあり，人間の生存基盤にはその関係性が重要である．今日の世界では，インフラさえ整っていればインターネットによって地球の反対側にいる人との間でさえ瞬時に情報を共有することが可能となった．ツイッターやフェイスブックなどのSNS (Social Networking Service) の発達によってコミュニティの概念は変化を続けているし，スカイプなどのソフトを使えばリアルタイムに顔を見ながらコミュニケーションをはかることができる時代になった．インターネット普及前には想像もつかなかったが，これらの情報技術の進展によってネットワークは地球規模に広がり，新しいかたちのケアが可能になったのも事実

である.しかし,その場にいて手を握って,肌のぬくもりを感じることや,息づかいを感じながら本人にとってつらいニュースをともにうけとめたり,喜んだりするといった行為においては同居する家族との関係性が第一に重要である.生まれたばかりの乳児にとって,母の肌のぬくもりはいかなるものにも代えがたく,父や兄弟姉妹,祖父母などを含めた同居家族の大きさは新生児にとってケア関係の広がりを左右しうる.また人生の終末期,たとえ余命わずかであったとしても,残された時間を家族で大切にしていこうという世帯内のつながりは最期の生活の質(Quality of Life; QOL)を大きく左右するだろう.逆に過密化と非人格的な関係の進行する都市における「孤独死」は便利さを追求し,「無縁社会」と呼ばれる空間の負の側面といえる.このことは先進諸国の都市部のみならず,アフリカにおいてさえ老人の孤独は問題となっている(本書第8章).このような子育てや介護といった場面では,家族のつながりが子どもの心身の発達や高齢者の生活の質に大きく影響する.このような状況におけるケアはすべて双方向性であるが,世帯内構成員相互のケアの質が一定であると仮定するならば,同居する世帯内人数が大きいほどケアの量が高いといえる.たとえ,世帯内構成員相互のケアの質が不均質であるとしても,同居人同士がお互いの立場を尊重しあって配慮するかぎり,同居世帯内人数が大きいときケア行為が頻繁に起こることが期待でき,ケアの総量は増加する可能性があるといえる.人間圏関連指数の関係性評価指標の一つには,このような観点から平均世帯内人数(Mean Household Size; MHS)を採用した.世帯の定義(本講座第1巻第13章)は「住居を共有し,食事をともにする社会的集団・家族」とした.農業生産のための大きな共同生活単位を世帯の定義とすることもあるが,ここでは生産のための世帯単位よりもむしろ具体的な相互のケア関係が構築できるか否かを重視する.情報化が進んだ現代社会においても,実際に顔をあわせ,生活をともにする家族空間の大きさは大きな意味をもつからである.

　図5-1に2002年時点での世界の平均世帯内人数の分布を示した.中東からアフリカ北部,南アジアにかけての地域でとくに平均世帯内人数が高く(4.7-7.7),ついで南部アフリカ,東南アジア,中米,南米各国が続いている(World Bank 2005; 厚生労働省 2006; The Worldmapper Team).世帯形成様式は家

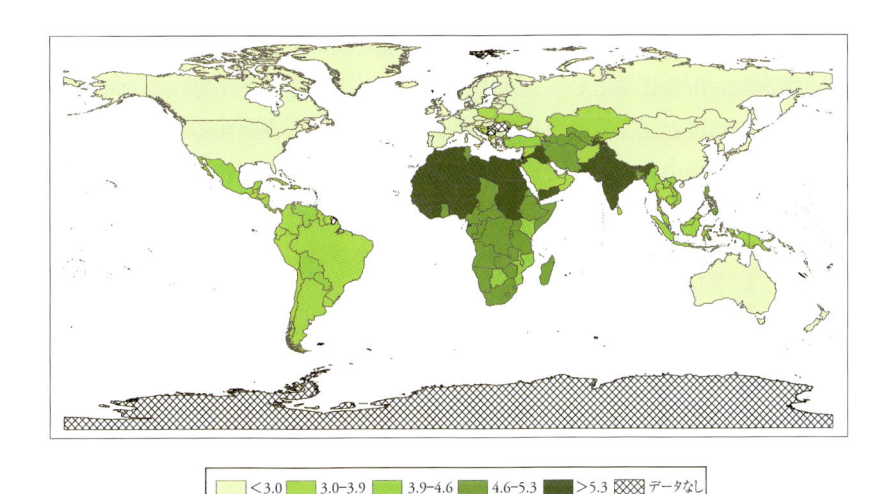

図 5-1　平均世帯内人数（Mean Household Size; MHS）（2002）
出典：World Bank's 2005 World Development Indicators 2005, The Worldmapper Team
http://www.worldmapper.org/display.php?selected=191#

族制度とともに文化によって大きく影響をうける．インドのように結合家族が支配的な地域，日本のように直系家族が中心の地域，近代以前から核家族が支配的であったヨーロッパ地域など，それぞれの文化的背景によって平均世帯内人数は影響される．一般に結合家族の地域のほうが核家族の地域よりも大きくなる傾向にあるといえる．それでもなお，世帯の大きさはケア空間の大きさと，親密圏における良質のケアが実践される可能性を反映していると考える．よって，人間圏の関係性をはかるための指標の一つに，基本的ケア空間の大きさとしての平均世帯内人数を採用した．

一方で，世帯当たりの人数が多ければ多いほど構成員が平等になるという関係は，現実には期待できず，世帯成員間の対立や葛藤が頻繁に起こるかもしれない．女性は子孫を再生産するなかで，出産・授乳・育児というかけがえのない役割を果たしている．くわえて近年は高齢者介護を担うことも多い．世帯内において子育てや介護といった直接的なケア労働は女性が担っていることがほとんどであり，女性に多くの負担がかかっている可能性が高い．このような立場にある女性と男性の関係性は世帯内におけるケアの質を担保

するうえで重要であろう．ジェンダー不平等については教育機会の不平等や国会議席数，所得比率といったエンパワーメントや経済不平等に関する指数など多くの指標が開発されている．われわれがはかろうとする世帯内におけるケアの質と量の負の側面を直接はかることはたいへん困難であるが，もし世帯という生活の基本単位内部で男性と女性の関係性がおしなべて悪いならば，その社会全体のジェンダー不平等にも反映され，究極的にこのような不平等は女性の生命を奪う結果にもつながるだろう．

A. K. セン (Amartya K. Sen) は，南アジア地域において女性は男性に比べて食料や医療へのアクセスが悪いといった不平等が女性の死亡率を高め，その結果多くの「失われた女性」が存在することを報告した (Sen 1990)．このことは，世帯内における女性と男性との関係性の不健全さとも関連しているだろう．英国，フランス，アメリカ合衆国といった先進諸国では男性人口を基準とする女性人口の比率 (Female Male Ratio; FMR) は 105 となるが，西・南アジアや北アフリカの国々ではこの比率が逆転してインドで 93，パキスタンで 90，エジプトで 95，バングラデシュ，中国や西アジアの国々で 94 と逆転する．湾岸の産油国においては男性移民労働者が多く流入するために UAE で 44，バーレーンで 60 というように極端に FMR は低下するが，これら特殊な事情がある国々を除くと，FMR が低下している国々では基本的な生存権に関する男女不平等が存在するといえる．つまり，本来は生存しているはずの女性が失われているのである．

われわれは平均世帯内人数が示すケア空間の大きさに加えて家族間のケア労働にともない女性に負担がかかる可能性を考慮して，FMR で表現される「失われた女性」を第二の人間圏関係性指標とすることにした．では，不条理な「失われた女性」のない自然な人口集団における FMR はどのように定義すればよいのか．多くの哺乳動物と同様に，世界中どこでも新生児は男児が女児よりも 5% 多い．しかし，女児は男児よりも胎児のころより一貫して生物学的に強く，以降高齢期にいたるまですべての年代において女性は男性よりも生存率が高い傾向がある．このため，15 歳以下人口における FMR は世界平均で 94 と低いが，65 歳以上の高齢者人口における FMR は 127 に達する．生存に関する男女不平等がない場合の自然の男女比率を定義すること

には困難をともなう．現在の全世界人口のFMRは99となっているが，これを標準とするには低すぎるし，前述の温帯に属する先進国のFMR105を世界標準とするにはいささか高すぎる．というのは先進国の平均余命は長く，結果として女性が多い人口構造を達成しているからである．くわえて，戦争で男性が多く死んだことや喫煙，交通事故，自殺，他殺などのリスク行動が男性に多くなることなども影響する．一方で南アジアや北アフリカ地域といった地域でFMRが低いことの理由の一部には，出生率が高く，平均余命が相対的に短いことが影響しているだろう．これらの事情に鑑みてセンは「失われた女性」を計算するにあたって，相対的にアジアや北アフリカより出生率が高く，平均余命がよりみじかくて，生存に関する男女不平等が少ないと考えられるサブサハラアフリカのFMR102.2を基準とした (Sen 1992)．われわれはこれにならって，FMR102と各国の実際FMRの差をもって「失われた女性」の指標とし，FMR102以上の国については本章においては「失われた男性」の影響を考慮せず，女性に対する差別や生存権に関する不平等がない社会であると仮定した．2005年現在の男性人口に対する女性人口比は図5-2のとおりであるが，北アフリカから西・南アジア，中国にかけての国々で女性人口比が低くなっており，これらの国々では人口構造が若年層にかたよっていることを考慮しても，生存に関しては男女間で不平等が存在しているといえる．

　人間圏関係性指数は，「平均世帯内人数」を標準化した指数と，「失われた女性」を標準化した指数（1との差をとることで「失われた女性の少なさ」指数としている）の平均をもって定義し，ケア指数と名付けた．具体的には，

(1) 平均世帯内人数を標準化して0-1に展開
(2) 1-(102-各国FMR（負の場合は0）を標準化して0-1に展開）
　　（標準化手続きでは各変数を平均値0.5，標準偏差0.1の正規分布に変換した）

（本書第6章）

の二つの指数の平均値と定義した．湾岸諸国のカタール，UAE，バーレーン，クウェート，オマーン，サウジアラビアでFMRが32-81と極端に低くなっ

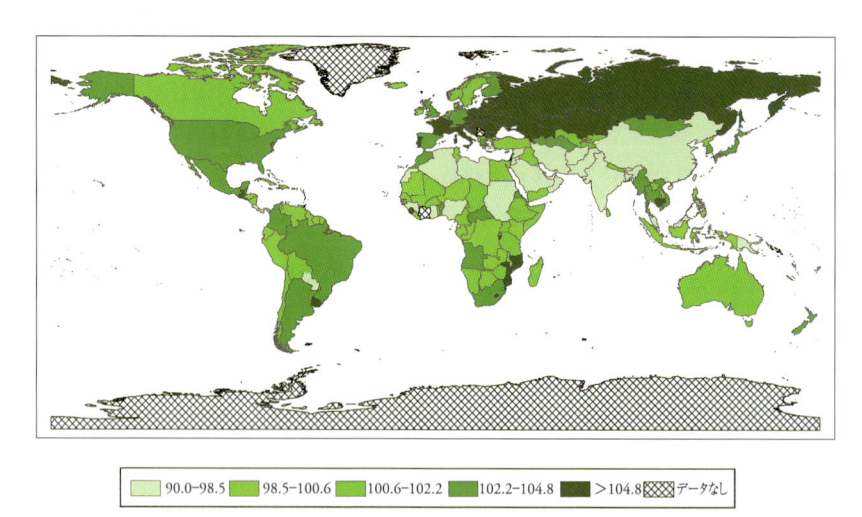

図 5-2 女性人口比率（Female Male Ratio; FMR）
出典：World Population Prospects, the 2010 Revision
　　　http://esa.un.org/wpp/Excel-Data/population.htm

凡例：90.0–98.5／98.5–100.6／100.6–102.2／102.2–104.8／>104.8／データなし

ているが，これはおもに男性労働人口の流入が自国民人口の半分を超えているという特殊事情によるものであり（Baldwin-Edward 2011），統計的にもこれら6ヵ国ははずれ値とみなすことができた．このためこれらの国々のFMRを90とみなしたうえで「失われた女性の少なさ」指数を計算した．結果，北アフリカから西アジアの多くの国々ではその文化的背景もあって，平均世帯内人数が高いが，「失われた女性」指数で調整してもなお人間圏関係性指数が高い結果となっている（図5-3）．人間圏内部における親密圏的ケア（informal care）のあり方はさまざまであり，その不足を公共圏的ケア（formal care）が補っているとも捉えられるが，たとえ公共圏的ケアの補填が少なくとも，アフリカや東南アジアを中心とする国々では親密圏におけるケア空間はじゅうぶん大きく，「失われた女性」で補正してもなおケアの質と量が高いことがうかがえる．ライフスタイルが変化して核家族がすすむことは，女性の社会参加などとの関連で論じられているが，政府や自治体による保育所や介護保険制度の充実などで一定の補完が可能であるもの，同居家族との肌の触れる距離とその密度やコミュニティでのケアネットを完全に代替するこ

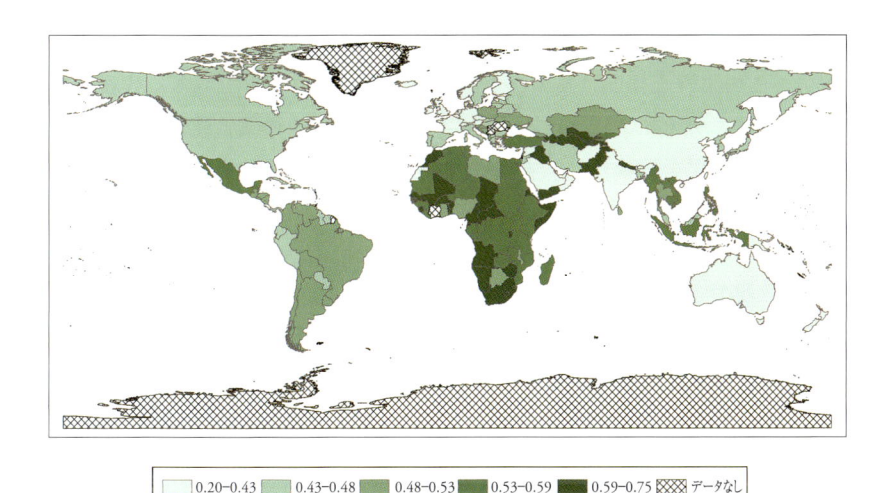

図 5-3 人間圏関係性指数：ケア指数（平均世帯内人数と女性人口比率の平均）
註：世帯内人数が大きいことは基本的なケア空間が大きく，ケアの量が大きくなる可能性がある．一方で男性人口 100 に対して，女性人口が 102 より小さい場合，女性のケア負担が大きい可能性がある．

とは困難である．このような親密圏における子育てや介護といった直接的なケアが女性にのみ負担がかかるかたちでなく，男女の協調のもと濃密に実践されるとき，関係性がより良い社会といえる．

このように平均世帯内人数と失われた女性の少なさをもってケア指数を定義したが，ケアそのものの量をはかろうとするこの指数が捉えきれないものは多い．アジア・アフリカ地域におけるケアや人間圏内部の関係性を評価するとき，平均世帯内人数では評価しきれない世帯内以外や中間的なケアネットワークの重要性については西がいくつか例を挙げているが（本書第 8 章），ここでも二つ例を挙げておこう．子育てにおいても，高齢者介護においても同居家族以外の近隣にすむ人々のネットワークが大きな役割を果たすことは多い．カンボジア北西部の村で調査を行った佐藤奈穂は，「村の中で子どもたちは，非常に多くの人々の中で育てられる」と述べている．それは赤ん坊が「両親だけではなく近隣に住む多くの大人や年長の子どもたちに代わる代わる抱かれ，あやされる」といったことや，もう少し成長した子が自分たちだけで祖父母やオジオバの世帯を頻繁に訪ねるといったことを具体的に挙げ

て世帯内家族以外の豊富なケアネットワークの存在を指摘している（佐藤2009）．このような傾向は東南アジアだけでなくアフリカでも多く観察されるが，西はエチオピアにおける子育てのネットワークの柔軟性について，エイズによる孤児を地域でケアする事例のほかにも，血縁の有無にかかわらず日常生活に埋め込まれたものとして多く存在することを挙げている（西2011）．これら近隣地域社会におけるケアネットワークの強固性は直接ケア指数で表現できない．つまり平均世帯内人数が少なく，失われた女性の多いような地域にも世帯外に強固で質の高いケアネットワークが存在することがあり，ケア指数が捉えることのできるものには限界があるといえる．

3　人間圏の可能性指数：人口密度

3-1　過密状態で人間も暴力的になるか

　人口が過密な状態では人々のストレスが高まって凶悪犯罪がふえるといった議論があるが,これはもともと実験心理学者の実証に基づくものである．J. B. カルフーン（John B. Calhoun）は小さな部屋にすし詰めにされたラットが，中央におかれたえさ場に殺到して殺し合い，最後には共食いにいたるなどの，凄惨な暴力行動をとることを報告した（Calhoun 1962）．このことは，人口増加と悪徳とを結びつけるマルサス的な世界観と結びつけられただけでなく，都市の社会病理（スラムにおける暴力）とも関連づけて論じられた．しかし本当に人口密度が増えると凶悪犯罪や紛争はふえるのだろうか．WHOが集計した各国の10万人あたりの殺人と$1 km^2$あたりの人口密度が比例するか否かを検討すると，筆者らの検討ではなんら有意な相関はみられなかった．この結果は所得の影響をのぞくために，先進国，中進国，発展途上国の階層別の分析をしても変化はなかった．近年の比較行動学の研究成果によれば，霊長類はラットとは違って，混雑した環境で互いの暴力を回避する行動様式を身につけていることが明らかとなっている．たとえば，アカゲザルは個体密度が増すと，オスは友好的な接触やメスを毛繕いする回数が増え，毛繕いさ

れているあいだサルの心拍数が下がることが観察されている．霊長類のなかでも最も高等なチンパンジーでは，ストレスがかかった際に分泌される副腎皮質ホルモンであるコルチゾールが狭い空間では高く分泌され，自己ひっかき行動も増えることが観察されたが，攻撃性はたかまらないことが確認された (Aureli 1997)．つまり，過密状態におかれたチンパンジーはストレスをうけていてもそれを爆発させることなく感情をコントロールしているのである．ドゥ・バールらはこれらの事例から人類はあらゆる混雑状態にも柔軟に対応する能力をもつ社会的な動物から進化したと結論づけている (de Waal 2000)．つまり情動を司る大脳辺縁系による反応として，過密状態ではストレスとそれにともなった凶暴な性質が前面にあらわれる可能性があるが，大脳皮質系の発達した高等霊長類・人類では争いを避けるためにこの反応を理性で抑制していると考えることができる．同じ哺乳動物でもラットと霊長類では事情が異なるのである．

3-2　世界各国の人口密度と人口推計

　家族だけでなく，近隣の人々の配慮や制度に基づいた社会的サポートの有無も人間存在の根底を左右するだろう．十分な人口と制度を背景とした社会保障制度の整備のあり方は個人および家族の持続可能性と密接に関連する．前述のように人間は過密状態によるストレスをうまくコントロールできる社会的動物である．さまざまな過密状態に柔軟に対応できる人類は，相互に寛容と気づかいのまなざしを向けることができるかぎり人口や人口密度の大きさは可能態としての人間存在の大きさそのものを表すともいえる．現実に「ある」ものとしての太陽エネルギー放射量や森林バイオマスを地球圏・生命圏の可能性指標として測り，生存基盤指数の重要な構成要素としたが，これと同じ意味で人間圏の可能性指数として人口密度を採用した (図5-4)．具体的には各国の人口密度をもとに平均値を 0.5 とする標準化を行って 0-1 に展開する側面指数を作成した (本書第6章)．最大値を示したシンガポール，最小値を示したグリーンランドはそれぞれに小さな国土面積，きわめて厳しい自然環境という特殊事情があるが，人まかにみると南アジア，東南アジ

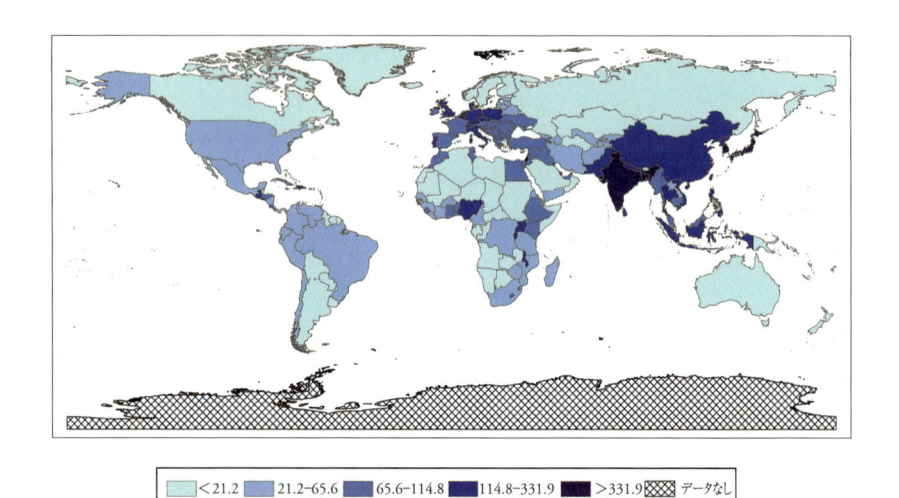

第 2 編 ──● 生存基盤指数からみた世界

図 5-4　世界各国の人口密度（2005）
出典：*World Population Prospects*, the 2010 Revision
　　　http://esa.un.org/wpp/Excel-Data/population.htm

　ア，東アジア，西欧のほか，西アフリカ，中米，カリブ海の各国の人口密度も高いことがわかる．現時点の人口分布は，人間圏の存続に必要なエネルギーや水，食糧の分布，環境収容力に基づいた人口扶養力を反映したものとは一致していないかもしれない．しかし，人口密度の高いこれらの地域は，相互の関係性が良好であるかぎりにおいて，人的資源に富む豊かな地域といえる．
　2011 年 10 月 31 日，世界人口は 70 億人に達したと推定されるが，今後サハラ以南アフリカなどの熱帯各地域を中心に急速に人口は増加して 2050 年には 93 億人に達すると予測されている（*2010 Revision of World Population Prospects*, 2011 年 5 月 3 日プレスリリース）．その後も各国の出生率が置換水準（Replacement Level）におちついていくと仮定すると 2085 年に 100 億人を超え，2100 年には 101 億人に達すると予測されるが（図 5-5），わずかな出生率の差の持続が予測人口を大きく左右するために 2050 年段階の予測人口レンジは 81-106 億人，2100 年段階での予測人口は 62-158 億人と，その予測幅は長期予測ほど大きくなる．加えて紛争などの人為的要因，コントロール困難

第 5 章　人間圏総合指数とその構成要素

世界と主要国の将来人口推計

世界人口

実績／将来推計人口（2011年以降）

実績値：25.3（1950）、30.4（1960）、37.0（1970）、44.5（1980）、53.1（1990）、61.2（2000）、69.0（2010）
将来推計：76.6（2020）、83.2（2030）、88.7（2040）、93.1（2050）、96.2（2060）、98.3（2070）、99.7（2080）、100.6（2090）、101.2（2100）（単位：億人）

■ 1950年人口　■ 2010年人口　■ 2100年人口

1950年（世界：25.3億人）
1. 中国 5.5
2. インド 3.7
3. 米国 1.6
4. ロシア 1.0
5. 日本 0.8
6. インドネシア 0.7
7. ドイツ 0.7
8. ブラジル 0.5
9. 英国 0.5
10. イタリア 0.5

2010年（世界：69.0億人）
1. 中国 13.4
2. インド 12.2
3. 米国 3.1
4. インドネシア 2.4
5. ブラジル 1.9
6. パキスタン 1.7
7. ナイジェリア 1.6
8. バングラデシュ 1.5
9. ロシア 1.4
10. 日本 1.3

2050年（世界：101.2億人）
1. インド 15.5
2. 中国 9.4
3. ナイジェリア 7.3
4. 米国 4.8
5. タンザニア 3.2
6. パキスタン 2.6
7. インドネシア 2.5
8. コンゴ民主共和国 2.1
9. フィリピン 1.8
10. ブラジル 1.8

2010年～2100年の人口増減率（％）

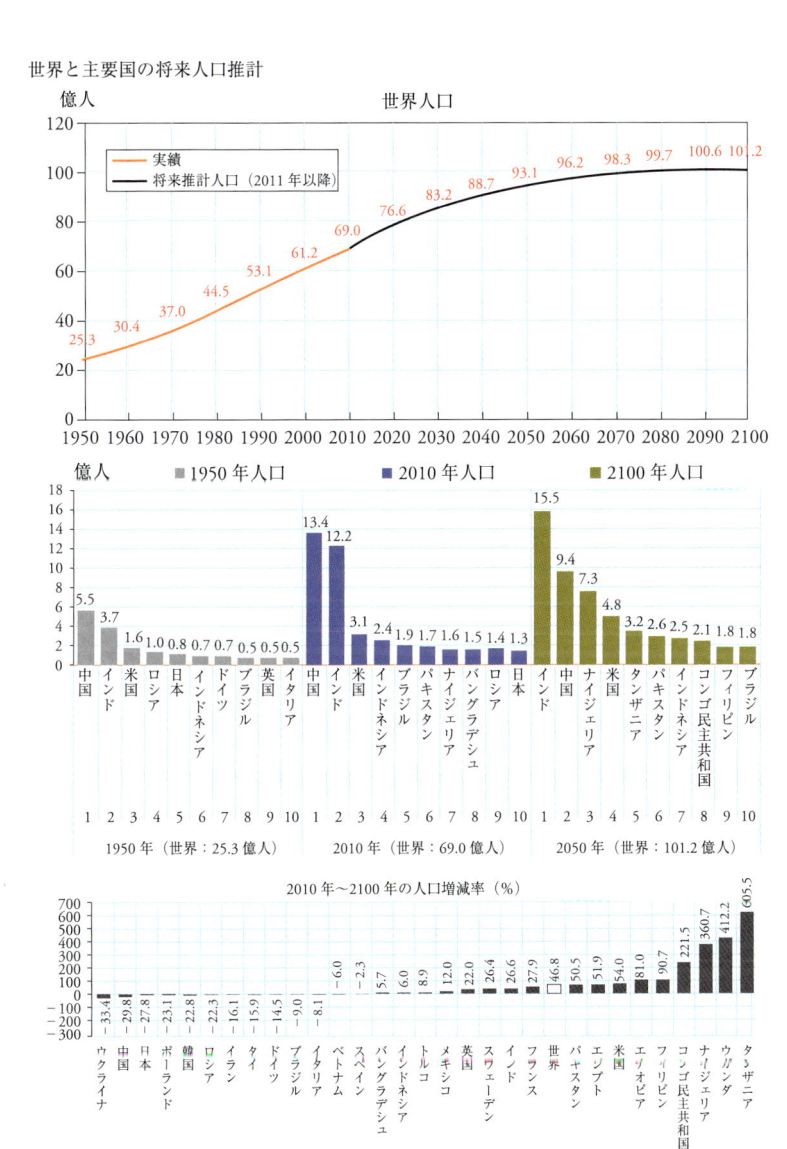

ウクライナ -33.4、中国 -29.8、日本 -27.8、ポーランド -23.1、韓国 -22.8、ロシア -22.3、イラン -16.1、タイ -15.9、ブラジル -14.5、ドイツ -9.0、イタリア -8.1、ベトナム -6.0、スペイン -2.3、バングラデシュ 5.7、インドネシア 16.0、トルコ 8.9、メキシコ 12.0、英国 22.0、スウェーデン 26.4、インド 27.9、フランス 46.8、世界 50.5、パキスタン 51.9、エジプト 54.0、米国 81.0、エチオピア 90.7、フィリピン 221.5、コンゴ民主共和国 360.7、ナイジェリア 412.2、ウガンダ 605.5、タンザニア

図 5-5　世界人口と主要国の将来人口推計

註：中位推計の結果（資料）国連（2001）．World Population Prospects: The 2010 Revision
出典：社会実情データ図録．http://www2.ttcn.ne.jp/honkawa/1151.html

な新興感染症，地震・津波や洪水などの自然災害による死亡率変動の不確実性を考慮すると，さらにその予測幅は大きくなる．総人口とともに世界人口の高齢化も急速に進行し，65歳以上人口は2010年の7.6％から2100年には22.3％に達するとされる．正確な長期的世界人口予測はきわめて困難といえるが，2011年5月に発表された国連の新しい人口予測はこれまでと異なるいくつかの前提条件を設定した．

　人口変化のおもな要因は出生率（女性が一生の間に平均して何人子どもを産むかの数）と死亡率の差であるが，1950年以降世界人口が急増を始めたのは，年平均2.2％に及ぶ途上国の人口増によるところが大きい．これは途上国の死亡率が急落したのに対して出生率は1970年ごろまで顕著な減少をみせなかったために人口自然増加率がふくらんだためである．「多産多死」から「多産少死」の過渡的段階を経て，少産少子の近代型社会型へと移行する「人口転換」とよぶ現象があるが，移行期の「多産少死」の段階による人口増加が大きいことによるものである．しかし近年，全世界的に出生率は低下傾向にある．国連は前回（2006年）の中位推計ですべての国の出生率が1.85まで低下すると仮定していたが，2008年の予測では，2050年までに111ヵ国が1.85-2.1の置換水準（replacement rate）に達するとしていた．新しい推計では，各国の1950年から2010年までの出生率トレンドを考慮に入れた異なる将来出生率を仮定する方法に変更している．国連は以前より多くの国が置換水準よりも高い水準の出生率が継続すると仮定している．これは，アフリカで起こりつつある出生率低下の「休止」を一部反映しているものである．また，出生率がなかなか上がらないまま低い出生率が続く国もまた多いと仮定していた．この結果，国連は2050年までに1.85-2.1の出生率水準に達するのが51ヵ国にすぎないとしている．この変更は世界人口の数字には影響を与えないが，国別には大きな意味をもってくる．

3-3　人口増加するアフリカと減少が予測されるアジアとその例外

　こんにち，ナイジェリアは1億5,800万人の人口をもつ世界で7番目の人

口大国である．ナイジェリアの出生率が国連の仮定ほどしか低下しないとすると，2100年には7億3,000万人の世界第3位の人口規模をもつことになる．これは，現在のヨーロッパの人口に相当する．ルワンダの人口は4倍の4,200万人に増加し，人口密度は現在の日本の5倍となる．中国の人口は2025年のピーク時から4億5,000万人少ない9億4,100万人となる（図5-5）．

　死亡率に関する予測については各国の平均余命のトレンドをもとにモデルが構築されているが，生殖可能年齢（15-49歳）におけるHIV / AIDS有病率が2％以上などで定義されたHIV / AIDS蔓延国（epidemic）48ヵ国はとくに区別して検討している．サハラ以南アフリカ各国の平均余命は80年代から近年にかけて，HIV / AIDSによる高死亡率のために押し下げられてきた．母子感染によってHIV / AIDSに感染した子どもの生命予後は治療されないままではきわめて悪く，今後2-3世代はこれらの国々での人口動態に大きく影響する．しかし，2009年時点でHIVに感染した子どもの抗ウイルス薬による治療アクセス率は平均33％にすぎず国際機関（たとえばUNAIDS）やグローバルファンドによる努力が続けられている．今後疾患に対する理解がひろまって安全な性行動をとるようになること，抗ウイルス薬による治療へのアクセスが改善することなどで死亡率が下がることが期待されるが，このシナリオどおりでいくと世界のなかで最も人口成長が見込まれる地域である．こんにちヨーロッパやラテンアメリカよりサハラ以南アフリカの人口は大きくないが，21世紀末には両者を上回り，アジアの半分の規模にも達する．

　一方で，アジア各国では総人口の減少傾向とともに高齢化が著しく進むものと予想されている．高齢化のスピードの指標としては65歳人口比が7％の高齢化社会から14％を超える高齢社会にいたるまでの期間（倍加年数）が一般にもちいられるが，フランスが115年，英国が47年に対して，日本は24年であった（阿藤2000）．しかしこれから高齢社会を迎える韓国やベトナムでは18年，タイで22年など東南アジア各国では欧米に比べて高齢化のスピードがきわだって速い．生まれる子どもが少ない一方で若い労働人口が増大することを「人口ボーナス」（世界人口白書1998）というが，生産年齢人口の膨張にともなって経済発展を後押しする作用は人口構成の変化に即した政策を実施した国のみにあらわれているという（大泉2007）．日本の人口ボー

ナスは1990年代にすでに終了しているが,新興工業経済地域（Newly Industrialized Economies; NIEs）とタイ,中国は2015年ころまで,その他のASEAN各国は2025-2045年ころまで続くと予想されている.開発段階の低い段階で人口ボーナスが始まる国においては経済レベルの発展とともに先進国の消費スタイルを踏襲する傾向に陥りがちであるが,その後急速に進む高齢化を見据えた福祉政策の早期導入が必要であろう.アジアの例外の筆頭はインドである.インドの合計特殊出生率は以前より低下しているが,それでも2005年時点で2.8と依然高く,今後も人口はふえ続けて2100年には世界第1位の15.5億人に達すると見込まれている.高齢化人口が14％に達するのも2049年と予測され,中国の2026年のタイの2023年と比べても高齢化のペースは緩い.インドは高齢化問題自体の顕在化が遅く,熱帯の豊富なエネルギーの享受が可能というほかにも豊かな若年人口にも支えられているという点でもそのポテンシャルは高いといえる.

本章において生存基盤を考えるとき,おもに2005-2010年段階での横断データと世界人口70億人の分布を念頭においている.しかし,国連の中位予測の2100年段階での世界人口101億人を念頭においたとき,総人口ではインド,中国,ナイジェリアが上位3国にランキングされること,タンザニア,ウガンダ,ナイジェリア,コンゴといったサハラ以南のアフリカ各国では2010年に対する人口増加率が200％を超えることをはじめ,アフリカ各国で人口増加が確実である.これらの地域の人口規模からみた潜在力の大きさもさることながら,現在多くの人口が集中するアジア地域では今後人口が徐々に減少し高齢化するなかで,従来の「生産」第一の姿勢から「ケア」の重要性に鑑みた「生存」第一の姿勢への転換が求められている.

4 人類存在に対する三つの圏からの脅威

人類の存在を脅かすものはさまざまなものがあるが,より直接的な脅威を定量化するために地球圏・生命圏・人間圏の三つの圏それぞれからの要因による各国人口10万人あたりの粗死亡率に統一してその分布をみた.地球圏

からの脅威としては，災害関連死を，生命圏からの脅威としては三大感染症死を，そして人間圏からの脅威としては紛争関連死・自殺・他殺による死亡をとりあげたが，これらはいずれも「不測の死」を定量するために選定したものである．

4-1 地球圏からの攪乱：地震・津波・洪水・火山噴火による平均粗死亡率

地球誕生以来の歴史のなかで地球圏が生命圏に与えた最も大きなイベントは 6,550 万年前の巨大隕石の地球衝突であろう．このことに起因する気候変動の影響により恐竜をはじめ多くの種が絶滅にいたったとされる (Schulte 2010)．人類誕生以降の歴史のなかでもさまざまな自然災害が人類の存在を脅かしてきた．本章では死亡者数の記録の信頼性を考慮しつつ近年のトレンドを把握するために，1980 年から 2011 年までの 31 年間に各国で記録された地震・津波・火山噴火・台風やハリケーン・サイクロン・地滑りによる自然災害による死亡数を示した (表 5-1)．この 31 年間で最も多くの人命を奪った自然災害はスマトラ島沖地震・インド洋津波であり，ついで 2009 年のハイチ地震が多くそれぞれ 20 万人以上が死亡しているが，人口 10 万人あたりの年平均でみるとハイチの死亡率がきわめて高くなる．その他，ミャンマーやバングラデシュを襲ったサイクロンもそれぞれ 10 万人以上が死亡した．地球圏から人間圏への脅威はルーヴァン大学のデータベース (Centre for Research on the Epidemiology of Disasters; CRED) より 31 年間の自然災害による死亡者数の総数をもちいて各国人口 10 万人あたり，1 年あたりの死亡率を算出した (図 5-6)．20 世紀最大の自然災害は，1970 年のバングラデシュのサイクロン被害であり，50 万人の犠牲者が出たと推定されているが，全体的にみると，地震や風水害による大規模災害はアジア地域で多発しているのがめだつ．自然災害による死亡はすべて突然に起こり，年齢を問わず予測できない死を招く．年間平均の粗死亡率として後述する感染症や紛争関連死と比較すると自然災害による死亡率は総じて低いものであるが，短時間に多くの人命を奪い，その損害は大きい．

表 5-1　1980 年以降のおもな自然災害の状況

年	災害種類	国名	地域名	死者・行方不明者数（概数）
1982	火山噴火	メキシコ	エルチチョン火山	17,000
1985	サイクロン	バングラデシュ		10,000
1985	地震	メキシコ	メキシコ市	10,000
1985	火山噴火	コロンビア	ネバド・デル・ルイス火山	22,000
1988	地震	ソ連	アルメニア共和国	25,000
1990	地震	イラン		41,000
1991	サイクロン	バングラデシュ		140,000
1991	台風	フィリピン		6,000
1993	地震	インド		9,800
1995	地震	日本	阪神・淡路大震災	6,400
1998	ハリケーン	ホンジュラス		13,700
1999	地震	トルコ		15,500
1999	サイクロン	インド		9,500
2000	洪水	ベネズエラ		30,000
2001	地震	インド		13,800
2003	地震	イラン		30,000
2004	地震・津波	インドネシア他	スマトラ島沖地震・インド洋津波	229,700
2005	ハリケーン	米国	ハリケーン・カトリーナ	5,300
2005	地震	パキスタン・インド・アフガニスタン		74,700
2006	地震/火山噴火	インドネシア		5,800
2008	サイクロン	ミャンマー	ナルギス	138,400
2008	地震	中国	四川省	87,500
2009	地震	ハイチ		222,500
2011	地震	日本	東日本大震災	20,300

出典：防災白書（平成 22 年版）http://www.bousai.go.jp/hakusho/h22/bousai2010/html/honbun/2b_fuzoku_siryo_30.htm

4-2　生命圏からの撹乱：マラリア・HIV・結核による粗死亡率

　生命体の集合を中心として他の生命体（人間圏）や環境（地球圏）と相互作用するシステムを「生命圏」と定義し，再生産，進化，変異の論理を内包するとした（杉原 2010）．病原性をもつ寄生虫・ウイルス・細菌も生命圏の一員であり，人類も生命圏の論理を尊重して一定程度の感染症による疾病負担を覚悟しつつ共存する戦略が必要であろう．しかし現実にはこれらが引き起

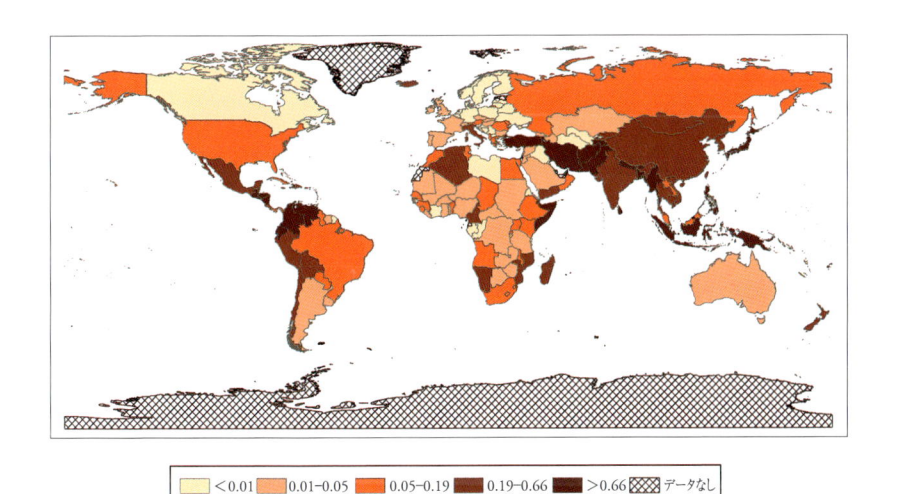

| <0.01 | 0.01-0.05 | 0.05-0.19 | 0.19-0.66 | >0.66 | データなし |

図 5-6　地球圏から人間圏への撹乱指数
註：地震・津波・火山噴火・台風・サイクロン・地滑りによる年間平均災害死亡数
出典：International disaster database Centre for Research on the Epidemiology of Disasters - CRED
http://www.emdat.be/Advanced search option.1980-2011

こす感染症は，ときに人類の存在を脅かす．生命圏から人間圏への脅威は，三大感染症といわれるマラリア，結核，HIV / AIDS による死亡率を WHO (World Health Organization) の世界疾病負担研究 (Global Burden of Disease Study 2004 年 Update) で推計されたデータをもとに指数化した (図 5-7).

マラリアはマラリア原虫による寄生虫疾患であり，媒体動物 (vector) であるハマダラカを介して人体内で増殖するが，寄生虫感染症のなかでは世界で最も疾病負担が大きく，ローマ帝国の盛衰にも多大な影響を及ぼしたとされている．20 世紀前半においてはヨーロッパ各国でも多数の患者が発生しており，日本でも年間 20 万人のマラリア患者が発生していた．本州，九州，北海道においては三日熱マラリアが，沖縄では四日熱と熱帯熱マラリアが存在していたが，1950 年代半ばまでに衛生状態の改善と積極的な媒介蚊対策によって日本全土からマラリアは撲滅された．しかし現代においてもサハラ以南アフリカや南アジア，東南アジアを中心に年間患者数は 5 億人，死亡者数は 100-300 万人と推定されており，死亡者のほとんどがサハラ以南アフリカにおける 5 歳未満の小児である．マラリア流行は特効薬であるクロロキ

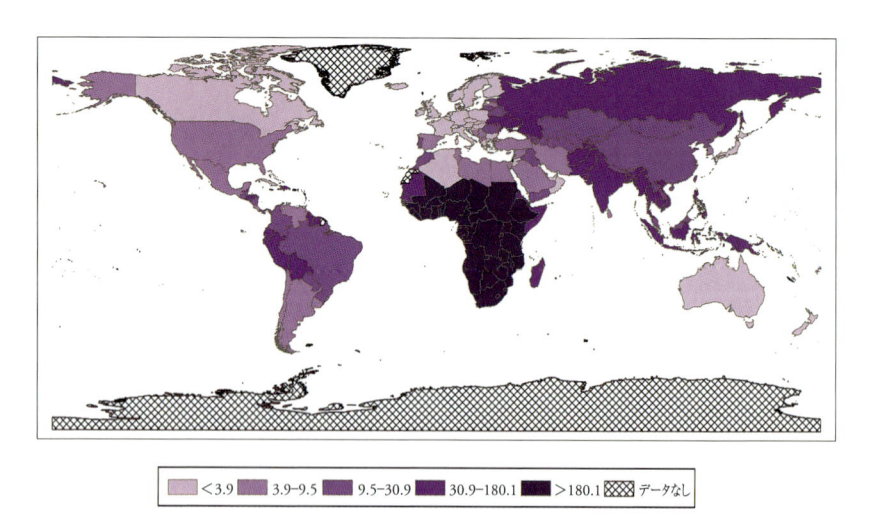

図 5-7 生命圏から人間圏への撹乱指数
HIV / AIDS, マラリア, 結核による人口 10 万人当たりの死亡率.
出典：WHO (2004).

ンによって一時期激減したが，薬剤耐性株の出現によって再び猛威をふるっており，メファキンやアーテミシンなどの新世代の抗マラリア薬でさえもすでに耐性株が出現している．マラリア対策において最も期待されている方策はワクチンの開発であるが，さまざまな努力にもかかわらずマラリア原虫の巧みな宿主免疫回避機構の解明は困難であり，いまだ有望なワクチン候補はあらわれていない．ワクチンで予防可能な感染症は積極的な接種率向上作戦により疾病負担を減らすことが可能であり，事実，人類は天然痘を地球上から根絶することに成功した．しかし，天然痘以外の感染症を完全に制圧することはたいへん困難であり，HIV / AIDS や結核なども含めてほとんどすべての感染症において根絶（eradication）は現実的な目標とはいえない．このことは，ポリオの根絶を目指した WHO が，西太平洋地域での野生株ポリオの根絶を宣言したあとに，新規症例の報告があって撤回したことなどからもうかがえるだろう．ミレニアム開発目標（MDGs）に掲げられているように，蚊帳の普及や，有効な抗マラリア薬へのアクセスによって蔓延を阻止し，死亡者数を減らすことを目標とすべきことはもちろんであるが，今後もこれら

の地域ではマラリアを根絶させることは望めず，むしろ一定の有病率を想定した対策やマラリアとの共存を覚悟する必要があるだろう．

マラリアと並んで熱帯各国で大きな健康問題となるのは細菌性感染症である結核であるが，エジプトのミイラから典型的な結核の痕跡がみつかるなど，結核は人類の歴史とともにある古い病気である．現在は疾患を早期に発見して適切な化学療法を受けることができるかぎりほぼ正常な生活にもどることが可能な疾患である．しかし，WHO の推計によると年間の新規感染症は 800 万人，死者数は 300 万人にも達してその 99％ が熱帯に集中しているが，単独の病原体による死亡数としては最悪の第 1 位である．とくにアジアやサハラ以南アフリカで多く発生しているが，感染者のうち 140 万人が HIV / AIDS 陽性患者であり，免疫力の低下した高齢者や，衛生状態の悪い環境で生活するものが多い．結核は温帯の各国では 20 世紀はじめと比較して死亡率は 100 分の 1 以下となっているが，多剤耐性結核などの新しいタイプの結核のために結核の減少は鈍化している．

後天性免疫不全症候群（Acquired Immunodeficiency Syndrome; AIDS，エイズ）は 1981 年に米国で，男性同性愛者にカリニ肺炎やカポジ肉腫など通常まれな日和見感染や腫瘍をもたらすきわめて致死性の高い疾患として初めて報告された．その後 1983 年に，病原体としてレトロウイルスに属する HIV が分離・同定された．適切な治療が行われなかった場合の予後は 2-3 年である．しかし，1995 年以来の治療薬の進歩には目をみはるものがあり，先進国における HIV 患者の死亡率や日和見感染の発生率を低下させ，HIV 患者の予後は大きく改善している．エイズの流行は 70 年代半ばに中央アフリカ地域に始まったと推定されているが，80 年代に入ってカリブ海，欧米，ラテンアメリカ諸国に，ついで 80 年代末から 90 年はじめには南・東南アジア諸国，さらに 90 年代半ばに入ると東欧，中国などの諸地域において急激な HIV 流行が起こった．現在でも HIV 死亡者数はサハラ以南アフリカの各国が飛び抜けて高く，ついで東南アジア各国での死亡が目立つ．抗ウイルス薬の出現により適切な治療にアクセスできるかぎり HIV / AIDS 陽性者も健常者と同じくらいの平均余命が得られるようになった．また，多くの国で抗ウイルス薬による治療は無料化されている．にもかかわらず，WHO と

UNAIDSの集計によると各国のHIV陽性者の受療率は2009年でも64％にすぎず，子どもにかぎっていうと33％まで低下する．HIV陽性者が治療をうけないまま AIDS を発症してしまうと，その後の生命予後中央値は2.1年ときわめて短いものとなる．HIVウイルス陽性者の実際の生活や制度・倫理については西が詳述しているが（本講座第3巻第5章），薬を配布する保健所までいくバス代がはらえないなどの貧困やロジスティクスの問題が依然大きい．感染症疫学の立場からは当然陽性者はリスク因子として扱われるが，感染者自身がHIV陽性であることを公表するか否か，家計や性生活をいかに維持するかなど抗ウイルス薬の開発以降，新たにもちあがった生命倫理的問題はエイズ発症前の段階でさまざまな面からもちあがってくる．この点がマラリアや結核とは異なる試練となるが，西の言葉を借りるならば，HIV / AIDS は最も「他者の生存への配慮」が試される感染症ともいえる．

　マラリア，結核，エイズ（HIV / AIDS）といった三大感染症の実情を記したが，三つの感染症の死亡率を合計すると，サハラ以南アフリカと東南アジア各国での死亡率が他の地域と比べて高いことがあきらかである（図5-7）．19世紀以来の植民地政策のなかで温帯の白人たちが，熱帯を支配するために発達させた熱帯医学の歴史は，いま国際貢献という枠組みのなかで再認識されているが，人類と感染症との戦いは「天然痘の根絶」のような象徴的勝利で終わることは今後ないと考えたほうがよい．感染症は病原性をもつという点ですでに人類にとって有害なものという定義を内包しているが，それでもなお疾患毎に異なった戦略をもち，一定の負担を受け入れる覚悟とともに生命圏のもつ論理を尊重した共存の視点も重要といえる．

4-3　人間圏からの攪乱：紛争・自殺・他殺の粗死亡率

　地球上には民族や宗教の対立に起因した紛争が絶えない．昆虫や節足動物・ラットなどの一部の哺乳動物においても実験的な環境や特殊な状況では共食いや自虐行為をすることが確認されているが，戦争行為などによって，同種の多くの命を奪う愚かな行為を繰り返してきたのは人類だけである．地球圏・生命圏から人間圏への攪乱としてそれぞれ災害と感染症による死亡を

あげたが，本節では人間が人間を故意に傷つける行為，すなわち紛争・他殺・自殺による死亡をもって人間圏からの撹乱として捉えることとした．

　人類がいつごろから戦争をはじめ，集団で殺し合うようになったかについては諸説あるが，狩猟生活から農耕をはじめて文明が発達するようになった約1万年前ころにはじまったのではないかとする説が多い．大規模な武力紛争による犠牲者数については信頼できるデータソースが乏しいが，16世紀以降の記録でみるとローマ帝国を舞台とした30年戦争やフランス革命・ナポレオン戦争における死者数が200-490万人と多く，第一次世界大戦では2,600万人，第二次世界大戦では5,400万人もの人命が戦闘行為，爆撃，大量虐殺などのために死亡したとみられている．直接の戦闘行為によらずとも，インフラの寸断，食料や衛生の問題などによって飢餓や疾病が増加し，間接的な犠牲者も直接の犠牲者を超える規模にのぼったと想像される．第二次世界大戦以降も朝鮮動乱，ベトナム戦争などで200-300万人もの犠牲者がでたと報告されている．社会性をもった人間集団同士の戦争行為では多くの人命が失われるが，より小さな集団や個人による暴力行為によっても多くの命が失われてきたし，自殺による死亡者数も北欧・東欧やロシア・日本を含めた東アジアなどの国々では無視できない．国際疾病分類第10版（International Statistical Classification of Diseases and Related Health Problems version 10; ICD-10）においては，他人または自己を故意に傷つけることによってできる外傷（intentional injury）という分類項目があり，戦争や暴力行為，自傷行為による外傷がこれにあたる．これらに起因する死亡，つまり紛争関連死，自殺，他殺はすべて人間圏による人間圏自身への撹乱と考えることができよう．WHOの世界疾病負担研究（*Global Burden of Disease Study*: GBD 2004 Update）においてはICD-9，ICD-10といった国際疾患分類に基づいた死因統計が入手可能な国についてはこれを利用し，それらの詳細な死因統計が入手できない国については過去数年のトレンドを考慮して年齢別に死因を推定するモデルを使用している．これら三つの要因による死亡率を標準化し人間圏の撹乱指標と定義した（図5-8）．実人数でみると2004年の紛争関連死は18万人，自殺が84万人，他殺が60万人と推定されており，紛争による影響は直接死亡数でみるかぎり自殺よりもかなり少ないが，紛争によって難民や国内避難

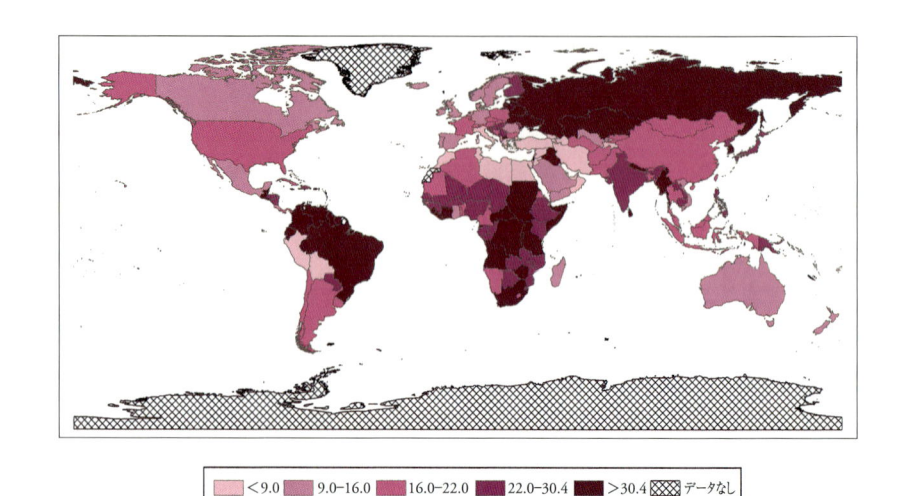

図 5-8　人間圏内部の撹乱指数
紛争・自殺・他殺による人口10万人当たりの死亡率.
出典：WHO（2004）.

民となり，十分な医療や教育にアクセスできない人々が多く生みだされていることを忘れてはならない．

4-4　人間圏総合撹乱指数

　地球圏からの脅威としては，災害関連死を，生命圏からの脅威としては三大感染症死を，そして人間圏からの脅威としては紛争関連死・自殺・他殺による死亡をとりあげた．人間圏に対する総合撹乱指数はこれら三つの死亡を平均してさらに標準化したものである（図5-9）．ごくおおまかにみると，南米の一部，サハラ以南アフリカ，そして東欧からロシアにかけての国々の数値が高くなっている．これらはそれぞれ，コロンビアを中心とした国々は暴力行為による死亡が，アフリカは感染症による死亡が，東欧からロシアは自殺による死亡がおもに影響している．

第5章　人間圏総合指数とその構成要素

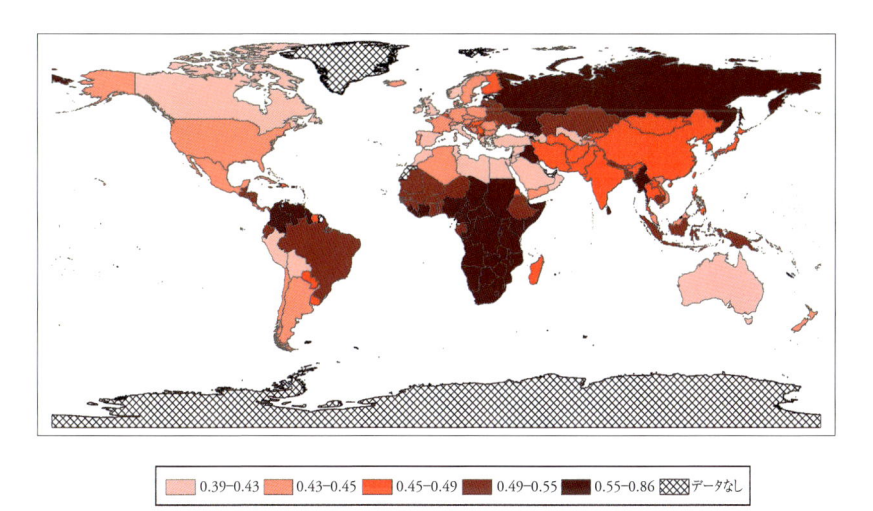

　　　　　　0.39-0.43　　0.43-0.45　　0.45-0.49　　0.49-0.55　　0.55-0.86　　データなし

図 5-9　人間圏総合攪乱指数

註：三圏からの攪乱を総合した（災害＋感染症＋紛争・自殺・他殺による死亡率）．

5　人間圏総合指数からみた世界

　人間圏関連の統合指数は，これまで述べた人口密度，女性人口比で補正された平均世帯内人数といったポジティブな指標と，災害や感染症，紛争などによる死亡といったネガティブな指標をそれぞれ平均値が 0.5，最小値 0，最大値 1 となるよう標準化したうえで組み合わせて作成した．具体的には，人口密度指数＋ケア指数＋（1－人間圏攪乱指数）の平均値である（図 5-10）．

　人間圏総合指数の上位国にはモーリシャス，モルジブ，トンガといった国土面積の小さな国々が多くしめるが，これは，島嶼国における人口密度の高さをおもに反映した結果である．これら島嶼国をのぞくと，モロッコからタジキスタン，アゼルバイジャン，トルクメニスタン，ウズベキスタンといった旧ソ連の国々，イエメン，パキスタン，メキシコ，などが上位国となり，エジプト，モロッコ，ベトナムといった北アフリカから東南アジア諸国が続く．おおまかにいうと，旧ソ連の国々や北アフリカから中東諸国ではケア指数が大きくて不測の死がすくないことが，人間圏総合指数をおしあげてい

133

第2編 ──● 生存基盤指数からみた世界

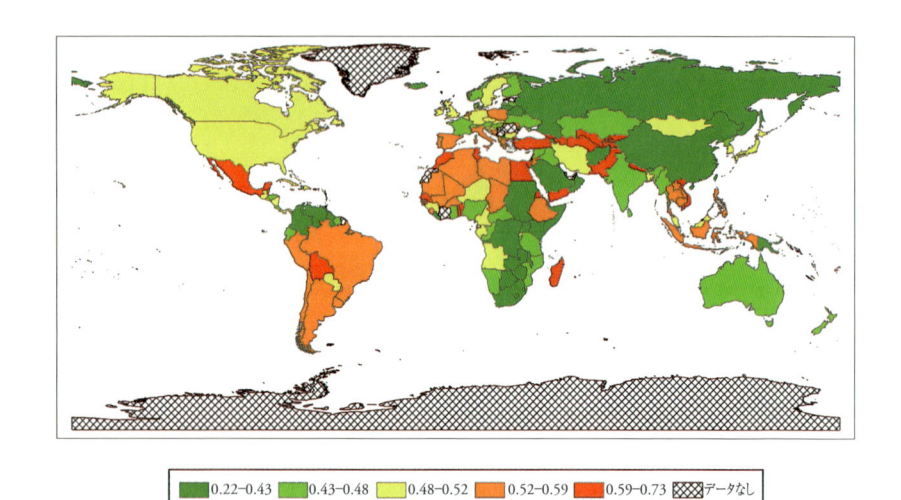

| 0.22–0.43 | 0.43–0.48 | 0.48–0.52 | 0.52–0.59 | 0.59–0.73 | データなし |

図5-10 人間圏総合指数

出典：筆者作成.

る．東欧・北欧からロシアの人間圏総合指数は，相対的に低い値を示しているが，これは，人口密度が比較的ひくいことに加えて平均世帯内人数がすくないこと，自殺や紛争関連死が大きいことが影響している．最下位国には，地震災害によって31万人もの人が死亡しただけでなく感染症死や紛争の絶えないハイチや，HIV / AIDS蔓延国である南アフリカ，ジンバブエ，ボツワナ，といったアフリカ大陸南端の国々が低いランクとなっている．GDPやGNIなどの既存の経済指標を完全に排除し，シンプルな人口密度とケア指数，不測の要因による死亡率にしぼって世界を概観したとき，とくに東南アジア・北アフリカ・中近東・旧ソ連などの地域における人間圏の潜在力の高さが浮かび上がってきたといえよう．

参考文献
阿藤誠 2000．『現代人口学 ── 少子高齢社会の基礎知識』日本評論社．
Baldwin-Edwards, Martin 2011. "Labour Immigration and Labour Markets in the GCC Countries", The Kuwait Programme on Development, Governance and Globalisation in the Gulf States http://www2.lse.ac.uk/government/research/resgroups/kuwait/research/papers/labourimmigration.aspx（2011年12月28日アクセス）.

内閣府編『防災白書』(平成 22 年版) http://www.bousai.go.jp/hakusho/h22/bousai2010/html/honbun/2b_fuzoku_siryo_30.htm (2011 年 5 月 12 日アクセス).

Calhoun, J. B. 1962. "Population Density and Social Pathology", *Scientific American*, 206(2): 139-149.

Dawkins, C. R. 1976. *The Selfish Gene*, Oxford University Press.

de Waal, F. B. M., F. Aureli and P. G. Judge 2000. "Coping with Crowding", *Scientific American*, 282(5): 76-81.

広井良典 2000.『ケア学 —— 越境するケアへ』医学書院.

International disaster database Centre for Research on the Epidemiology of Disasters - CRED http://www.emdat.be/Advanced search option. (2011 年 5 月 12 日アクセス).

Klasen, S. and C. Wink 2003. "'Missing Women': Revisiting the Debate", *Feminist Economics*, 9(2-3): 263-299.

厚生労働省 2006.「国民生活基礎調査の概況　世帯数と世帯人員数の状況」http://www.mhlw.go.jp/toukei/saikin/hw/k-tyosa/k-tyosa06/1-1.html (2011 年 5 月 12 日アクセス).

真木悠介 2008.『自我の起源 —— 愛とエゴイズムの動物社会学』岩波書店.

Mayeroff, M. 1972. *On Caring*, William Morrow Paperbacks (田村真・向野宜之訳『ケアの本質 —— 生きることの意味』ゆみる出版，1987 年).

Murray, C. J. D. et al. 2002. "Armed Conflict as a Public Health Problem", *British Medical Journal*, 324: 346-349.

中山将・高橋隆雄 2001.『熊本大学生命倫理研究会論集 2　ケア論の射程』九州大学出版会.

西真如 2011.「ケアの政治学」京都大学グローバル COE，WP シリーズ 117: 14.

大泉啓一郎 2007.『老いてゆくアジア —— 繁栄の構図が変わるとき』中公新書.

Schulte, P. et al. 2010. "The Chicxulub Asteroid Impact and Mass Extinction at the Cretaceous-Paleogene Boundary", *Science*, 327: 1214.

佐藤孝宏・和田泰三 2010.「生存基盤指数からみる世界」杉原薫・河野泰之・川井秀一・田辺明生編『地球圏・生命圏・人間圏 —— 持続的な生存基盤を求めて』京都大学学術出版会，395-420 頁.

佐藤奈穂 2009.「カンボジア農村における子の世帯間移動の互助機能」『東南アジア研究』47(2): 180-209.

『世界人口白書』1998 年，東京官書普及.

Sen, A. K. 1990. "More than 100 Million Women are Missing", *The New York Review of Books*, December 20.

―― 1992. "Missing Women", *British Medical Journal*, 304: 586-587.

Stephen, G. P. (ed.) 2003. *Encyclopedia of Bioethics 3rd ed. Vol II*, Macmillan Library Reference (生命倫理百科事典翻訳刊行委員会『生命倫理百科事典　第 2 巻』丸善，2007 年.)

杉原薫 2010.「グローバル・ヒストリーと複数発展径路」杉原薫・川井秀一・河野泰之・田辺明生編『地球圏・生命圏・人間圏 —— 持続的な生存基盤を求めて』京都大学学術出版会，27-59 頁.

社会実情データ図録 http://www2.ttcn.ne.jp/honkawa/1151.html（2011 年 7 月 6 日アクセス）.
The Kaiser Family Foundation's global health gateway
  http://www.globalhealthfacts.org/data/topic/map.aspx?ind=18
  http://www.globalhealthfacts.org/data/topic/map.aspx?ind=31#notes
  http://www.globalhealthfacts.org/topic.jsp?i=19&srt=1（2011 年 4 月 15 日アクセス）.
The world population prospects 2010 revision http://www.un.org/esa/population/（2011 年 7 月 6 日アクセス）.
The Worldmapper Team.
  http://www.worldmapper.org/index.html
  http://www.worldmapper.org/display.php?selected=191#（2011 年 5 月 12 日アクセス）.
UNAIDS 2009. *Methodology: Understanding the Latest Estimates* http://www.unaids.org/documents/20101115_GR2010_methodology.pdf.（2011 年 7 月 6 日アクセス）.
WHO 2004. *The Global Burden of Disease: Disease and Injury Country Estimates*, http://www.who.int/healthinfo/global_burden_disease/estimates_country/en/index.html（2011 年 7 月 6 日アクセス）.
——— 2010. *Global Tuberculosis Control*, http://www.who.int/tb/publications/global_report/2010/en/index.html（2011 年 7 月 6 日アクセス）.
——— 2011. *World Malaria Report 2010*, http://www.who.int/malaria/world_malaria_report_2010/en/index.html（2011 年 7 月 6 日アクセス）.
World Bank 2005. *World Development Indicators 2005*, Table 3a: Urban Housing Conditions estimates of average household size http://www.worldbank.org/data（2011 年 5 月 12 日アクセス）.

第6章

生存基盤指数からみた世界

佐藤　孝宏・和田　泰三・佐藤　史郎

1 はじめに

　本章では，第2編でこれまでに展開された地球圏総合指数（第3章）・生命圏総合指数（第4章）・人間圏総合指数（第5章）をさらに総合化することで，生存基盤指数を作成し，算出結果を提示して，その分析を行う．

　なぜ今，生存基盤指数を構築しなければならないのか．ここで，われわれが生存基盤指数の開発に携わるようになった背景について，これまで論じられた内容をふまえて説明しておこう．産業革命以降の世界で「先進国」となった欧米や（戦後の）日本のような国では，社会の目標が「生産」，とくに「生産性の向上」に集約されることが多かった．このような「生産中心主義」のもと，国民の富裕度をわかりやすく表現する指標として，1人当たりGDP（またはGNP）が長年にわたって使用されてきた．その一方で，国家バイアス，貨幣バイアスといった，この指標が抱える問題も数多く指摘されてきた（本書序章，第1章）．

　冷戦が終結し，グローバリゼーションが急速に展開したことで，「人間開発」や「持続可能性」といった概念が，国際社会から注目を集めるようになった．近年になって，国際機関や学術研究機関，各種シンクタンクなどが，1人当

たり GDP に代わるさまざまな指数の開発を行っているが，これらの指数は，上述のような新たな概念から，世界の現状を測ろうとするものである（本書第 1 章, 第 2 章）．GDP への信仰を打ち破ろうとした指数開発への努力それ自体は，積極的に評価されるべきものであろう．しかしながら，地球規模の大気・水循環や多彩な生命の力を正当に評価しながら，そのなかに人間の営みを位置づけていくような指標は，いまだに開発されていない．

　生存基盤指数は，前編で述べたような指数開発の流れをふまえ，環境の持続可能性と人類の福祉の両立を考えるために作成した指数である．その視座は，近代社会が成立する以前から存在している，より根源的な「生存」を支えてきた生存基盤にある．生存基盤指数は，西欧世界から始まって，過去 200 年の間に世界を席巻するようになった「生産中心主義」によって，大きく変容した世界の現状を，46 億年に及ぶ生存圏の歴史をふまえて再評価しようと試みる．

　本章の構成は以下のとおりである．まず第 2 節では，生存基盤指数の構成要素を確認したのち，その算出方法を解説する．また，この算出方法を支える三圏の論理的構造についても説明する．続く第 3 節において，生存基盤指数の算出結果を提示する．この節では，地球圏・生命圏・人間圏の各総合指数と，それら三つの圏の総合指数たる生存基盤指数からみた世界を示し，その含意について考察する．さらに第 4 節は，人間開発指数（Human Development Index; HDI）との比較をつうじて，生存基盤指数からみた世界をさらに深く検討する．この節では，温帯と熱帯という地域区分をもちいて，HDI と生存基盤指数の相違点を明らかにする．最後に，生存基盤指数の意義を確認して，この章のまとめとしたい．

2　生存基盤指数の方法

2-1　生存基盤指数の構成と算出方法

　ここでは，第 3 章から第 5 章で述べた各圏の総合指数を，生存基盤指数

第6章 生存基盤指数からみた世界

```
                        生存基盤指数
            ┌──────────────┬──────────────┬──────────────┐
            │  地球圏総合指数 │ 生命圏総合指数 │ 人間圏総合指数 │
  可能性指数  │ 太陽エネルギー │ 森林バイオマス │   人口密度    │
  関係性指数  │ 大気・水循環指数│ 生物多様性指数 │   ケア指数    │
  撹乱指数   │  CO₂排出量   │   HANPP      │   不測の死    │
            └──────────────┴──────────────┴──────────────┘
```

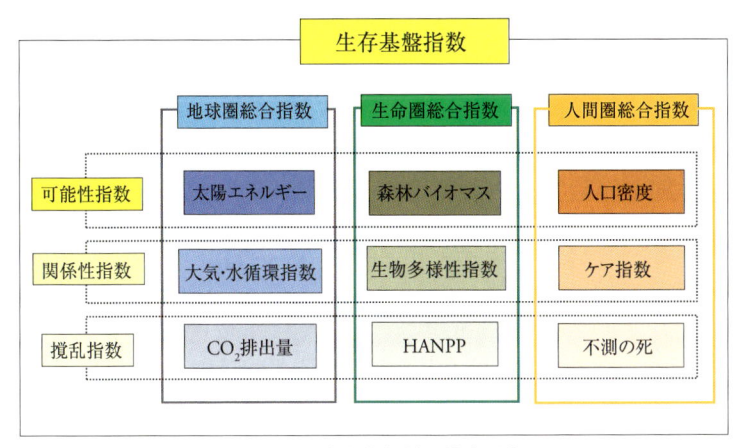

図 6-1　生存基盤指数の構成要素

出典：筆者作成.

の構成要素として確認し，そのうえで，指数の算出方法について説明する．図 6-1 は，生存基盤指数の構成要素を示したものである．本指数を構成する九つの指数は，三つの圏（地球圏，生命圏および人間圏）と三つの特性（可能性，関係性および撹乱）により，3×3 のマトリクスとして表現される．可能性指数とは，各圏がもつ量的な大きさを示そうとするものである．また，関係性指数とは，各圏における質的側面をできるかぎり表現しようとした指数である．この二つの指数によって，それぞれの圏がもつ「潜在力」の大きさが示される．GDP が現に達成された生産をあらわしているのに対して，生存基盤指数は生存を支えるそれぞれの圏の潜在的な力をあらわす．生存基盤の可能態（デュナミス）としての，各圏の大きさをあらわすといってもよい．最後の撹乱指数は，圏間の相互作用に関する指標である．生存基盤指数ではとくに，各圏の潜在力（可能態としての各圏の大きさ）に対する負の作用に着目することで，生存の持続性を阻害する要因を考慮している．

　地球圏の指標化は，太陽エネルギー（単位面積当たりの純放射量），大気・水循環指数（年間降水量から年間実蒸発散量を差し引いた値），人口 1 人当たりの CO_2 排出量により行う．生命圏の指標化は，森林バイオマス（単位面積当たりの森林バイオマス現存量を炭素量で表現したもの），生物多様性指数（維管束植物，両生類，爬虫類，鳥類および哺乳類の種数をもとに，陸域生態系の生

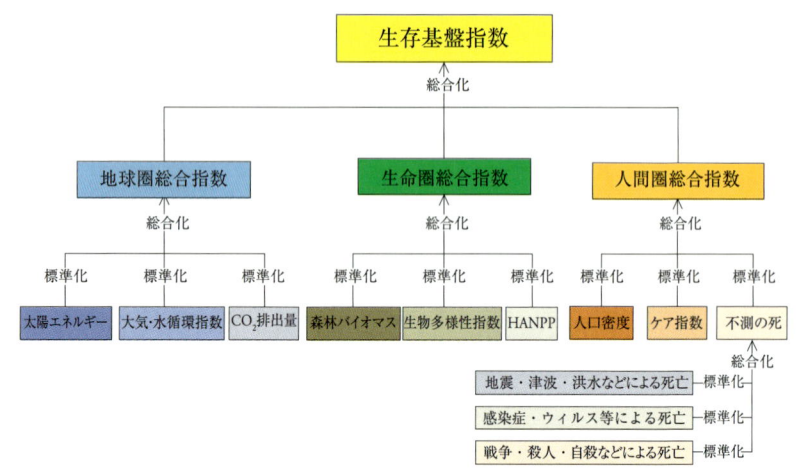

図6-2 生存基盤指数の算出方法

出典：筆者作成．

多様性を推定した指数），HANPP（Human Appropriated Net Primary Production；人口1人当たりの純一次生産量の収奪[1]）による．また，人間圏の指標化は，人口密度，ケア指数（ケア実践の場としての世帯の力を平均世帯構成人数であらわし，男性人口に対する女性人口比（FMR）によって調整した指数）および不測の死によって行う．ここで言う不測の死とは，地震・津波などの地球圏由来の死者数，感染症などの生命圏由来の死者数，戦争・殺人・自殺などの人間圏由来の死者数を総合して表現したものである．これらの指数は，第3章から第5章で説明したように，各圏固有の生成・発展の論理をふまえて選択されたものである．

　生存基盤指数の算出方法について説明しよう．図6-2は，上述した九つの構成要素が，生存基盤指数としてどのように総合されるのかを示した図である．各圏の可能性，関係性および撹乱を表現する三つの値は，標準化と総合化という二つの手順を経て，各圏の総合指数に組み込まれる．

---

[1] 純一次生産量とは，植物が光合成により固定したエネルギーの量から，呼吸による減耗を差し引いたもので，生物世界において循環するエネルギー量を表現する基本単位といえるものである．HANPPは，人間圏の側からみた場合には純一次生産量の「消費」ということになるが，生命圏の側からみた場合には純一次生産量の「収奪」となる（本書第4章）．

標準化では，(1) 対象となる母集団の分布を，0.5 を平均値とした正規分布に変換する，(2) 0 を下回る値および 1 を上回る値があった場合には，これらの値をすべて 0 および 1 として置換する，という二つの処理を行う．(1) は，分析対象の母集団全体における各標本の偏差値を求める処理であり，(2) は，母集団中のはずれ値が，他の多くの標本の評価に与える影響を軽減することを目的としている．この標準化によって，各圏における三つの指標は，すべて 0 から 1 の間の指数に変換される．たとえば，国家のある属性をあらわす指標について，国連加盟国 193 ヵ国を母集団として標準化を行った場合，その数値の高低は，世界各国の属性の相対的重要性を示すことになる．生存基盤指数では，取得可能データの制約により，世界 115 ヵ国を母集団とした分析を行っているが，後に提示する主題図を見ればわかるように，欠損データがもつ空間的偏りは比較的小さい．よって，標準化によって得られた指数は，グローバルな観点からみたときに，生存基盤指数の構成要素が空間的にどのように偏在しているかを示すものである．

各圏の特性を指標する三つの値は，以下の式により各圏の総合指数に組み込まれる．

$$総合指数 = \frac{(可能性指数) + (関係性指数) + (1 - 撹乱指数)}{3} \quad (式1)$$

式 1 にみるとおり，各圏の総合指数とは，標準化された三つの特性指数[2]の単純平均である．三つの特性指数にはウェイトをかけず，これを等価に扱う．

生存基盤指数は，地球圏総合指数，生命圏総合指数および人間圏総合指数の三つを総合したものである．ここでは，標準化の後，以下の式により指数が算出される．

$$生存基盤指数 = \frac{(地球圏総合指数) + (生命圏総合指数) + (人間圏総合指数)}{3} \quad (式2)$$

---

[2] 撹乱指数に関しては，1 から差し引くことで，数値の与える評価を正の方向に逆転させている．

式2のとおり，生存基盤指数とは三つの圏の総合指数の単純平均である．ここでも前述した各圏の総合指数の算出方法と同じように，三つの圏にはウェイトをかけず，これを等価に扱う（本書序章および本章次節）．
　本章で提示する生存基盤指数は，国家の領域を単位として算定されたものである．国家を単位とするのはたんに取得可能なデータの制約によるものであり，「各国の政府が生存を支える」能力を示すことが指数の目的ではない．むしろ生存基盤指数はデータの制約さえなければ，いかなる空間スケールにおいても算出が可能であるようにデザインされている．たとえば，特定の村落の比較を生存基盤指数によって行おうとする場合は，それに対応するデータを上述の方法にしたがって計算すればよい．生存基盤指数は，国家間比較を行うために設計されたものではなく，「生存基盤をはかる」という意図（本書第1章）により開発されたことにとくに注意されたい．

2-2　算出方法の背景にある論理的構造

　生存基盤指数を構成する九つの指数は，図6-1に示したとおり，三つの圏（地球圏，生命圏および人間圏）と三つの特性（可能性，関係性および撹乱）により，3×3のマトリクスとして表現される．ここでは生存基盤指数の算出方法の背景にある，生存圏の論理的構造について述べておきたい．
　生存圏を構成する各圏は，それぞれ固有の生成・発展の論理を有し，これらの論理によってその持続性を担保している．図6-3は，三つの圏がもつ固有の論理とそれらの相互関係を示したものである．三つの圏は，それぞれ「循環」「多様化」「自律と共感」という論理のもとで，生成・発展を遂げてきた．しかしながら，生存圏を歴史的射程から捉えるならば，はじめに地球圏が，次に生命圏が生成され，最後に人間圏が生成されたという時間的順序が存在する（本講座第1巻序章）．後から成立した圏は，それぞれ固有の論理を成立させると同時に，先に成立した圏の論理を継承している．つまり，生命圏は地球圏から「循環」という論理を，人間圏は地球圏と生命圏から「循環」と「多様化」という論理を発展的に継承していると考える．
　人間が自らの生存基盤の持続性を確保するためには，まずは人間圏そのも

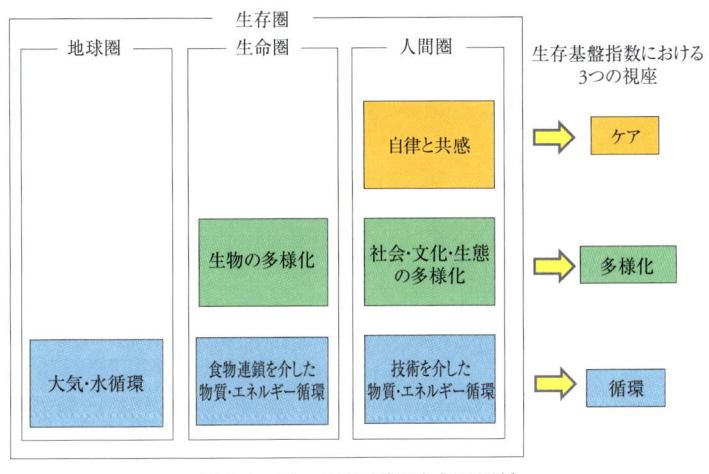

第 6 章　生存基盤指数からみた世界

図 6-3　三つの圏の論理と相互関係

出典：筆者作成.

のが，地球圏的な「循環」の論理と，生命圏的な「多様化」の論理とを引き継ぎながら成立していることを認識する必要がある．そのうえで，地球圏および生命圏の論理を十分に理解し受容する努力をとおして，人間圏と地球圏ならびに生命圏との関係を再構築する必要があるだろう．

3　生存基盤指数が意味するもの

　本節では，前節で提示した方法にしたがって計算した結果を，世界地図として視覚的に表現してみたい．図 6-4，6-5，6-6 は，三圏の総合指数を主題図化したものであり，それぞれ第 3 章（地球圏），第 4 章（生命圏），第 5 章（人間圏）ですでに提示されているものを，比較検討のためここに再掲しておく．図 6-7 は，本書の主題である「生存基盤指数」をもとに作成した世界地図である．国ごとに算出された指数値は，巻末の付表 1 にまとめて提示されている．本節では，図 6-4，図 6-5，図 6-6 と巻末の付表も適宜参照しながら，図 6-7 の生存基盤指数がさし示すものを解釈していこう．

　まず，これらの図を概観すると，三圏のすべての総合指数と生存基盤指数

143

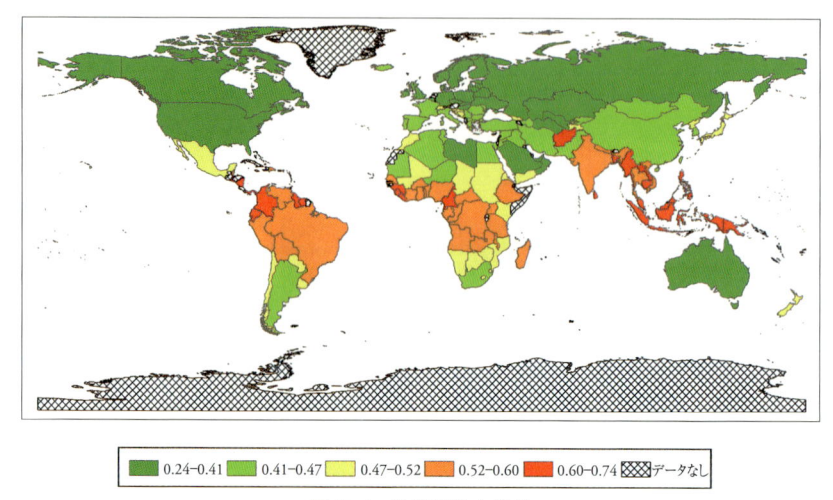

第2編 ──● 生存基盤指数からみた世界

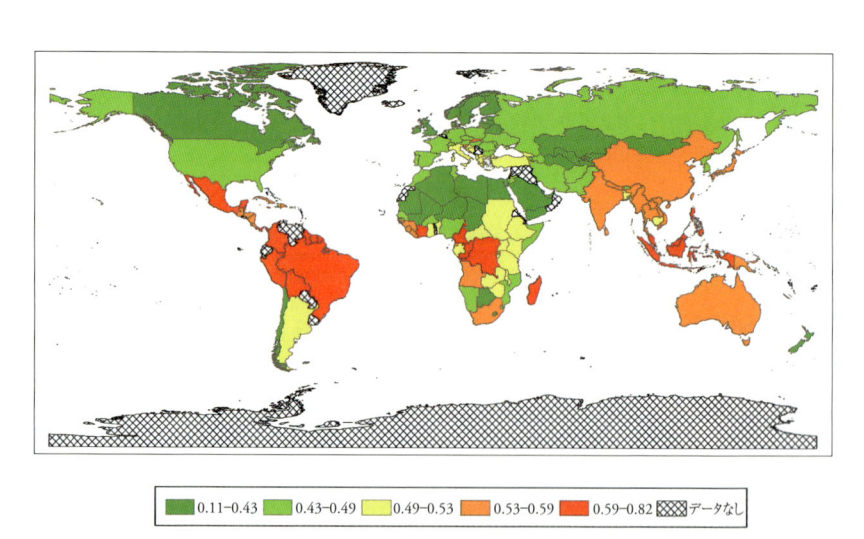

図6-4　地球圏総合指数
凡例: 0.24-0.41, 0.41-0.47, 0.47-0.52, 0.52-0.60, 0.60-0.74, データなし

図6-5　生命圏総合指数
凡例: 0.11-0.43, 0.43-0.49, 0.49-0.53, 0.53-0.59, 0.59-0.82, データなし

図 6-6　人間圏総合指数

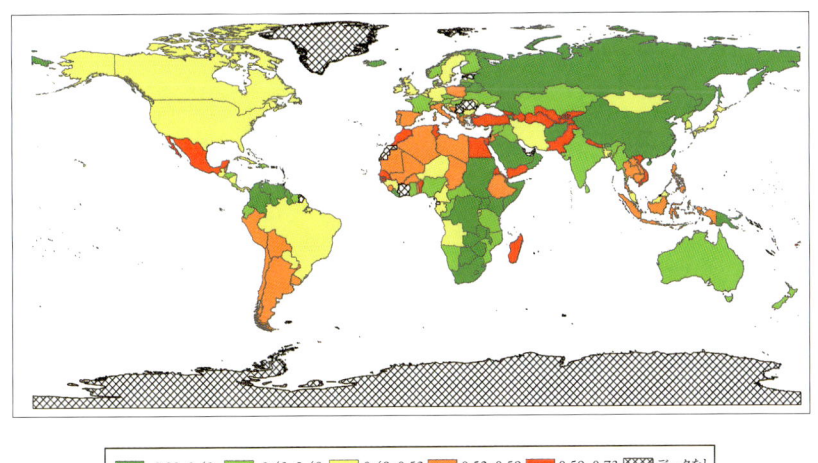

凡例: 0.22–0.43 ／ 0.43–0.48 ／ 0.48–0.52 ／ 0.52–0.59 ／ 0.59–0.73 ／ データなし

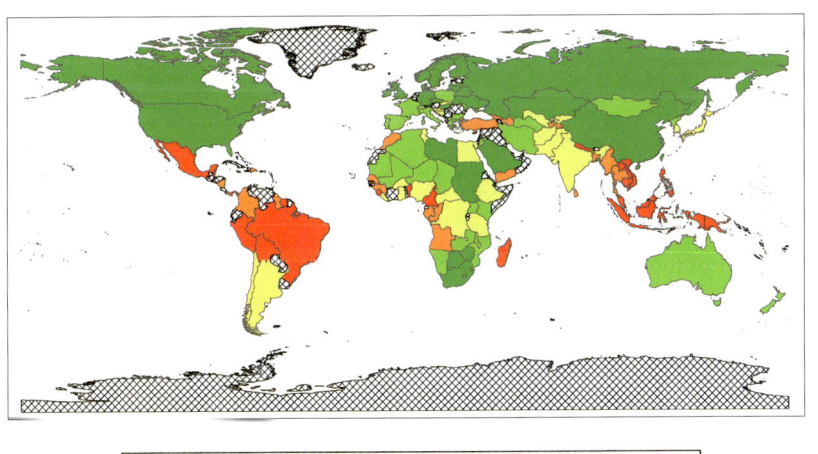

図 6-7　生存基盤指数

凡例: 0.18–0.42 ／ 0.42–0.48 ／ 0.48–0.54 ／ 0.54–0.6 ／ 0.6–0.73 ／ データなし

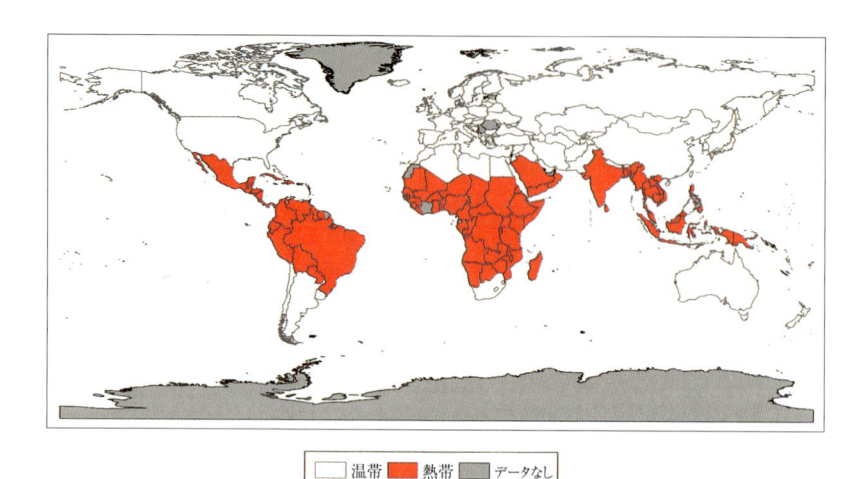

第２編 ──● 生存基盤指数からみた世界

```
   温帯    熱帯    データなし
```

図 6-8　熱帯と温帯

出典：筆者作成.

において，概して熱帯の指数値が高いことが直感的にみてとれる．次の節で議論するように，HDIを表現した主題図と比較すると，その対照は鮮明である．なお，熱帯の概念については自然地理的，生態的，文化的に多様な定義がありうるが，本書で熱帯という言葉を使うときは，「赤道を中心に北回帰線と南回帰線に挟まれた地域」という定義をもとに，われわれが分類した国家領域群をさす．本章で熱帯と呼ぶ国および地域は，図6-8に示したとおりである．

　ここからは，第3章，第4章，第5章の議論を振り返りながら，三圏の総合指数を詳しくみていく．なお，付表に示した相関関係は，可能性指数（太陽エネルギー，森林バイオマスおよび人口密度）と関係性指数（大気・水循環指数，生物多様性指数およびケア指数）は各国の総量，撹乱指数（CO_2排出量，HANPPおよび不測の死）は各国1人当たりの数値の比較に基づくものであり，計量分析の単位は国である．以下の記述は，基本的には付表に示したデータをもとに行っていることに注意されたい．

　まず，地球圏総合指数をあらわす図6-4をみてみる．太陽エネルギーについては，両回帰線に挟まれた地域，すなわちここで定義した「熱帯」の吸収したエネルギーが，一律に高くなる．地表面における実際の気候では，降

水量が少なくなるにつれて沙漠化し，他方で標高が高くなるにつれて冷涼になっていくが，太陽エネルギーの吸収量を出発点とするために，われわれはこれらの地域も熱帯に含める．

　第3章で詳述したとおり，地球圏総合指数においては，太陽エネルギーに加えて，そのエネルギーの循環に関わる水が豊富に存在する地域の指数値が高くなるとともに，人間圏から地球圏への撹乱が大きい地域，すなわちCO_2排出量が多い地域の指数値が低くなる．付表2の国別データに示されているように，熱帯のなかでも，サヘル地帯，アフリカ大陸南部，中東の指数値が低いのは乾燥した気候のためであり，なかでも産油国の指数値が低いのは，CO_2排出量が多いためである．メキシコの低い指数値も同様の理由による．これらの地域の乾燥した気候は，ハドレー循環（詳細は本書第3章を参照）によって成立する亜熱帯高圧帯の影響が大きい．温帯諸国は全般的に低い値を示しているが，水資源に恵まれた日本やCO_2排出量が少ないアフガニスタンなど，地形条件やエネルギー消費に特殊性が認められる国々が，比較的高い値を示している．

　付表5，6，7に示した地球圏総合指数の構成要素間の相関をみると，温帯では太陽エネルギーとCO_2排出量との間に，有意な負の相関が認められる一方で，熱帯では相関が認められない．また，太陽エネルギーと大気・水循環指数との関連では，熱帯では有意な正の相関が認められる一方，温帯では相関が認められない．

　これは，温帯人間圏におけるエネルギーの確保の方法が，光合成によって固定された太陽エネルギーから化石資源へと移行するにつれて，地球圏の論理「循環」から相対的に独立したことを反映しているものと考えられる．その意味で，図6-4は，生存圏の視点からみた現代世界におけるエネルギー利用の性格を示す基礎資料を提出しているといえよう．

　次に，この地球圏の世界地図と，生命圏総合指数をあらわした世界地図（図6-5）を比べてみよう．この指数を構成するのは，森林バイオマス，生物多様性指数およびHANPPである．生命圏指数においても，やはり熱帯の指数値がおおむね高くなっていることがわかる．熱帯における生存基盤指数の構成要素の相関関係を総当たりで調べた，付表6に示されているように，太陽

エネルギー，大気・水循環指数，森林バイオマス，生物多様性指数の4変数の相関関係はいずれも強く，1％水準で有意である．われわれは地球圏の論理として「循環」を重視するが，熱帯においては，強い太陽エネルギーと活発な大気・水循環が，熱帯の生命の源泉であることが確認される．他方，温帯における各変数の相関関係を調べた付表7を見ると，やはり太陽エネルギーと生物多様性に強い相関があり，大気・水循環と森林バイオマスにも強い相関があるが，熱帯と違って，大気・水循環と生物多様性や，太陽エネルギーと森林バイオマスの相関はみられない．また同時に，どちらにおいても，大気・水循環が強く森林バイオマスが豊かな場所では，HANPPが多いという傾向がある．ただし温帯では太陽エネルギーの強さとHANPPは逆相関である．

図6-5を見ると，オーストラリア，アメリカ合衆国，中国，南アフリカ，日本，アルゼンチンといった，温帯諸国の生命圏総合指数がやや高めであることに気づく．付表3に示されるとおり，はじめの二国については，生物多様性高いためであり，後の四つの国については，生物多様性が比較的高いこととHANPPが低いことによる．タイガと呼ばれる北方林が広がるロシアも，地球圏総合指数が低いわりには，生命圏総合指数は高くなっているが，これはHANPPの低さによるところが大きい．

生命圏総合指数とその構成要素との関係には，熱帯と温帯で違いが認められる．付表5を見ると，熱帯では生命圏総合指数が森林バイオマスによって押し上げられているのに対し，温帯ではこの傾向が認められない．一方，温帯では，生命圏総合指数が少ないHANPPによって押し上げられているが，熱帯では相関が認められない．

最後に図6-6の人間圏総合指数を見ると，モロッコからモンゴルへとつながる大乾燥地帯（Great Arid Zone）での指数値の高さと，北米大陸および南米の温帯諸国での指数値の高さが目につく．熱帯における指数の高さは，地球圏・生命圏の総合指数ほどには鮮明ではない．熱帯については，CO_2排出量が少ない国ほど，ケア指数が高いと同時に，不測の死が多いという相関がある（付表6）．温帯については，太陽エネルギーが大きく，CO_2排出量が少なく，生物多様性が高い国ほど，ケア指数が高いという相関がある（付表7）．

熱帯の一部において人間圏総合指数の指数値が相対的に下がっているのは，なぜだろうか．東南アジア，南アジア，西アジア，北アフリカに「まだら模様」をもたらしているのは，ケア指数の高低という要因が大きい．とりわけ西アジア，北アフリカ，南アジアでは大家族が多いけれども，本書第5章および第8章で議論されているように，これらの地域には男女人口比の不均衡が著しい国々がある．男女人口比の影響を考えないときには，平均世帯内人数も人口密度も高いバングラデシュやインドといった南アジアの国々の指数値が最も高くなるが，ひとたび男女人口比の不均衡で調整したケア指数をいれた人間圏総合指数でみるとこれらの国の指数は低くなる．他方，熱帯アフリカの人間圏総合指数の低さは，アジアと比べると人口密度が低く，一つ屋根の下で暮らす世帯の規模もアジアほどには大きくないこと，そして，感染症や紛争死といった不測の死の多さが影響しているためといえる．なかでもサハラ以南の指数値の低さは，HIV，結核，マラリアといった感染症による死亡が大きく影響している．南米においては，コロンビアやベネズエラを中心とした国の指数値の低さが目立つが，これは人口密度の低さに加えて他殺や紛争による死亡率がきわめて高いことによるものである．温帯工業国のとくに北欧からロシアの指数値の低さは，人口密度の低さや世帯規模の小ささに加えて，自殺率の多さも影響している．

　人間圏総合指数の構成要素相互の関係をみると，ケア指数と不測の死の間には温帯・熱帯双方とも正の相関がみられる．熱帯では人口密度が高くなると不測の死も減少するが，温帯ではそのような関連はみられない（付表6, 7）．

　ここで三圏を総合したい．これらの三つの指数の平均を示したのが図6-7に示した生存基盤指数である．ここでは，東南アジア，ラテンアメリカの熱帯の指数値が高く，南アジア，中部アフリカ，そして一部の中東地域の指数値も高めである．付表1をみると，最上位の国々は，基本的には地球圏および生命圏指数が高いことに加え，人間圏指数が中程度以上の値を示しているためであることがわかる．中東の一部の国々における生存基盤指数の高さは，人間圏総合指数の寄与が大きい．

　前節で述べたとおり，三圏の評価の基礎には，それぞれの圏の論理を捉えようとする思考がある．これをふまえながら，生存基盤指数が意味するもの

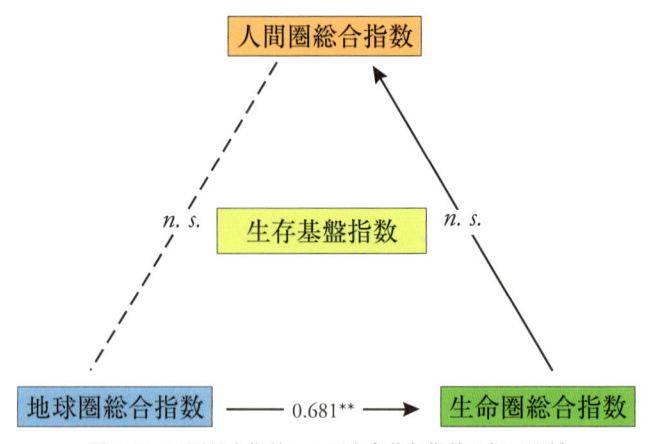

第2編 ──● 生存基盤指数からみた世界

```
         人間圏総合指数
        ↗           ↖
   n.s.              n.s.
      生存基盤指数
   ↗                  ↖
地球圏総合指数 ── 0.681** → 生命圏総合指数
```

図 6-9　三圏総合指数および生存基盤指数の相互関係
註：図中の数値は各指数間の相関係数である．**は1％水準での相関関係の有意性を，
　　n.s.は有意な相関関係が存在しないことをあらわす．
出典：筆者作成．

を解釈してみよう．図 6-9 は，分析対象全体における三圏総合指数および生存基盤指数の相互関係を示したものである．付表 6，7 にみられるように，この関係は熱帯と温帯の間で大きな違いは認められない．図 6-9 を見ると，地球圏と生命圏の間には高い相関関係が認められるものの，人間圏総合指数は，他の総合指数との間に相関関係はない．

　先述したように生存圏を構成する三つの圏の生成には，地球圏→生命圏→人間圏という時間的順序が存在し，生命圏と人間圏は，先に生成された圏の論理を発展的に継承するとともに，固有の論理も生成していた（本章第 2 節）．図 6-9 に示した三圏総合指数相互の関係は，地球圏と生命圏の間における論理の継承と，人間圏の論理「自律と共感」の独立性の強さを意味するものであろう．この独立性は，人類社会の高度な進化を意味していると解釈してもよいが，見方を変えれば現在の人間圏は，地球圏や生命圏への配慮を欠いているともとれる．

4 人間開発指数と生存基盤指数の相違点
── ケイパビリティから潜在力 (Potentiality) へ

　本書第 1 章で詳述されたように，1 人当たり GDP（または GNP）にとって代わるという戦略的意図をもって，UNDP は HDI を 1990 年に初めて発表した．この指数の底辺には，A. K. セン（Amartya K. Sen）が提唱したケイパビリティ（capability; 潜在能力）の理論がある．HDI は，人間開発の三つの機能（健康，教育，所得）に着目し，これらの指数を単純平均したものである．2010 年の人間開発報告書に発表されている，2005 年の HDI を主題図化したものを図 6-10 に示した．高度に経済発展を遂げ平均寿命・教育年数の長い北米，西欧，日本・韓国・オーストラリア・ニュージーランドなどの国が高くランキングされている一方で，サブサハラアフリカ各国や南アジア，東南アジアの国々は低くランクされている．

　われわれが開発した生存基盤指数（図 6-7）と HDI（図 6-10）の間には，視覚的に明らかな違いが認められる．両者の関係をみるために，世界（115 ヵ国）を大きく温帯（60 ヵ国）と熱帯（55 ヵ国）に分けたうえで，2005 年の HDI と生存基盤指数の相関関係をあらわしてみよう（図 6-11）．世界全体では両者の関係に弱い負の相関が認められる．しかしながら，HDI と生存基盤指数の関係を熱帯と温帯で区別してみると，熱帯では正の相関，温帯では負の相関が 1％水準の有意性をもって存在し，二つの地域では全く逆の関係が認められることがわかる．この違いは何を意味しているのであろうか．

　この節では，生存基盤指数と HDI の比較をとおして，いくつかの論点を提起してみたい．だがその前に，二つの指数がもつ視座の違いを確認しておく必要があるだろう．生存基盤指数は，単純に HDI の世界観を逆転してみせたものではないし，HDI に「別の視点を付け加えた」というのも正確ではない．生存を支える地球圏・生命圏・人間圏の潜在力を，前節までに述べた一定の論理的な枠組（図 6-3）のもとで評価しようと試みた結果，生存基盤指数は，HDI がもつ視座を大きく拡張するものとなったのである（図 6-12）．生存基盤指数の視座から見ると，HDI は生存の「自律」的達成に関する評価を

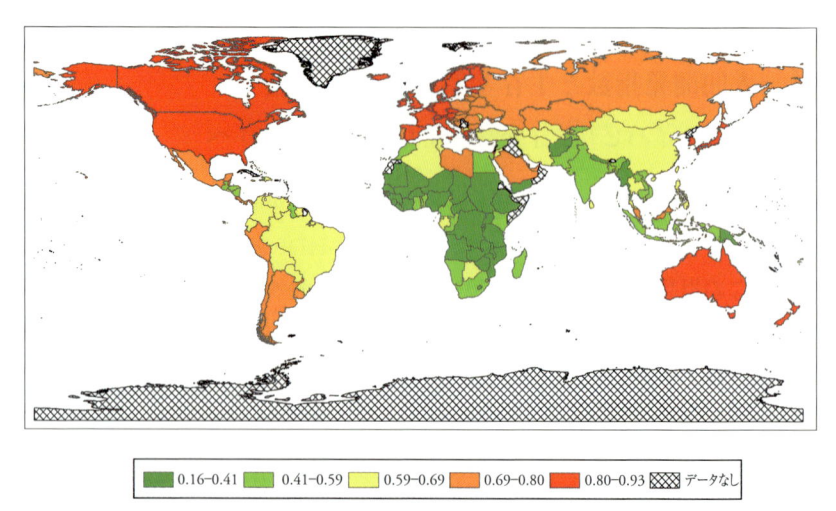

図 6-10　人間開発指数（2005 年）
出典：UNDP（2011）をもとに筆者作成．

凡例：0.16–0.41／0.41–0.59／0.59–0.69／0.69–0.80／0.80–0.93／データなし

取り出して提示するものである．個々の人間が価値ある生を自ら選び取るためには，ケイパビリティを構成する基本的な機能（健康，教育，所得）へのアクセスを達成することが重要だという理解である．他方で，生存基盤指数は，これを持続的な生存への潜在力にまで評価の視野をおしひろげた．将来にわたって持続的な生存を実現するためには，人間圏的な「共感」能力とケアの実践を視野に入れる必要があるし，地球圏的な「循環」と生命圏的な「多様化」の論理をふまえた評価が必要だからである．このように重層的な論理に基づいて拡張された視座から HDI を見返したとき，そこには単純に予測することができない相関関係と，それにともなう論点があらわれるはずである．

表 6-1 および表 6-2 に，熱帯および温帯における HDI と生存基盤指数の各構成要素の間の相関関係を示した．この二つの表と巻末の付表 8，9，10 をもちいながら，温帯における HDI と生存基盤指数の違いについてみていこう．まず，HDI と生存基盤指数が正の相関関係にある熱帯についてみてみる（表 6-1）．三つの総合指数のなかでは，生命圏総合指数と HDI の相関が強く，その構成要素を個別にみると，HDI が高位の熱帯地域は，大気・水循環が豊かであることに加えて，森林バイオマスも生物多様性も豊かな地

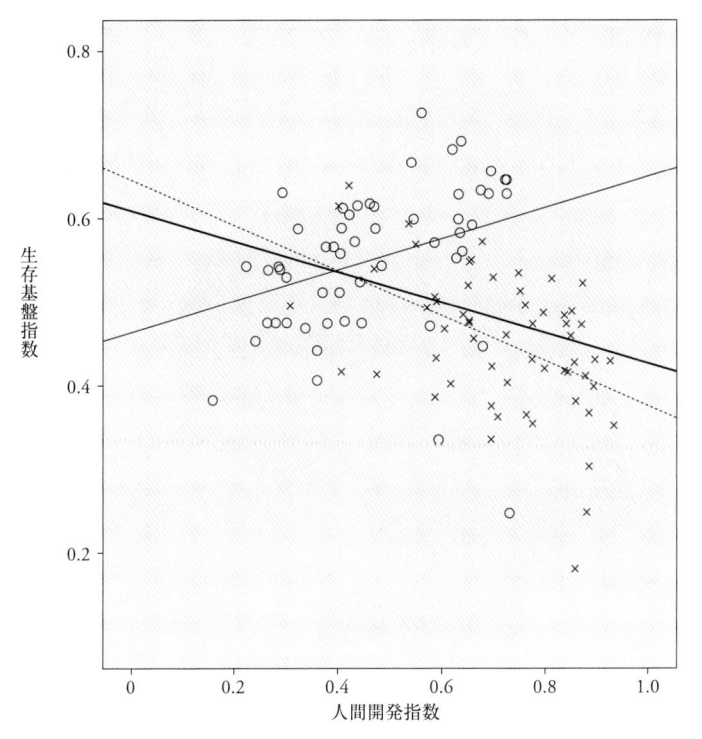

図6-11 HDIと生存基盤指数の関連
○ 熱帯（正相関：R＝0.358**）（回帰直線は実線）
× 温帯（逆相関：R＝−0.433**）（回帰直線は破線）
　世界全体　逆相関：R＝−0.348**（回帰直線は太い実線）
**は1％水準での相関関係の有意性をあらわす．

域で，CO_2排出量が少ない国，ということになる．

2001年から2005年にかけて国連によって行われたミレニアム生態系評価では，生態系と人間の福利のつながりを「生態系サービス」という概念をもちいて評価した．この概念は，生態系から人々が得る恵みをさすもので，食料・水・木材・繊維のような供給サービス，気候・洪水・疾病・廃棄物・水質に影響を与える「調整サービス」，レクリエーションや審美的・精神的な恩恵を与える「文化的サービス」，そして栄養塩循環・土壌形成・光合成のような「基盤サービス」が含まれる（Millennium Ecosystem Assessment 2005）．上述したHDIと生存基盤指数の構成要素の相関は，「生態系サービス」と表

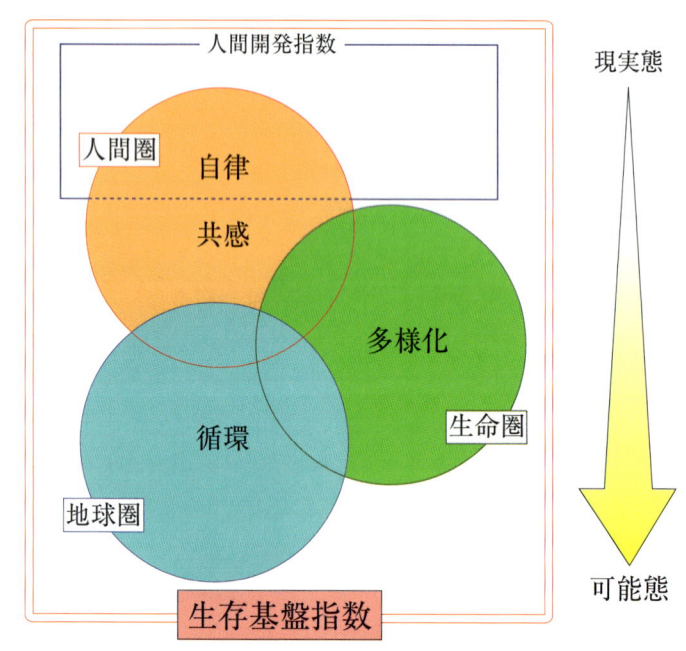

図 6-12　生存基盤指数の視座
出典：筆者作成.

現された人間圏と生命圏のつながりを反映しているものと考えられる．
　次に，HDI と生存基盤指数が負の相関にある温帯について見てみる（表 6-2）．生存基盤指数の構成要素のなかでも，地球圏総合指数および生命圏総合指数と HDI との負の相関関係が有意であり，総合指数の要素を個別に見ると，HDI が高位の温帯地域は，太陽エネルギーが弱く，生物多様性の評価が低い地域であると同時に，大気・水循環が大きく，森林バイオマスが豊かではあるが，同時に CO_2 排出量や HANPP という地球圏・生命圏への撹乱も多いという傾向がある．また，熱帯と温帯で逆の関係が見いだされた，生命圏総合指数の構成要素について比較すると，HDI と森林バイオマスの間には，温帯，熱帯とも正の相関があるにもかかわらず，熱帯では生物多様性との間に，温帯では HANPP との間に正の相関が認められる．また，付表 10 をみると，温帯においては，地球圏総合指数と HDI を構成するすべての

第6章 生存基盤指数からみた世界

表6-1 人間開発指数（HDI）と生存基盤指数各構成要素のPeason相関係数（熱帯）

熱帯諸国（55ヶ国）

		総合指数		構成要素	
正の相関	生存基盤指数 0.358**			大気・水循環指数	0.357**
				CO_2排出量#	0.609**
		生命圏総合指数	0.491**	森林バイオマス	0.351**
				生物多様性	0.338**
負の相関				ケア指数	0.562**
				不測の死#	0.553**

註：#は攪乱指数であることをあらわす。人間開発指数が高くなるとともに、CO_2排出量が増え、不測の死が減るという関連があることを示している。
*、**は、それぞれ、5%、1%水準での相関関係の有意性を示す。
HANPP; Human Appropriated Net Primasy Production（＝人間活動による純一次生産量の収奪）

第2編 ●生存基盤指数からみた世界

表6-2 人間開発指数（HDI）と生存基盤指数各構成要素の Pearson 相関関係（温帯）

温帯諸国（60ヶ国）

	総合指数*3		構成要素*3	
正の相関			大気・水循環指数	0.426**
			CO_2 排出量 #	0.612**
			森林バイオマス	0.399**
			HANPP #	0.386**
	地球圏総合指数	0.582**	太陽エネルギー	0.517**
	生命圏総合指数	0.241**	生物多様性	0.250**
負の相関	**生存基盤指数**	**0.433****	ケア指数	0.462**
			不慮の死 #	0.375**

註：# は撹乱指数であることをあらわす．人間開発指数が高くなるとともに，CO_2 排出量と HANPP が増え，不慮の死が減るという関連があることを示している．
*，** は，それぞれ，5％，1％水準での相関関係の有意性を示す．
HANPP; Human Appropriated Net Primary Production（＝人間活動による純一次生産量の収奪）

156

変数の間に，強い負の相関関係が認められる．また，熱帯では認められた出生時平均余命と生存基盤指数の相関が，温帯では認められなくなってしまう．

　熱帯においては高い生存基盤と高いHDIが両立する傾向があり，温帯においてはそれらが両立しない傾向があるというのは，興味深い発見である．ただし，表6-1および表6-2が示すように，HDIが高い国々はCO_2が多いという相関関係は，熱帯と温帯の双方において非常に強い．現在までのところ，高位のHDIを達成した国々は，それらが位置する場所を問わず環境への負荷を増やしてしまっているということである．その一方で，熱帯と温帯の双方において，HDIが高い国は不測の死が少ない傾向にある．

　最後に，人間圏の価値としてわれわれが重視する「ケア」について少し論じておきたい．温帯と熱帯の双方において，ケア指数の高さとHDIの低さに強い相関関係がみられ（表6-1），ケア指数の高さと不測の死の多さにも相関関係がみられる（付表6および7）．因果関係の矢印に注意すれば，家族を舞台とするケアの強さがHDIを低位にしているのではなく，むしろ，公共圏の社会保障が整備されていない状況を家族のケアが補っていると解釈することが可能であろう．HDIは，主として経済のパイが大きく，教育と保健医療に関わる公的部門が整備されることによって達成される．こうした条件が存在しない国々においては，家族のケアが人間の生存において基軸的な役割を担っていることが統計的にも確認されるのである．このような親密圏的なケアの価値を損なうことなく，いかにして公共圏へと広げていくべきなのかが問われている．

5　おわりに

　本章の目的は，HDIや環境の持続可能性指標といった既存の指数を批判的に継承して，生存基盤指数を構築し，これを提示することにあった．ここでは，本章の締めくくりとして，あらためて生存基盤指数のもつ意義を確認しておきたい．

　生存基盤指数の特質は，熱帯地域を高く評価していることである．HDI

と生存基盤指数では，熱帯地域の評価が全く逆である．そこには，HDI が健康・教育・所得という三つの側面から，生存の「自律」的達成（= 人間開発）を積極的に評価しているのに対し，生存基盤指数は，「循環」「多様化」「自律と共感」という生存のための価値を積極的に評価する，という視座の違いがある．われわれは，物質的繁栄を謳歌する立場から，「欧米や日本といった温帯諸国は豊かな生活を送っている．だが，東南アジアやアフリカに位置する熱帯諸国は貧しい生活を送っている」と考えがちではないだろうか．しかしそれは，どのような意味において，「豊かな生活」なのであろうか．また，その豊かな生活は，持続的な生存基盤を提供するのだろうか．われわれの生存基盤指数は，このような問いを投げかけているのである．

生存基盤指数は，現時点でのスナップショットであり，たとえば森林面積の減少といったトレンドを表現することはできていないし，望ましい技術や制度の内容を具体的に提示・評価するものでもない．このように，生存基盤指数には，荒削りな指数としての限界はあるものの，GDP や HDI では捉えることのできないアジェンダを設定し，現在の世界の姿をより包括的に切り取ることができたと考える．

われわれは，人間開発指数の原語である Human Development Index と対比して，生存基盤指数を Humanosphere Potentiality Index と英語表記した．この表記には，人類の持続的な生存基盤を求めていくためには，人間（human）を含めた生存圏（humanosphere）の視点から，開発（development）だけでなく潜在力（potentiality）にも目を向けなければならないという，われわれのメッセージが込められている．生存基盤指数からみた世界は，人間開発指数を超えたところに，大きく広がっているといえよう．

参考文献

Millennium Ecosystem Assessment, 2005. "Ecosystems & Human Well-being: Synthesis", Washington D. C.: Island Press (横浜国立大学 21 世紀 COE 翻訳委員会責任翻訳『国連ミレニアム　エコシステム評価　生態益サービスと人類の将来』オーム社，2007 年).
United Nations Development Programme (UNDP) 2011. "International Human Development Indicators Value (2005)" http://hdrstats.undp.org/en/tables/（2012 年 3 月 5 日アクセス）.

第 3 編

生存圏の総合的評価に向けて

第3編のねらい

　ひとたび「生存基盤指数」の世界に触れると，発展や地球環境にかかわる通常の指標が奇妙なものに見えてくる．アフリカや東南アジア，南アジアの評点がおしなべて低くなっている指標を見ると，「何かの間違いではないか」という気がしてくるのである．生存基盤指数は，科学的な手続きをふまえつつ，温帯バイアスを打ち消し，熱帯生存圏の意義を明示的に表現しようとする価値観に基づいてデザインされた．そのようなものとして，この指数は読者に世界認識のパラダイムの根本的な転換を迫ってくる．

　この第3編は，姿をあらわした生存基盤指数を応用していく最初の一歩を刻印するものである．計量的な分析をさらに進めていく方向もあるのだが，本編には人間圏の実践に引きつけた論考を三つ収めることにした．指数に込められた思想とデザインをふまえながら，生存圏の危機に対処する人間圏の行為と相互的な働きかけの内実を検証し，そこにみられる限界と可能性を吟味することで，生存基盤指数の世界を動態化していこうとしたのである．

　第7章「自然災害と社会のリジリエンシー（柔軟対応力）」は，東日本大震災を契機とする「災害論」であり，「復興論」である．ここでは，地球圏と人間圏が接続する領域において見えてくるものが語られていく．まず，地球圏が膨大な時間の重みと空間の広がりを有していること，そして人間圏の活動は実に表層的でちっぽけなものにすぎないことが確認される．日本を含むアジアの国々とりわけ島々は，歴史的に，台風や干ばつ，地震，噴火，津波などの自然災害を考慮に入れた社会を編成してきた．フィリピンのアエタ社会の事例から浮かび上がってくるのは，被災地からの人々の移住が，災害とともに生きる知恵の一部でもあったということである．移動は新たな社会編成が生み出される契機にもなりうるのであり，筆者は東日本大震災を念頭に，人々のネットワークを重視した創造的復興の展望を力強く語る．地球圏の圧倒的な力に対処する人間圏の予測と防御の営みは，地域の内発的な論理と知恵から学ぶことによってはじめて前に進むことができるのである．

　第8章「熱帯社会におけるケアの実践と生存の質」は，生存基盤指数のなかの人間圏指数を正面からレビューしたものである．この世に生まれ（人口），家族のなかで暮らし（世帯内人数と男女人口比），最後には命を失う（不測の死）．本章は親密圏の「ケア」をキーワードとして，このライフサイクルの中で人間が直面する様々な事態を検討していく．ケアはなんらかの依存関係を前提とするが，人が生まれて老いていくプロセスにおいて依存関係は避けられない．子育て，分かち合いから，病，障害，老い，死にいたるまで，人間のライフサイクルはそれぞれの段階においてケアを切実

に要請するのである．高度な人間開発を達成しているはずの温帯社会が固有の生きにくさを抱え込む一方で，熱帯社会にはケアの原理が息づいているように見える．筆者は，「ケアの実践にふさわしい社会はどのように編成されるのか」という問いを立て，親密圏と公共圏が豊かに響きあうネットワークを構想していく．

　第9章「生存基盤曼荼羅」は，パラダイム転換のツールとしての生存基盤指数の全体像を考察の対象とする．地球圏から生命圏，生命圏から人間圏が生まれてきた超長期のプロセスを目的論的に解釈する思想に対して，人間圏の特質を未決定性に求めることの重要性を説く．その未決定性（名前さえ存在しないこと）から，人間存在の源泉としてのゾルゲ（ケア）の概念が導かれる．私たちが生きている世界はケアを生み出さざるをえない世界（インセキュアな世界）であり，この移ろいやすい世界の概念図を描いたものが曼荼羅である．そこでまず，南インド起源の金剛頂教に基づく金剛界曼荼羅を紹介し，九つの升で構成されるこの曼荼羅と生存基盤指数の意図せざる類似を指摘する．次に，南方熊楠の粘菌的曼荼羅における「萃点(すいてん)」の概念に着目し，生存基盤指数の萃点を考える．

　一方では，地球圏の働きが人間圏を揺さぶり，社会の適応と変化を促していく（第7章）．他方では，生物としての人間のライフサイクルにおいて，生まれた者を生かすケアが機能していく（第8章）．この両者の接点において「不測の死」への悼みが生まれ，ここを生存基盤の萃点とする視座が提示される（第9章）．生存基盤指数は，結界を破ることで人々の多様な解釈を許す開かれた曼荼羅である．熱帯の発展経路と生存基盤指数の関係をより深く理解するには，生存基盤指数を歴史的にさらに動態化していく作業が求められることになるだろう．

［杉原　薫・峯　陽一］

第7章

自然災害と社会のリジリエンシー（柔軟対応力）
—— ピナトゥボ山大噴火(1991)の事例から「創造的復興」を考える ——

清 水　　 展

1 はじめに —— 東日本大震災の衝撃

　2011年3月11日の東日本大震災による地震と津波の被害は，警察庁によると10月31日現在，死者15,829人（90％以上の死因が溺死，死者の約65％が60歳以上），行方不明者3,692人，その総計は19,521人に達する．阪神淡路大震災（1995年1月17日，M 7.3）の死者6,434人，行方不明者3人の3倍である．今回の震災は行方不明者が多いことが特徴的であり，その理由は津波にさらわれた犠牲者が多かったためである[1]．

　犠牲者の数だけをみれば，関東大震災（1923年9月1日，M 7.9，105,385人）や東京大空襲（1945年3月10日，83,793人），さらには，広島と長崎への原爆投下による一般市民の無差別大量虐殺（広島1945年8月6日は同年12月末までに推定14万人，長崎1945年8月9日は同年12月末までに推定73,800人）には及ばない．しかし今回の災害は，それらとは違った意味で，日本社会に大きな衝撃を与えた．その一つは，東京電力福島第一原子力発電所のシビ

---

1) 関東大震災における死因の87.1％は火災であり，阪神・淡路大震災の死因の83.3％が建物倒壊による頭部・内臓・頸部の損傷，窒息・外傷性ショック等であった（『平成23年度災害白書』，参考資料7「過去の地震における死因」）．

ア・アクシデント（過酷事故）による放射能被害の深刻さであり，原子力制御の難しさと原発自体の危険性を明るみに出した．もう一つは，地震・津波の破壊エネルギーの強大さと，それに対して人間が建設した社会インフラの脆さ，そして私たちの生活や生存そのものの危うさを露呈させた．

シビア・アクシデントに関して，震災直後から発電所の現場で事故対応に専念してきた吉田昌郎所長が，2011年11月12日に初めて記者会見に応じ，被災当初の危機的な状況を次のように説明した．「3月11日（の事故発生）から1週間は，極端なことを言うと「もう死ぬだろう」と思ったことが数度あった」．被災翌日の3月12日の1号機の水素爆発に続き14，15日には3，4号機でも爆発が発生した．原子炉格納容器の損傷した2号機への注水も進まずにいた．そのころは，「一寸先が見えない．最悪，メルトダウン（炉心溶融）も進んでコントロール不能になる，これで終わりかなと感じた」という（朝日，読売，毎日等，11月13日新聞朝刊各紙）[2]．

いっぽう地震と津波によって壊滅された三陸沿岸部の市町村は，大規模な地殻変動がもたらす震災や津波に対する建造物の脆さ，生活インフラの脆弱性と人間の生命のはかなさ，さらには地球圏における人間存在じたいの弱さと卑小さを痛感させた．2011年6月に3日間，岩手県宮古市田老町から海岸沿いの国道を車で南下して仙台市まで被災地の訪問をした．リアス式の海岸の入江の集落を過ぎて坂道を上がり，丘を越えて隣の入江の集落に下りてゆくことを何度も繰り返した．そのたびに，津波の爪跡の無惨さ，奪われた

---

[2] 福島第一原発では，ほぼすべての建物が大破し，唯一破壊を免れたのが免震重要棟であった．これは2007年7月16日の新潟県中越沖地震による柏崎刈羽原発の被災（耐震設計時の基準加速度を2-3倍上回る衝撃による）を受け，2010年6月に竣工された建物である．これが建設されていなかったり，あるいは津波で破壊されたりした場合には，事故収束拠点すら確保できず，ベントや海水注入などの作戦は実行不可能であった．そうなると，1，2，3号機が大破壊（格納容器大爆発，あるいは核燃料溶融の無際限の進行）を起こすことは確実であった．「免震重要棟が生き残ったことはほとんど奇跡のようなもの」であった（吉岡 2011a: 12）．

また，福島第二原発も同様に危機一髪であった．そこでは3回線の外部電源が地震動によって損壊して全滅（再開は2日後）したが，ディーゼル発電機が稼動して事なきを得た．その発電機の冷却ポンプを守る鉄筋コンクリート壁の高さが，2010年に5mから6mに嵩上げされていなければ，津波により冷却ポンプとそれを動かすモーターの水没は避けられず，全電源喪失にいたったであろう．さらに女川原発では外部電源（5回線）のうち一つだけが生き残ったが，津波の高さは約13mに達し，敷地までわずか80cmまで迫っていた（吉岡 2011b: 13）．

生命と壊された生活を思い，言葉を失い心が凍りついた．

　大震災の後，筆者自身の歴史意識や時間感覚，そして空間認識や自然観が変わった．普段は全く意識しないほど遠く離れた海の深い場所での地殻変動が，人間の暮らしを壊滅させる力を秘めていること．その力の発現が，数十年から数百年という長期の周期で繰り返されること．過去から現在そして未来へと一方向に流れて進歩や発展をもたらす時間ではなく，繰り返される時間と歴史の重みが突然，目の前にあらわれ出てきた[3]．日本人の多くが，近い将来，10年か20年の先に関東から東海，四国にかけての沖合でも巨大地震が発生するであろうことを自覚するようになった．その前に直下型の地震が東京を襲うかもしれない．そうした近未来の切迫した危機や恐怖の一方で，原子力発電所の事故は，想像を絶する長さの不可逆の時間というものを突きつけた．放射性物資の半減期は，プルトニウム－239で2万4,000年，ウラン－235で7億年，ウラン－238で45億年という．途方もない歳月である．

　人間が生きられる圏域は，きわめてかぎられている．アクア・ラングを付けなければ海のなかでは息ができない．酸素ボンベに頼らずに人間が日常生活を営めるのは，標高4,000m程度までである．地球全体からみれば，地表面を覆うごく薄い大気の被膜に護られて人間は生きている．

　もし地球が100cmの球だったら，富士山の高さは0.3mm，エベレスト山は0.7mmである．最も深い海のマリアナ海溝（10,920m）は1mmである．飛行機は地表1mmの高さを飛んでおり，スペース・シャトルでさえ，2–3cmの高さである．海の平均の深さは0.3mmであり，海水は全部あわせて660cc，およそビール大瓶1本分である．淡水は17ccしかなく，そのほとんどが南極や北極，氷河などで氷として存在している．飲料水として利用可能な量は5ccほどで，スプーン1杯に満たない．月はビーチ・ボールほどの大きさで30mほど先にあり，太陽は12km先で輝いている（永井2002）．

---

[3]　およそ50年前の1960年5月23日にも，南米のチリ共和国沖でマグニチュード9.5という巨大地震が発生し，それによって引き起こされた津波が翌日の午前3時ごろに三陸沿岸を襲った．地震の揺れを感じないほどの遠い彼方の地震であったが，津波の高さは最大で6.3mに達し，死者行方不明142名，建物被害46,000棟，罹災世帯31,120世帯の被害をもたらした．日本から約17,500km離れた太平洋の東端から，平均時速約777kmのスピードで太平洋を渡ってきたことになる．

あるいは地球が誕生した46億年前から現在までを100 m競走に置き換えると，人類の祖先ともいうべきアウストラロピテクス（猿人）が出現した400万年前は，ゴール直前の10 cmである．新人が登場した20万年前は5 mm，新石器時代に入り農耕が始まった1万年前は0.25 mmである．100 cmの球体として考えた地球空間において，また100 m競走に比した歴史時間のなかで，今現在を生きる私たちの存在は卑小である．人間圏もまた同様にきわめて壊れやすい被膜として危ういバランスのなかで成立している．自然災害は地球圏の論理と自己運動の力学が直接に人間圏に作用する際の摩擦によって引き起こされる．確かに自然災害は，それが発生した時々においては地球圏からの短時間の一方的な外力として人間圏に作用する．しかし長期的な時間軸でみれば，本講座第2巻第3章で谷が指摘しているように，人間は能動的に地球圏に働きかけ自らに有利な環境をつくりだしてきた．その意味で，自然災害は，人間圏と地球圏との長期にわたる相互作用のなかで，二つの圏域の接触・臨界面で間歇的に生ずる出来事，正しくは地球圏からの人間圏に対する反作用として理解する必要がある．

また災害が問題化され対策が講じられるのは，人間圏に対する甚大な被害が生じた場合である．地球圏から人間圏への介入と作用がどのように大規模なものであっても，人間の生命と生活に対して直接の悪影響がないかぎりは，ほとんど無視される．自然災害として認識された時点で初めて，特定の被災地域と被災者たちの存在が浮き彫りになり，政府やNGOなどによって，その地域と人々に対する救援と復興の企てがなされる．その意味で行政にとって災害の認定は，同時に介入の対象となる被災地域の画定を導く．災害復興がまさに被災「地域」の復興を意味するゆえに，地域研究の知見と貢献が必要とされる[4]．本書第2章で河野が指摘するように，地球圏（や生命圏）の特性は各々の地域社会の基礎構造に埋め込まれており，逆に地域社会は地域固有の地球圏（や生命圏）の特性をふまえた知識と技術の体系をはぐくんできた．S. M. ホフマン（Suzannah M. Hoffman）とA. オリヴァー＝スミス（Anthony Oliver-Smith）（Hoffman and Oliver-Smith＝若林訳 2006: 1-5）の主張を敷

---

[4] 災害に深く関与できる地域研究の構想については，拙稿（清水 2009）を参照．

衍すれば，災害は地域社会の特性と歴史性による他律のもとで固有のかたちをとって生起する．

　本章は先の大震災が引き起こした衝撃をふまえ，自然災害に対する社会のリジリエンシー（柔軟対応力）という観点から，人間圏が地球圏の自律的なダイナミズムに影響を受け，制約され，なおかつそのなかで生き抜く企てについて考察する．具体的な事例として取り上げるのは，フィリピン・ルソン島西部にあるピナトゥボ山の一帯で暮らしていた先住民のアエタであり，1991年の大噴火で被災した後の創造的復興のプロセスと結果である．筆者は文化人類学と東南アジア地域研究を専門としており，ミクロな地域の事例を詳細に考察することをとおし，より妥当性をもつ議論を導くよう心がける．

2 自然災害と日本社会 ── 台風被害から地震被害へ

　日本は，その位置，地形，地質，気象などの自然的条件から，台風，豪雨，豪雪，洪水，土砂災害，地震，津波，火山噴火などによる災害が発生しやすい国土となっている．世界全体に占める日本の災害発生の割合は，マグニチュード6以上の地震回数20.5％（2000-2009），活火山数7.0％（過去1万年以内に噴火したもの），死者数0.3％（1979-2008），災害による被害総額11.9％（1979-2008）など，世界の0.25％にすぎない国土面積に比して非常に高くなっている（河田 2011: 2;『災害白書』平成22年版）．

　ただしたしかに災害の発生頻度と物的被害の大きさは抜きんでているが，そのことに比べれば自然災害による犠牲者の数は少ない．戦後日本の自然災害による被害の歴史を概観すれば，次のような特徴が見いだせる．すなわち1945年の敗戦から1959年までの15年間は，毎年のように大きな災害に襲われ数百人から数千人の犠牲者（死者行方不明者）を出してきた．主な災害は，1945年の三河地震（2,306人）と枕崎台風（3,756人），1946年のカスリーン台風（1,930人），1948年の福井地震（3,769人），1953年の南紀豪雨（1,124人），1954年の洞爺丸台風（1,761人），1959年の伊勢湾台風（5,098人）などである．三河地震をのぞけば，自然災害は台風や集中豪雨による水害であった．1960

年代に入ると犠牲者の総数は急速に減少し，1994年までの25年間の総計で10,035人，1年間の平均は401人である（内閣府 2011: 21）．

　台風や集中豪雨による死者・行方不明者の数が急速に減っていったのは，1961年に災害対策基本法が策定され，防災インフラの建設・整備に力を注いだからである．また1960年代からの自然災害の打撃が少ない四半世紀は，ちょうど日本が高度成長からバブル景気へと好景気が続いた時期とぴったり重なっている．そのバブルの終わりを告げるかのように，1995年1月17日に阪神淡路大震災が起き，その16年後に東日本大震災が襲った．バブル経済の終わりとともに，自然界の平穏な時期が終わり，列島は活発な地殻活動の時期に入ったかのようである（図7-1）．

　3月11日14時46分に発生した東北地方太平洋沖地震の震源は，牡鹿半島の東南東130 km付近の三陸沖，深さ24 kmであった．その規模は，震源域の長さが約450 km，幅約200 km，マグニチュード9.0であった．地殻の変動は，震源のほぼ真上の宮城県沖の海底が3 m隆起し，また東南東に約24 mずれ動いた（内閣府 2011）．

　その規模に関して多くの地震学者や東京電力関係者らは想定外としたが，高い確率で同地域に地震が発生することは予想されていた．2009年に「地震調査委員会」が過去の地震発生履歴から想定した海溝型地震の規模と30年以内の発生確率は，三陸沖北部でM7.1-7.6が90％，宮城県沖でM7.5が99％，三陸沖南部海溝寄りでM7.7が80-90％であった．今回は，この三つが連動して同時に発生したために巨大な規模となった．ちなみに30年以内に東南海ではM8.1規模の地震が起きる確率が60-70％，南海ではM8.4規模の地震が起きる確率が60％である（川崎 2011: 42-43）．

　このような大規模地震を引き起こす地球のダイナミクスは，プレート・テクトニクスによって説明されている．地球の表面は，厚さ70-100 kmの巨大な岩盤である十数枚のプレートで埋め尽くされており，造山運動，火山活動，地震等の種々の地殻変動はプレート境界域で生じる．日本列島は四つのプレート（東に太平洋プレート，北にアメリカプレート，西にユーラシアプレート，南にフィリピン海プレート）が接して押し合いへし合いするあたりに位置している．プレート間の境界域で押し合う力のひずみが蓄えられ，それが限界に

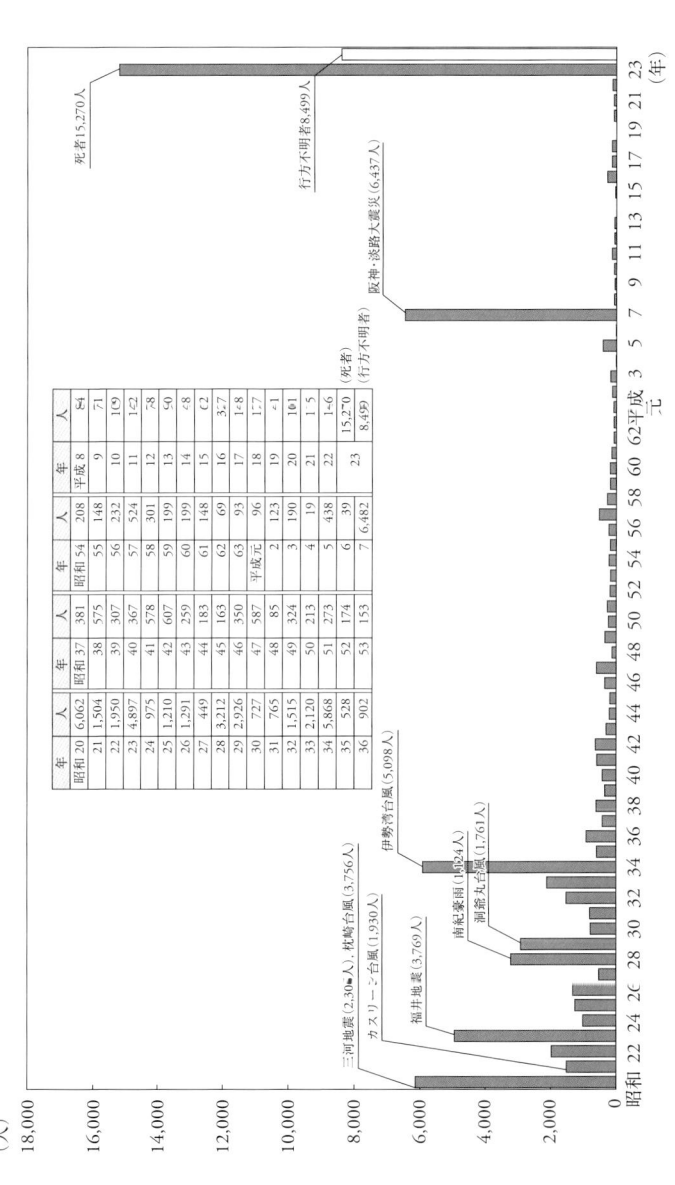

第7章　自然災害と社会のリジリエンシー（柔軟対応力）

年	人	年	人	年	人	年	人
昭和20	6,062	昭和37	381	昭和54	208	平成8	84
21	1,504	38	575	55	148	9	71
22	1,950	39	307	56	232	10	109
23	4,897	40	367	57	524	11	162
24	975	41	578	58	301	12	78
25	1,210	42	607	59	199	13	90
26	1,291	43	259	60	199	14	48
27	449	44	183	61	148	15	62
28	3,212	45	163	62	69	16	327
29	2,926	46	350	63	93	17	148
30	727	47	587	平成元	96	18	177
31	765	48	85	2	123	19	41
32	1,515	49	324	3	190	20	101
33	2,120	50	213	4	19	21	115
34	5,868	51	273	5	438	22	1-6
35	528	52	174	6	39	23	15,270（死者）
36	902	53	153	7	6,482		8,499（行方不明者）

図7-1　自然災害による死者・行方不明者数

註：平成7年の死者のうち、阪神・淡路大震災の死者については、いわゆる関連死919名含む（兵庫県資料）。
　　平成22年の死者・行方不明者は速報値。
　　平成23年の死者・行方不明者については、東北地方太平洋沖地震のみ（緊急災害対策本部資料）。
出典：『防災白書』201 ,p. 21. 図1-1-10「自然災害による死者・行方不明者数」
資料：昭和20年はおもな災害による死者・行方不明者（理科年表による）。昭和21-27年は日本気象災害年報。昭和28-37年は警察庁資料。昭和38年以降は消防庁資料による。

達して爆発的に解放されるときに噴火や地震を引き起こす．力のひずみが蓄えられるのは，プレートが動くからである．日本列島の地殻変動とは直接には関係がないが，北に動くインドプレートと南に動くユーラシアプレートとが衝突する力のひずみが世界最高峰のエベレスト山を含むヒマラヤ山脈を造りだした．ヒマラヤ山脈は対流圏の上層部に達し，それゆえ日本を含むアジア大陸の東部から南部にかけてモンスーン気候を生み出した（酒井 2003）．

　プレートを動かす力は，プレートを載せているマントルの動きから生ずる．地球の地殻の下にあるマントルはゆっくりと対流しており，特定の場所で上昇・移動・沈降を続けている．たとえば最も面積の広い太平洋プレートは，マントル対流の湧き出し口である東太平洋海膨で生まれ，西に向かって年間に約10cmの速度で進み，およそ1億年をかけてアジア大陸の東縁まで移動し，日本海溝や伊豆・マリアナ海溝などから西ユーラシアプレートの下へと沈み込んでゆく．その際に両プレートの境界域で蓄えられてきた力のひずみが限界に達して，今回の東日本大震災を引き起こした．

3 アジアにおける自然災害

　2004年12月に生じたスマトラ沖地震は，マグニチュードM 9.0の超巨大地震であり，それが引き起こした大津波によって約14万人の死者行方不明者を生み出した．オーストラリアプレートが南から北に向かってユーラシアプレートの下に沈み込んでゆく際に蓄えられた力のひずみが引き起こしたものである．

　過去30年あまりの間に生じた自然災害のなかで多数の犠牲者を生みだしてきたのは，ハリケーン[5]および地震とそれに派生する津波によるもので

---

[5] サイクロン・ナルギスによるミャンマー・イラワジ川，ヤンゴン川の氾濫（2008年5月2日，死者行方不明者138,366人）や，サイクロンによるバングラデシュ・チッタゴン地区の高潮災害（1991年4月29日，死者行方不明者138,866人）がある．なお，過去50年の間で最も大きな被害をもたらした水害は，中国山東省莱州湾地域での暴風潮・洪水（1969年7月18日）で死者は数十万人と推定され，世界最大の自然災害である（ひょうご震災記念21世紀研究機構 2011）．

あった．おもな地震災害を挙げると，ハイチ地震（2010年1月2日，M. 7.0，死者 222,570人），中国四川大地震（2008年5月12日，M. 7.9，死者行方不明者 87,476人），パキスタン・カシミール地震（2005年10月8日，死者86,000人以上），イラン・バム地震（2003年12月26日，M. 6.8，死者43,000人），中国唐山地震（1976年7月28日，M. 7.8，死者242,769人）などである．（ひょうご震災記念21世紀研究機構 2011: 428-443）．

　アジア防災センターが，ルーヴァン・カトリック大学のデータベース（CRED-EMDAT）に基づいてまとめた資料によると[6]，1975年から2007年までの33年間における自然災害の発生の件数および比率で，アジアが群をぬいて多くまた高くなっている．地域別災害数の割合（1975-2007, 合計数＝9,207人）では，アジアは37.34％で世界全体の3分の1あまりにとどまるが，地域別被災者数（1975-2007, 合計数＝57億人）の割合では89％，地域別死者数（1975-2007, 合計数＝220万人）の割合[7]では60％に達する（アジア防災センター 2008）[8]．

　また，1975年から2000年までの26年間のアジアにおける自然災害の発生件数（2,519）のうち，洪水が31％で最も高く，次に暴風（含高潮）28％，地震12％，伝染病8％と続く．同期間の死者（総数850,417）の割合をみると，地震49％，暴風（含高潮）29％，洪水14％，伝染病8％と続く（ただし北朝鮮の飢饉を除く）．北朝鮮の餓死者も災害犠牲者にふくめれば，死因の割合は，地震38％，飢饉24％，暴風21％，洪水10％，伝染病4％となる（アジア防

---

[6]　ルーヴァン大学の The OFDA / CRED International Disaster Database は，災害を以下の基準の少なくとも一つを満たすものと定義している．(1) 死者数が10人以上，(2) 100人を超える被災者が支援を必要とする，(3) 非常事態宣言がだされる，(4) 国際的な救援活動が要請される．またアジアを，東アジア，中央アジア，東南アジア，南アジア，西アジアに広がる範囲としている．

[7]　当該の図（図5A）のタイトル「地域別死者数の割合」は2007年とされているが，同頁の下段の図（図5B）も同タイトルで2007年とされている（ただし合計数＝21,911人）．明らかに図5Aは33年間の総計である．

[8]　防災科学研究所の水谷武司によれば，1947-1980の期間における干ばつなどを除く突発的災害を対象にした6大陸地域別被害の統計では，死者総数122万のうち86％（105万）がアジアで生じている．アジアに世界人口の半数近くが住むとはいえ，きわめて高い死者比率である．1970-2010年の期間についてのこれに相当する値は81％でほぼ一致しており，定常的にアジアの災害激甚帯において大きな災害の大部分が生じていることがわかる．他の地域についての発生死者比率は，カリブ・中央アメリカ4％，南アメリカ4％，ヨーロッパ2％，アフリカ2％，北アメリカ1％などと小さい．

災センター 2002)[9]．

　ただし，単年度ごとに突出して犠牲者の多い災害は異なる．たとえば 2006 年のアジアにおける災害（合計 = 183 件）のうち，洪水が 53.6%，暴風 19.7%，地震 9.3%，地滑り 7.7%，疫病 4.4% であり，いっぽう災害別死者数の割合は，地震 36.4%，暴風 25.2%，洪水 21.3%，地滑り 9.2%，高潮・津波 5.0% であった．それに対して 2005 年のアジアにおける災害のうち，洪水は 47.4%，暴風 24.6%，地震 8.0%，疫病 6.3%，地滑り 4.6% であるが，災害別死者数の割合では地震が 90.3%，洪水 5.7%，暴風 1.5%，疫病 1.0% であった（アジア防災センターの『自然災害データブック 2006』『自然災害データブック 2005』参照）．また，1970-2010 年に起こった死者数 2,000 人以上の 50 件の大災害（総死者数は約 300 万）をみると，東南アジアから西アジアにいたるアジア南縁帯において件数で 68%，死者数で 56% を占めている．

　先に述べたように，日本をはじめ台湾やフィリピン，インドネシアで繰り返される巨大地震や津波を生み出すものは，地球の内部，地下 100 km を超える深さで生じているマントルの対流運動である．

　プレートと同じように，太平洋の海水も赤道から少し上の当たりを西から東へと動いている．それが日本列島に達すると太平洋岸を流れる黒潮となり，幅は 100 km から 200 km に及び，最も流れの強い個所では秒速 2 m（時速 7.2 km）の速さをもつ．その流量は毎秒 5,000 t であり，日本で最も長い信濃川の流水量が毎秒 530 t であるのと比べると 9 万倍以上の巨大さである．黒潮は日本の太平洋沿岸を北上し，北緯 40 度付近まで達した後，右に曲がり北米大陸のカリフォルニア付近に向かって東進し北太平洋海流となる．そして北

---

[9]　北朝鮮の食糧不足によって大量の餓死者が生まれたことの直接的な理由が食糧不足であっても，その理由が気候不順などよりも政府の失政あるいは独裁専制による機能不全であるとすれば，同様な災害が毛沢東が強力に推進した中国の「大躍進」政策によっても引き起こされた．大躍進とは中国を 15 年以内にイギリスに追いつき追い越して経済大国とすることを目指し，1958 年から 1960 年にかけて実施された農工業の大増産政策である．2011 年度のサミュエル・ハンチントン賞を受賞した F. ディケーター（Frank Dikötter）によれば，1958 年から 1962 年にかけての 5 年間で，少なくとも 4,500 万人が「本来避けられたはずの死」を遂げた．そのうちの，少なくとも 250 万人が拷問死あるいは尋問も受けずにその場で処刑されたという（Dikötter = 中川訳 2011: 11）．同時期の「非正常死亡者」の総数に関しては，人口統計学者の彭希哲（1987）が 2,300 万人，ユン・チアン（2005）が 3,800 万人，曹樹基（2005）が 3,250 万人と推定している．

米大陸の西側の沿岸まで達すると，再び右に曲がってカリフォルニア海流として赤道方向へ南下し，北緯10度付近で西へと向きを変え，北赤道海流となってフィリピン沖に達し，台湾沖を通って黒潮となる．このように広大な北太平洋を広い範囲で時計回りに回っている海流を亜熱帯循環系という（田家 2011: 5-7）．

そうした太平洋の表層を循環する海流は，海面に吹く風（卓越風）が引き起こす摩擦運動により，海表面が同方向に引っ張られることから生じる．それとは別に，海中の深さ1,000 mを超えるあたりでは，温度や塩分の密度が不均一であるために熱塩循環が引き起こされ，深層循環となって太平洋と大西洋を結んで流れている．これはグローバル・コンベアー・ベルトとも呼ばれ，一巡するのに1,000年以上もかかる長期的な循環であり，地球の気候に大きな影響を及ぼすとされている[10]．

短期的な気候変動としては，エルニーニョ現象が有名である．エルニーニョとはスペイン語で神の子という意味で，ペルーやエクアドルの沖合の太平洋で海面温度が数年に一度くらいの頻度で数℃高くなることによって引き起こされる．その原因は，海洋と大気との間に生じる複雑で連続した相互作用であると考えられており，海洋側の要因はエルニーニョ（EN），大気側の要因で起こる現象は南方振動（SO），そして二つの要素を総称してエンソ（ENSO）と呼ばれている．両者の関係と，複合してENSOが生じるメカニズムについてはいまだ解明されていない．しかし，それは太平洋を取りまく地域の気象に決定的な影響を与え，干ばつや多雨などの異常気象を引き起こす．地球圏のメカニズムに基づく自己運動が，人間圏の安定した成り立ちを揺るがし，多数の死者をもたらす一例である（より広く地球圏の全体における大気と水の循環については，本書第3章を参照）．エルニーニョ現象が発生すると，太平洋東部の海水温の上昇によって蒸発が盛んになり，海面上の空気を上昇させ，赤道沿いを東から西に吹く貿易風に変化を生じさせる．太平洋では，通常な

---

[10] すなわち，アフリカからヨーロッパの西岸を北上した暖かい海水は，北極に近付くにつれて冷やされて海中に沈みこみ，北米・南米大陸に近い側の大西洋の深層を南下し，アフリカからオーストラリアの南を通り，太平洋を北上してゆくなかで海表面近くへと浮上してくる．その後は，北米大陸に沿って南下し，南太平洋からインド洋を抜け，アフリカの西岸に達する．発見者の名前にちなみ『ブロッカー博士のコンベア・ベルト』と呼ばれている．

らば太陽熱で暖められた赤道上の海水が，貿易風によって太平洋の西部（インドネシア付近）に向かって押し流され（赤道海流），代わって太平洋の東部には冷たい海水が湧き上がってくる．こうして太平洋の海面の温度は平年には西高東低の温度勾配に保たれている．ところがエルニーニョによって東側の端のあたりのペルーやエクアドル沖の海面温度が上昇すると，この温度勾配がゆるやかになる．すると暖かい海水を押し流す貿易風が弱まり，暖かい海域（暖水プール）は太平洋東部や中央部に滞留し，普段は乾燥している南米の太平洋沿岸に大雨と洪水をもたらす．それとは逆にインド洋と太平洋西部では，海洋温度が通常よりも低くなり，オーストラリア北部からインドネシア，フィリピンにかけて干ばつが生じる．さらにエルニーニョの影響は，北米大陸やアフリカ大陸の気候にも大きな変動を引き起こす（Cullen＝熊谷・大河内訳 2011: 2-4）．

　本講座第2巻第2章でJ. F. ウォーレン（James Francis Warren）がM. デイヴィス（Mike Davis）に言及しながら指摘しているように，1876年から1900年の四半世紀の間に，ブラジル，中国，インドなどではエルニーニョ由来の干ばつに3回襲われた．干ばつおよび植民地政府の無能と無作為が重なったために飢饉が広がり，合わせて3,000万人から5,000万人が飢え死にした．ウォーレン自身はフィリピンを事例として，16世紀末スペインによる植民地支配が始まった16世紀末から現在までの430年の間に，エルニーニョによる飢饉について詳細に検討している．とりわけ1960年代以降は，ほぼ間断なくエルニーニョが発生して干ばつが頻繁に生じ，かつてよりもはるかに増加した人口と拡大した農地に対して，かつてとは大きく異なりかつ深刻な影響を及ぼしていることを指摘している（本講座第2巻第2章）．フィリピンにかぎらず地球全体でみても，地球温暖化の影響で1900年以降は過去13万年のどの時代と比べてもエルニーニョ現象が激しくなっている．

4　災害に対処・適応する文化 ── フィリピンから考える

　災害に対応する社会のリジリエンシーを考えるうえで，フィリピンはきわ

めて興味深い．そもそも東南アジア地域は，世界の陸地面積の3％を占めるにすぎないが，1900年から1997年の間に，全災害の13％が東南アジア地域で起きている（Bankoff 2003: 28）．わけてもフィリピンは，エルニーニョが数年ごとに引き起こす干ばつのほか，毎年のように襲う台風や，地震，噴火など各種の自然災害に頻繁に見舞われている．たとえばフィリピンにおいて「災害の文化」（Culture of Disaster）を研究したG. バンコフ（Greg Bankoff）によれば，フィリピンは世界における自然災害の「ホット・スポット」の一つであり，1900から1991年までの間に，そうした自然災害が総計で702回，年平均で8回生じており，犠牲者は51,757人に達する（Bankoff 2003: 31）[11]．またT. Y. マテジョウスキー（T. Y. Matejowsky）は，フィリピンの *Daily Inquirer* 紙に紹介された赤十字社の報告を引用しながら，災害に対する脆弱性の度合いでフィリピンは世界第4位であることを指摘している（Matejowsky 2009: 180）．

　たまたま1991年3月末から1年間のサバティカル研修をフィリピンで過ごすことができた際には，その前後を含めて，繰り返す自然災害の恐ろしさを身をもって実感した．1990年7月に高原都市のバギオを襲った北部ルソン大地震では，5つ星のホリデイ・イン・ホテルが横倒しとなったほか，合わせて死者1,648人，総額400億ペソ（約1,600億円）の被害を出した．1991年6月には西部ルソンのピナトゥボ山が20世紀最大級の大噴火を起こし，周辺5州の二つの市と364の町村で33万家族，210万人が被災した．被害総額は100億ペソ（約400億円）に達する．

　同年11月には小型の台風ウリンがレイテ島の人口12万人のオルモック市を襲い，鉄砲水の大洪水により6,311人の死者行方不明者を生んだ．犠牲者の多くは，市を流れる川の中州に近年できたスクォター地区に住んでいた者たちであった．そこは低湿地でしばしば洪水に見舞われる危険な場所であり，居住地としては適していなかった．しかし，レイテ島の主産業であるサトウキビ栽培がアメリカの健康志向の影響で斜陽となり，そのためプラン

11）国家災害調整局（National Disaster Coordinating Council）は，1980年から2006年までの27年間に自然災害により，36,019人の死者・行方不明者が出たことを報告している（National Economic and Development Authority 2008: 20）．

テーションや製糖工場での職を失った者たちが市のインフォーマル・セクターの種々の雑業職を求めて流入し住み着くようになった．洪水被害を受けやすい川の真ん中に住んだのは，「彼らが貧しかったから」(加藤 1998: 236) であった[12]．

　オルモックの悲劇が示しているのは，災害は，社会的な弱者・貧者に最も大きな打撃と被害をもたらすことである．国家災害調整局も「フィリピンは，世界で最も災害を受けやすい国」であり，かつ「貧困と自然災害に対する脆弱性の間には密接な関連があり，互いに強化しあう関係にある」(National Disaster Coordinating Council 2005: v) ことを強調している．フィリピンの災害文化を研究したバンコフもまた，災害に対して特定の集団やコミュニティがきわめて脆弱であるのは，社会全体のなかでそれぞれの集団がどのような位置づけをされているかによることを指摘している．つまり，階級，ジェンダー，年齢，エスニシティ，障害などによって社会の周辺に置かれ，基本的な権利や必要物が十分に与えられていない人々の生活そのものが，いわば「恒常的な非常事態」にあるという．言い換えれば，災害弱者とは，国家が危険性を不平等に割り振っている特定の社会システムによって生み出され，災害との相乗効果によってその位置にとどめ置かれているのである (Bankoff 2003: 12)．

　災害が弱者・貧者を襲うことと，その背景を指摘する一方で，バンコフは熱帯地域の国々の災害被害に対する先進国からの救援や復興支援の枠組みが，かつての植民地主義の認識および介入の正当化の論理を引きずったままであることに注意と再考をうながしている．すなわち，かつて熱帯がヨーロッパと異なる劣位にある弱者または他者として位置づけられる際には，動植物相や気候，地勢，現住民の社会や文化の特異さが注目された．わけてもそうした環境下において生命や健康を脅かす各種の病気が猖獗をきわめることがいちばんの憂慮と関心であった．それゆえ 17 世紀から 20 世紀初頭にかけては「熱帯性」(tropicality) に関する事柄が言説の主流となり，「植民地

[12) その中州を作るアニラウ川は，全長 12 km しかない短さであり（多摩川は 138 km），台風の豪雨もオルモック市の背後の山中で，11 月 4 日からの 2 日間で 580 mm であった．さらにフィリピンは，翌 1992 年の乾季にはエルニーニョによる大干ばつに襲われ，農産物を中心として総額 65 億ペソの被害を受けた (清水 2003: 63)．

主義」はそれへの介入として正当化された．そうした人道的介入の頂点として，1899年にロンドン衛生学熱帯医学校が設立された (Bankoff 2003: 7)．

　第二次世界大戦後の冷戦下で繰り広げられた，東西両陣営の二つの異なる政治経済体制の「システム間競争」においては，疾病に変わって貧困が熱帯地域の主要な問題となった．それゆえに「開発」介入が正当化された．そして東西冷戦が終結した1990年代初頭からは，地球環境問題の深刻さへと西欧先進国の憂慮の対象が変わり，自然災害を中心としてより良き生を阻害する要因に対する社会の「脆弱性」が主要な問題となってきた．それに応じて，密接に関連する貧困問題も含め，災害に対する緊急の「救援」や長期にわたる支援の必要性が強調されるようになった．

　すなわち先進国から熱帯地域の国々に対する介入は，つねに熱帯地域の側にそれを必要とする要因があり，介入は善意に基づく正義として実践されてきた．熱帯性，低開発，そして災害に対する脆弱性の観念は，それぞれの時代において西欧の他者として熱帯の地域と人々を本質化かつ一般化するための，文化的な語り口であった．それらは，世界の広大な領域を占めている熱帯地域を疾病が猖獗し，貧困が圧倒し，災害に脆弱な地域との汚名を与え，そこに住む人々を西欧人より劣り，規律訓練を欠き，無力な，被害者として描いてきた (Bankoff 2003: 6-7, 14-17)．

　そうした欧米の眼差しを厳しく批判するバンコフは，現地の人々が長年にわたり災害に対峙し被災に対処するために蓄えてきた方途や生活の組み立て方を「災害文化」と呼び，積極的に評価している[13]．フィリピンは日本と同様に，あるいはそれ以上に頻繁に繰り返し自然災害に襲われている．そのために，人々は災害が例外的で異常な事態ではなく，むしろ逆に被災の可能性と対処の術を生活の構成一部として織り込みながら日々の暮らしを営んでいる (Bankoff 2003: 152-153)．バンコフが言及している例は，たとえばフィリピンの田舎の家が竹の床と壁，そしてニッパ椰子の屋根でつくられているこ

---

13) 同様に林は，自然災害を長期的なサイクルの一部として捉える視点の重要性を指摘している．そして開発途上国では，救援・復興・発展（開発）のそれぞれへの支援が必ずしも連結されているわけではないことによって，災害サイクルが，災害対応力強化という上昇のスパイラルとならないばかりか，下降のスパイラルとなり，貧困や紛争を誘発・悪化させかねないことを指摘している（林2010: 21）．

写真 7-1　アクラン州ドムガ村の引っ越し
出典：筆者撮影（1991 年 4 月 28 日）．

とである．それらは，植民地時代の総督府にも独立後の政府からも，「原始的」で「燃えやすく」，「不法居住者の仮住まい的」として否定され続けてきた．しかし，実際は建築素材が安く簡単に手に入るうえに，生活環境が悪くなれば，軽いので家ごと移転しやすく，また地震による被害を受けても軽微であり，たとえ倒れても深刻な被害を及ぼさない（写真 7-1）．

　また北ルソンと台湾との間のバシー海峡に浮かぶバターネス諸島は，台風に頻繁に襲われることをふまえて，伝統的な家屋は家を半地下で建てて屋根を低くしている．強風が当たる部分をなるべく狭くして台風被害を軽減する方策である．スペイン建築にしても，植民地化の当初は本国のデザインをそのまま踏襲したものであったが，1645 年 11 月 30 日の大震災によってほとんどが倒壊した後には，地震対策を取り入れた構造に変わった．扶壁（建物の壁を外側から支持する出っ張り構造）を多用し，建物本体の下方をずっしりと重くして安定を増す工夫が取り入れられた．教会の建物も高く空へ伸びることをあきらめ，「地震バロック」と呼ばれる腰を低く構えるようなデザイ

ンとなった．スペイン時代にマニラの中心部であったイントラムロス（城壁市街）の象徴的なスペイン風建物のカーサ・マニラも，純スペイン的意匠ではなく，そうしたフィリピン的な適応スタイルとスペイン・オリジナルとが混交したものであった．

　今でも農民たちが作付作物を単一とせず，多様な種類を植えるのを好むのは，病虫害や干ばつ，水害などの自然災害に対してリスク分散を図り，最低限の収穫を確保するためである．また1970年代に緑の革命が農民たちに受け入れられたのは，高い収量とともに，それ以上に結実までの生育期間が短く，干ばつや台風による被害を受けにくいからであった．さらに災害に対するリジリエンシーとしてさまざまな対応策を試みてもうまくゆかない時の最終的な選択は，被災地から転出し，より安全で生計の可能性がある土地で新たな生活を始めることである．元の居住地での生活が可能になれば戻ることもあるが，転出先にそのまま住み続け移住となる場合も多い．そうした移住は親戚・知人，同郷者の伝手を頼ってなされる場合が多く，その際には，パキキパグカプワ（仲間同士）というフィリピン社会の重要な道徳価値が[14]，受入れ側に相互扶助の行動を導く働きをする（Bankoff 2003: 162-168）．

　ただし最後の手段として，あるいは多々ある選択肢のなかの一つとして，移住によって自然災害に対応することは，フィリピンだけにかぎられたことではない．スマトラ沖地震津波（アチェ）の災害復興に深く関わった山本も，バンコフと同様に，防災や人道支援を考えるうえでは，対象社会の地元文化への理解が不可欠であることをまず指摘している．スマトラの場合は，もともと社会的流動性がきわめて高く，災害対応に引き付けて言えば，二つの重要な社会的生存基盤である住居と生業のかたちが固定されていない．住居の増改築が頻繁に行われ，しかも持ち主である居住者が自分で作業してしまう．また一つの職場で長く勤めるよりも日常的に転職の機会をうかがい，条件が合えば簡単に転職する．そのような流動性がきわめて高い社会では，各地でボランティアによって自発的・自生的に設置されたポスコと呼ばれる連絡事務所が，情報や救援物資のスムースな流通のためにネットワーク・ハブとし

---

14) パキキパグカプワという概念の詳しい内容については，清水（1998: 176-183）を参照．

て大きな役割を果たしたという（山本 2011: 56-58）．

　社会の流動性あるいは移動力の高い個人や社会が災害後の社会を生き抜くうえで非常に重要なのは，フィリピンやインドネシアにかぎらず日本でも同様であることを牧が指摘している．牧によれば，2004 年 10 月 23 日に発生した新潟県中越地震は，人口の高齢化が進行しているが地縁型コミュニティの力が強い中山間地を襲った．旧山古志村は「帰ろう山古志」を合言葉に復旧に取り組んだが，3 年後の 2007 年 12 月に仮設住宅も閉鎖され帰村が完了したとき，村に戻った世帯の割合は 52％にすぎなかった．しかし同じ地域にありながら行政区が異なるために復興支援のあり方が異なり，集落から転出する世帯に対する支援が実施された小千谷市の東山地区の帰村率も山古志村とまったく同じ 52％であった．それゆえ災害に見舞われると地縁型コミュニティの力の大小にかかわらず，地域からの転出が不可避であるという．

　さらに牧は，個人の移動性が高いことは社会としても流動性が高いことであり，そもそも日本の都市は，歴史的に培われてきた柔軟性と流動性を今もその根元に抱えていることを指摘する．それは，土地と建物が一体化したヨーロッパの「かたい都市」とは異なり，日本の都市が火災，地震，洪水といった自然災害にたびたび見舞われてきた事実と決して無関係ではないことを示唆する（牧 2011: 80-81）．日本は韓国や中国などの父系社会と異なり，父と母の双系の血縁をたどって親族関係を認知してシンセキをつくることや，伝統的には夏季の暑さ対策を重要視して家屋を建てることなど，東南アジア諸社会との共通性を多く有している（中根 1987）．災害への対処の仕方として，日本の都市や社会が本来もっていた柔軟性と流動性がもたらす可能性は再評価に値する．

5　ピナトゥボ山の大噴火（1991）と先住民アエタの被災・適応 ── 移住と民族の新生

　今からちょうど 20 年前，1991 年 6 月 3 日の夕方，九州島原半島の雲仙・普賢岳が噴火して火砕流を発生させた．それは火口東方の水無川に沿い，地

表を舐め上げるように猛スピードで流下した．直線距離にして 4 km 以上先にまで達する途中，警戒警備に当たっていた地元の消防団員と警察官，報道関係者（テレビ局と新聞社）とタクシーの運転手，観測調査中の 2 人の火山学者，そして農作業中の人らを瞬時に襲い，43 名の命を奪った．火砕流とは，火山の爆発にともない，高温の火山灰と溶岩が高熱ガスと混然一体となって山を駆け下るもので，温度は数百度，速度は時速数十から数百 km になる．

その噴火から 200 年前の 1792 年にも普賢岳が噴火し，より大規模な被災を引き起こした．噴火と眉山の大規模な崩壊により，大量の土砂が島原の街を横切り，有明海に向かって押し出された．有明海に達した土砂の衝撃は 10 m を超える高さの津波を発生させ，対岸の肥後天草の沿岸部を襲った．崩落土砂による島原側の死者は約 5,000 人，津波による天草側の死者は約 1 万人に達した．島原と天草の災害は合わせて「島原大変肥後迷惑」と称され，有史以来日本最大の火山災害となった[15]．

普賢岳の噴火に続いて同年 1991 年 6 月 15 日にフィリピン・ルソン島西部ピナトゥボ火山 (1,890 m) が大爆発を起こした．噴煙は上空 40 km にまで達し，太陽光を遮ってその夏の地球全体の平均気温を 1℃ 以上も下げた．爆発規模はその直前に起きた雲仙普賢岳の噴火の約 600 倍，20 世紀で最大級であった．大爆発の際に大火砕流が発生し，山を下りて避難することを最後まで拒み，山中の洞窟に避難していた者たちを襲って 103 人の命を奪った．また降り注いだ礫，砂，灰はピナトゥボ山腹や山麓の一帯に厚く積もり，自然環境を激変させた．同地で移動焼畑農耕と補助的な狩猟採集生活を送っていた先住民アエタの生活世界は壊滅した．そのため 3 万人ほどのアエタが山を下り，20 km ほど別々に離れた九つの再定住地に移って生活再建すること

[15) また，富士山も平安時代初期の 864 年（貞観 6 年）から 866 年（貞観 8 年）にかけて大噴火を起こし，噴出物の総量は約 7 億 m³（東京ドーム 124 万 m³ の約 550 個分）に達した．現在の青木が原樹海は，そのときの溶岩原の上に形成されたものである．また，富士五湖のうちの西湖と精進湖は，かつて富士山の北側に位置していた大きな湖である剗の海の一部が溶岩で埋まった後に残された部分である．その頃に起きた貞観地震による津波の規模は，3 月の東日本大震災による津波と同程度の規模であるといわれている．富士山は江戸時代中期の 1707 年（宝永 4 年）に噴火して以来，休火山ということになってはいる．しかし今回，貞観津波に匹敵する規模の津波が襲ったことから，貞観大噴火に匹敵する富士山の大噴火が再び起きる可能性は否定できない．

を余儀なくされた．

　噴火によって，それまで安住していた世界が一瞬のうちに崩壊したのである．空がかき曇り，天から灰砂が降り注ぎ，昼なのに夕暮れから夜の暗さに変わっていったとき，アエタの人たちは世界が終わると思った．泣き叫ぶ者たちもたくさんいたという．噴火の被災は個々人にとって身体的かつ精神的な苦痛と苦悩をともなう非日常の体験であり，生き延びた後には象徴的な死と再生の過程となった．と同時に，社会にとっても旧来の社会組織が一時的に無力化して機能不全となり，新たな社会編成を生み出す契機となった（詳しくは清水（2002）を参照）．ピナトゥボ・アエタにかぎらず，災害によって生存の危機に瀕した際には，自発的な助け合いと分かち合いが活発になり，「災害ユートピア」とも呼びうるような強い共同性を生み出すこともある（Solnit＝高月訳 2010）．

　また災害の後に「ご一新」とも呼ぶべき状況が生まれることは，たとえば関東大震災や第二次世界大戦中の米軍の無差別空襲による東京の炎上と壊滅，その後の焼跡闇市のアナーキーな活況を思い浮かべればよいだろう．そのなかで人々は，ほぼゼロからの生活再建のために，あらゆる知識と技術を再活性化し，身近な資材を活用して復興をめざした．と同時に，新状況に即した新たな生活様式の模索や，新しい社会の建設も同時に進められた．災害は，短期間のうちに危機的な状況を生み出すことで，その社会の成り立ちの特性や危機への対応能力，さらにはリジリエンシーなどを集約して明らかにする（Hoffman and Oliver-Smith＝若林訳 2006: 11–19）．

　本節で取り上げるアエタの場合，第二次世界大戦の末期に日本軍の数千の兵が彼らの生活域に逃げこみ，焼畑のイモを残らず食べ尽くしてしまった．そのため種イモさえ失ったアエタたちは，終戦後の飢饉を，山菜，野草や小動物に関する伝統知識を再活性化し最大限に活用することで乗り越えた．焼畑耕作民から採集に比重を置いた生活スタイルへと一時的に先祖帰りしたのである（Fox 1952）．それに対して 1991 年の大噴火は，アエタの若者やリーダーたちの間に，再定住地を新たな生活の拠点としフィリピン社会の正当な一員として生きてゆこうとする，未来志向の自覚を生み出した．筆者は，1977 年 10 月から 79 年 5 月までピナトゥボ山南西麓のカキリガン村に住ん

でフィールドワークを行い，博士論文を書き，それを改訂して『出来事の民族誌』(清水 1990) を出版した．また 1991 年 3 月末から 1 年間のフィリピン留学のチャンスを得ることができ，噴火の後は被災したアエタの友人知人たちの救援と復興支援のために日本の NGO ボランティアとして活動した．

5-1 世界を一変させた大噴火

アエタとは，フィリピンのルソン島西部，ピナトゥボ山麓の一帯で暮らす，ネグリート系の先住民である．成人の男子で 150 cm ほどの低身長，暗褐色の肌，縮毛などを身体的特徴としている．フィリピンでは，植民地の宗主国であったスペインとアメリカの影響により，今でも白人が力と美の理想を体現しているとされている．そのため地元の平地キリスト教民からは，学校教育もキリスト教の福音も知らない，遅れて劣った未開人と差別されてきた．

平地民の村の近くで定着的な生活をする一部のグループを除けば，そうした偏見と差別を嫌って，ほとんどのアエタは外界との接触を避け，ピナトゥボ山麓で移動焼畑農耕を主たる生業として，ほぼ自給自足の生活を営んできた．焼畑には，主食となるイモ類 (サツマイモ，タロイモ，キャッサバ) のほか，陸稲や豆類などを植えていた．ときどき麓までやってくる商人と物々交換して，鍋釜やナタなどの鉄製品や塩，マッチ，衣服などを得るために，商品作物としてバナナも栽培していた．生活は質素であったが，飢えに苦しむことはほとんどなかった．そうした生活も，1991 年 6 月のピナトゥボ山の大噴火によって激変した．

噴火の際の火山灰によって，山腹や山麓のアエタ集落の家々は埋まり屋根が落ちた．山頂から南西に 15 km ほど離れたカキリガン集落は 50-60 cm の灰と砂が積もった[16]．アエタの集落のほとんどは，渓流や水場の近くに位置していた．噴火の後に続く雨季の間に降った大雨のたびに，山腹に積もった

---

16) 20 km ほど東に離れた米軍のクラーク空軍基地も 50 cm ほどの灰砂に覆われ，噴火直後に降った雨を吸い込んだ灰の重みで格納庫の屋根などが軒並み落ちた．基地は 1 ヵ月ほど機能不全に陥り，さらには基地の貸与契約の延長に関してほぼ合意に達していた比米間の交渉が，復興費用を基地借用料から差し引く交渉をめぐって決裂した．そのため噴火から 1 年後には米軍基地が全土から撤去し，植民地支配の遺制からフィリピンが脱する結果を生んだ．

火山灰・砂が押し流されてラハール（土石流氾濫）となって下流を襲い，川岸の集落を埋めていった．大雨による土石流氾濫は，その後も数年にわたって続き，噴火の際よりもさらに甚大な被害を引き起こした．噴火災害の特徴は，長期にわたって深刻な被害が続くことである．筆者が暮らしたカキリガン集落も，3-4年のうちに数十m近くの土砂で跡形もなく埋もれてしまった．渓谷の地形も変わり，過去を偲ぶ手がかりは何も残っていない．

　大噴火が必至となったとき，その数日前からピナトゥボ山中のアエタに対して，ふもと町村の役場による避難誘導が積極的に行われ，大半のアエタたちは山を下り，学校や教会などに収容された．一時避難所に1-2週間ほど滞在して7月になってから，彼ら彼女らは大規模テント村に収容された．テント村で数ヵ月を過ごして年が改まるころ，アエタ被災者は，政府が造成した9ヵ所の再定住地に移って新生活を始めることになった．高床式の小さな家のほか0.2-0.3 haほどの農地が提供されたが，そこは石が多く荒れて乾燥しており，農業による自立はほとんど不可能であった．

　そのためアエタの新生活は，初めの半年ほどは米や缶詰などの食糧の配給に頼らざるを得なかった．しかしそれではアエタの依存を助長するだけであるとして，その後は，再定住地の道路その他のインフラ整備の工事で働いて米や現金をもらう，失業対策事業（Food / Cash for Work）に切り替えられた．それも1年ほどで打ち切られてしまった．一方で国内・国外のNGOが，豚の飼育や，手編み籠その他の手工芸品の製作販売などの生計プロジェクトを指導し支援したが，どれも成功しなかった．製品の出来が稚拙で，NGOの支援者らが優先的に買い上げてくれる以外に販路を開拓できなかったからである．そのため多くのアエタは，近隣の農家の農作業に雇われたり，建設工事現場の日雇い労働者となったりした．

　しかしそれだけの収入では不十分なので，ときどきは元の集落のあった所に戻って焼畑を開き，イモやバナナを植えるようになった．かつて噴火の前には，拠点となる集落と，毎年新たに開いて5，6年で循環させてゆく焼畑との距離は数百mから1 kmほどであった．それが焼畑まで20 kmほどの距離を1日かけて歩いてゆき，数日ほど滞在して集中的に伐採や除草などの畑仕事を行う，いわば遠距離通勤する焼畑農耕民となった次第である．再定

住地周辺での日雇い労働と焼畑農耕の比重の置き方は，家族ごとに異なった．

　噴火の2-3年後から，最低限の食糧確保のために旧来の焼畑農耕を少しずつ再開できるようになったのは，雨季の大雨のたびに山腹斜面に積もっていた灰砂が押し流され，植生が急速に回復してきたからであった．再定住地でのストレスの多い生活を嫌い，そこを完全に引き払い，噴火前の元の集落やその近くに戻り，伝統的な生活をする家族も出てきた．数年の間に，1-2割が山に戻ったと推定される．ただし，植生の回復がピナトゥボの全域ではなかったので，アエタたちの全員が山に戻って昔の生活を取り戻そうとしても不可能であった．

　結果として，大多数のアエタは，再定住地にとどまり，まったく新たな環境のなかでの生活に適応していった．表面的には，アエタ個々人の服装や生活スタイル，家庭の外で用いる言語などの面で，マジョリティである平地民的な生活スタイルの受容が進んだ．子どもたちは学校教育をとおして，フィリピノ語を学びフィリピン国民としての意識を育んだ．大人たちもまた，自分たちがフィリピン人であるからフィリピン政府が助けてくれることを理解した．以前，フィリピ人とは平地に住むキリスト教民（タガログ人やイロカノ人やサンバル人）を指し，髪が「直毛の人たち」とか「町の人たち」と同義であった．ピナトゥボ山麓に住む縮毛のアエタは，そうしたフィリピン人とは異なるとの自覚をもっていた．

　それが，再定住地で暮らすなかで平地民との頻繁な接触をとおして，とりわけ子どもたちは学校に通うことで，また大人たちは住民登録をして援助物資を受け，政府機関の役人と対応し，地方選挙や国政選挙へ参加することで，フィリピン人と自覚していった．と同時に，政府やNGOをはじめ自分たちに手厚い支援をしてくれる者たちの庇護的な温情も，逆に露骨に差別する者たちの蔑視も，いずれもがマジョリティのフィリピン人は異なる，自分たちの身体的・文化的特性のゆえであることも理解していた．フィリピン人である意識と，アエタである意識とが，二つながら同時に強化されていったのである．

5-2　先住民族の自覚と文化の意識化

　そうしたアエタ被災者たちが，これからも平地民の社会のなかで生きてゆかざるを得ないと覚悟をするとき，あるいは積極的に生きてゆこうとするとき，各再定住地のリーダーたちを中心に，格別な配慮と社会の最底辺ではない居場所を政府の役所に陳情したり，集会などで要求したりするようになった．多くの場合，そうした陳情や集会は NGO や各種の支援団体が準備したり支援したりして実現した．そうした際にリーダーたちは，自分たちがフィリピンに最初に渡来し島嶼を占有した先住民の直系の子孫であることを力説した．ピナトゥボ山の東麓に広がるクラーク米空軍基地が甚大な噴火被害を受け，翌年に米軍がフィリピンから撤退することになった際には，アメリカに奪われる前までは同地域がアエタの狩猟場であり，先祖伝来の土地であったとして，NGO の支援を受けながら返還要求の運動も展開した．

　そうした陳情や集会や運動などにおいては，噴火以前にはほとんど使われることのなかった先住民（*katutubo*）および文化（*kurutura*）という言葉を頻繁にもちいた．そして最初に渡来したとき以来の固有の文化を保持する集団であることの証として，男たちは公の場で，弓矢を手にした褌姿の装いをした．また，バンディと呼ばれる高額な婚資のやり取りをともなう結婚や，病気治しのためのマガニトと呼ばれる憑依セアンス，狩猟・採集・焼畑という生業とそれに関わる自然界の知識や世界観や儀礼などが，彼ら固有の文化であると説明された．

　噴火以前には，そうした個々の制度や慣行は個別の習慣（*ogali*）と考えられていた．そして噴火の前までは，ピナトゥボ山のいくつもの尾根筋によって分けられた渓谷ごとに別々のグループ意識をもち，それぞれの習慣と方言が少しずつ異なっていた．そのためアエタとしてまとまって一つの民族や先住民としての自覚や権利意識はほとんどなかった．しかし噴火以後に，習慣よりも包括性ある上位の概念として文化が頻繁にもちいられるようになった．そもそも文化は，NGO のスタッフがエンパワーメントのセミナーなどでもちいる新奇であいまいで漠然とした，ともすれば空虚な概念であった．しかし，先住民としての覚醒と主張のなかで，彼ら自身によっても文化とい

う言葉が，繰り返し語られることによって，文化は実体化あるいは実在化し，日常的でかつ重要な語彙となっていった．

　さらに皆が等しく噴火の被災と生活世界の激変を経験し，生活再建のための苦闘を共有してきたという自覚が生まれた．また復興のための各種支援や条件の良い土地の優先的な付与を要求するための連携をとおして，過去も現在も未来も同じ運命の下にあることを強く意識するようになった．噴火後に生じた変容をまとめれば，災害による環境の激変はアエタ社会を根本から揺り動かし，個々人の生活の多様化をはじめ社会の再編成と先住民意識の覚醒，それを支える文化の自覚と前景化，国際的な関心と支援のネットワークの積極的な活用などをもたらした．

6 おわりに ── 創造的復興を考える

　以上，ピナトゥボ大噴火とアエタ被災者たちの生活再建の苦闘からみたように，自然災害は，旧来の世界を全面的に壊すことによって，被災者たちに生死に関わる苦難と長期にわたる困窮をもたらした．しかし逆に，旧世界が崩壊し旧来の惰性が断ち切られることによって，新たな自己意識，生活様式，社会編成を可能とする／そうせざるを得ない，時空間が同時に開かれた．そのなかで彼らは，山に戻った一部を除けば，噴火以前の生活や社会へと戻るのではなく，フィリピン人であり先住民でもあるとの新たな自己認識を獲得し，フィリピン社会のなかの正当な一員であり同時に各段の配慮を求める権利を有する特別な存在であると主張した．

　彼らに生じた変化を一言でまとめれば，彼らが実際に暮らす世界の広がりと認識が，空間的かつ時間的に飛躍的な拡大を遂げたことであった．空間的にはピナトゥボ山の一帯と山麓にかぎられていた生活世界の果てのさらに向こうに，復興を支援してくれるマニラの政府や海外の外国政府・国際NGOがあり，それらとのつながりを強く意識するようになった．NGOに招かれ，頻繁にマニラへそして海外へと旅するリーダーたちも現れた．時間的には，先住民として遠い過去にさかのぼる歴史があることを意識するとともに，子

どもたちの将来や民族の未来を思うようになった．すなわち噴火前とは異なり，遠い過去と未来とにつながって位置づけられ意味づけられている「今」という，現在感覚をもつようになった．逆に言えば，「今，現在」を起点として，過去と未来の双方向に長く延伸された歴史意識や時間感覚をもつようになった．

さらにアエタの復興で特徴的なことは，生活の再建と社会の復興あるいは新生が，元々に住んでいたピナトゥボ山麓の故郷ではなく，そこから20 km以上離れた再定住地で新しくゼロから行われたことである．新しい土地での新しい社会の建設，そして新しい人間と民族の新生こそが，被災したアエタたちの創造的復興であった．ただし，それは噴火の灰砂が積り，大雨のたびにラハール氾濫を繰り返すピナトゥボ山麓に戻る選択肢がないためのやむを得ぬ選択であった．しかし他方で，噴火前からのアエタ社会の特徴は，きわめて高い流動性にあり，安全な他所への移住による災害対応は，災害文化としてアエタ社会に内包された危機対応システムと言うことができる．

噴火前のアエタ社会では，日常生活の安寧を脅かすような危機的な事態が生じた際には，拡大家族の数戸が家を捨てて別の土地へと簡単に移り住んでいた．危機的事態とは，病人や死者が続出する場合や，同じ集落に住む他の拡大家族（普通は親族姻戚関係がある）との間に不和や軋轢が生じた場合である．それ以外にも，より良い生活条件を求めて，親族や姻戚を頼って他の集落に移り住むことも多々あった（清水 1990: 158-161）．そもそもアエタの住居は，支柱も床も柱も壁も竹を材料とし，茅に似たクゴン草で屋根を葺いていた．作るのは容易だが頑強さに欠け，数年でさまざまな個所が痛んできて修理を必要としたり，時に台風や暴風雨などで家が壊れたりして新たにつくり直す必要があった．その際，別の場所に移って建て直すことも多々あった[17]．

噴火前のピナトゥボ山中・山麓でアエタが頻繁な移住を繰り返す理由や動

---

[17] ただし，アエタ自身が以下に語るように，ピナトゥボ山麓の一帯の生態・自然環境そのものが，アエタの「ホーム」であった．「アエタにとってわが家（ホーム）とは，村にある小屋でも，丘の斜面の焼き畑にある差し掛け小屋でも（なく，）──なだらかにうねる丘の連なりと山並みに包まれ，渓流と小川にうるおされ，雲と虹，そして太陽と星の天蓋に抱かれたすべての場所なのです」（清水 2003: 33）．

第 7 章　自然災害と社会のリジリエンシー（柔軟対応力）

機づけは，一言でまとめれば，そこで日常生活を送ることに対する何らかのストレスの過剰であった．そもそも移動焼畑農耕をする人々は，伐採する畑を一定のサイクルで循環させるとともに，拠点となる住居や集落も頻繁に移動させている．たとえば，北部ルソン・コルディエラ山脈のイロンゴットが集落を移動させる最大の理由は，首狩りの応酬に対する安全確保のための逃避であった (Rosaldo 1980)．またスコットは，東南アジア大陸部のミャンマーからタイ，ラオス，カンボジア，中国南部にかけて 300 m 以上のゾミアと呼ばれる山地に住む 1 億人の高地民は，平野部の国家が課する賦役や貢納を逃れるために，移動焼畑という生業と双系という親族関係を選択し維持し，丘陵部から山地に散在して移動を繰り返してきたと主張する (Scott 2009)[18]．

　先に紹介した山本や牧もまた，スマトラや日本においては，個人の移動力の高さや社会の流動性が災害に対するリジリエンシーを高めることを指摘している．それに対して，今回の大震災に対する日本政府の対応は，そうした移動によるリジリエンシーを念頭に置いていない．政府が設置した「東日本大震災復興構想会議」では，東北をよみがえらせるビジョンとして，「創造的復興を期す」ことが基本理念とされた．それは阪神・淡路大震災後に復興に携わった関係者らが掲げた理念を踏襲していた．その際の復興理念の枠組みは，大震災をシュンペーターのいう「創造的破壊」に等しいものと位置づけたうえで，21 世紀に通用する復興を目指すものであった（阪神・淡路大震災記念協会 2005: 777）．さらにその理念の淵源をたどれば，関東大震災に直面して，被災前から帝都東京の都市計画的改造を目指していた前東京市長で政府閣僚であった後藤新平が，「復旧などというけち臭い言葉をやめよ，更に数段の興隆が目標だ，即復興でなければならぬ，復興を唱えよ，復興を叫べ」と気勢を上げていたことに直接に結びついている（大矢根 2007: 19）．

　今回の創造的復興の内容について，五百旗頭真議長は「東北地方ができることなら，フロントランナーに浮上し，日本経済全体を引っ張ってくれるような前向きな復興をやるべきというのが基本的な考えだ（2011 年 6 月 11 日ロ

[18) ただし，スコット自身も認めているように，第二次世界大戦後には，鉄道，舗装道路，電話，飛行機やヘリコプターなどの「距離を粉砕する技術」によって，中央政府の監視と管轄から逃れることが困難になっている．

189

イター・インタビュー)」と語っている．被災地の再生とともに，それ以上に自然災害を奇禍として日本経済の復興を図る姿勢が明確にみてとれる[19]．前節までにみてきたフィリピンやインドネシアと違い，日本の復興の前提には，被災前の土地＝地域とコミュニティとが強固に一体化されたものとしてある．すなわち，災害によって上物建造物を破壊されて更地になった土地＝地域の上に，より頑強な建造物を再建し生活インフラを整備して豊かな社会の基礎をつくる．その復興過程で地域・コミュニティの発展と日本全体の経済振興とが共振しあい，一挙両得の好機として構想されている．たしかに阪神淡路大震災以前の被災地の現場では，原形復旧を原則として，実際にはある程度の改良復旧が行われたことに比べれば一歩も二歩も前進している．

　しかし復旧には元の状態の回復という明確な目標があることに比べて，復興は，ましてや創造的な復興には明確な目標を設定しがたい．あえて設定すると，経済主導の新たな開発主義となりかねない．そこでは人間と生活の論理よりも経済の論理が優勢されやすくなる．それに対して人間と生活に着目し重視した創造的復興とは，確定していない未来をより良いものにしてゆく企てとして，被災者個々人と社会のリジリエンシーを活かし，紆余曲折のプロセスとしてあるだろう．長期にわたるプロセスにおいては，被災地を離れて生活再建をする者たちも多く出てくるだろうし，被災地という土地＝地域だけには限定されない別の場所での生活再建も大いにありうるだろう．それをコミュニティの解体と捉えず，ネットワークで結ばれた新たなコミュニティとして構想し支援することも創造的復興の一つの可能性である．

---

19) 創造的復興の具体的な内容について同会議の検討委員である竹村真一は，最も大切なことは，「魅力ある東北」「希望の東北」を創造することであり，「人が出て行ってしまっては，東北の復興はない」と断言する．だから若者を引き付けるために，「未来」を感じられるような「新しい東北」の思い切ったデザインが必要であり，また東北の最大の資源は「人」であるから，町の復興より「人」の復興のため，地元の人間の「やる気」と「創造性」を最大限に引き出すような制度設計と，コミュニティの創造的維持が必要であるという．さらに創造的エネルギー政策や，創造的財政計画や，原発問題の創造的内部化などを論じた後，内向きの復興ではなく，「世界への応答と創造的外交が復興の要」と結ぶ (2011年6月14日，検討部会竹村専門委員提出資料 http://www.cas.go.jp/jp/fukkou/pdf/kentou8/takemura.pdf)．

参考文献

アジア防災センター 2002.『自然災害データブック 1901-2000・ADRC 20th Century Asian Natural Disasters Data Book』.
Bankoff, G. 2003. *Culture of Disaster: Society and Natural Hazard in the Philippines*, London and New York: Routledge Curzon.
Cullen, H. 2010. *The Weather of the Future: Heat Waves, Extreme Storms, and Other Scenes from a Climate-Changed Planet* [1st edition], Harper（熊谷玲美・大河内直彦訳『ウェザー・オブ・ザ・フューチャー —— 気候変動は世界をどう変えるか』シーエムシー出版, 2011 年）.
Dikötter, F. 2010. *Mao's Great Famine: The History of China's Most Devastating Catastrophe, 1958-1962*, Bloomsbury Publishing PLC（中川治子訳『毛沢東の大飢饉 —— 史上最も悲惨で破壊的な人災 1958-1962』草思社, 2011 年）.
Fox, R. 1952. "The Pinatubo Negritos: Their Useful Plants and Material Culture", *The Philippine Journal of Science*, 81(3-4): 173-414.
林勲男 2010.「総論：開発途上国における自然災害と復興支援」林勲男編著『自然災害と復興支援』明石書店.
阪神・淡路大震災記念協会 2005.『翔べフェニックス —— 創造的復興への群像』兵庫ジャーナル社.
Hoffman, S. M. and A. Oliver-Smith 2002. *Catastrophe and Culture: The Anthropology of Disaster*, School of Amer Research Press（若林佳史訳『災害の人類学 —— カタストロフィと文化』明石書店, 2006 年）.
ひょうご震災記念 21 世紀研究機構編 2011.『災害全書 ①災害概論』ぎょうせい.
加藤薫 1998.『大洪水で消えた街 —— レイテ島, 死者 8 千人の大災害』草思社.
川崎一朗 2011.「地震」ひょうご震災記念 21 世紀研究機構編『災害全書 ①災害概論』ぎょうせい.
河田惠昭 2011.「概論」ひょうご震災記念 21 世紀研究機構編『災害全書 ①災害概論』ぎょうせい.
牧紀夫 2011.「社会の流動性と防災 —— 日本の経験と技術を世界に伝えるために」『地域研究』11(2): 77-91.
Matejowsky, T. Y. 2009. "When the Lights Go Out: Understanding Natural Hazard and Merchant 'Brownout' Behavior in the Provincial Philippines", in Eric C. Jones and Arthur D. Murphy (eds), *The Political Economy of Hazards and Disasters*, Lanham: AltaMira Press.
水谷武司 2011.「防災基礎講座・地域特性編 —— 地域の自然・社会環境が災害の基礎要因である」/http://dil.bosai.go.jp/workshop/05kouza_chiiki/00toppage/index.htm（2011 年 12 月 10 日アクセス）.
内閣府 2011.『防災白書』佐伯印刷.
永井智哉 2002.『地球がもし 100 cm の球だったら』世界文化社.
中根千枝 1987.『社会人類学 —— アジア諸社会の考察』東京大学出版会.
National Disaster Coordinating Council 2005. *Natural Disaster Risk Management in the Philippines.*

National Economic and Development Authority 2008. *Mainstreaming Disaster Risk Reduction in Subnational Development Land Use / Physical Planning in the Philippines*, National Economic and Development Authority.
大矢根淳 2007.「被災地におけるコミュニティの復興とは」浦野正樹ほか編『復興コミュニティ論入門』弘文堂.
Philippine Daily Inquirer, 2003, Nov. 16, "Philippine Tops Disasters: Red Cross".
Rosaldo, R. 1980. *Ilongot Headhunting, 1883-1974: A Study in Society and History*, Stanford University Press.
酒井孝治 2003『地球学入門 ── 惑星地球と大気・海洋のシステム』東海大学出版会.
Scott, J. 2009. *The Art of not Being Governed: An Anarchist History of Upland Southeast Asia*, New Haven: Yale University Press.
清水展 1990.『出来事の民族誌 ── フィリピン・ネグリート社会の変化と持続』九州大学出版会.
──── 1998.「未来へ回帰する国家 ── フィリピン文化の語り方・描き方をめぐって」『立命館言語文化研究』9(3): 169-200.
──── 2003.『噴火のこだま ── ピナトゥボ・アエタの被災と新生をめぐる文化・開発・NGO』九州大学出版会.
──── 2009.「災害に立ち向かう地域 / 研究 ── 生存基盤持続型の発展に向けた再想像＝想像のための素描」Kyoto Working Papers on Area Studies No. 79.
Solnit, R. 2009. *A Paradise Built in Hell: The Extraordinary Communities That Arise in Disaster*, Viking Adult（高月園子訳『災害ユートピア ── なぜそのとき特別な共同体が立ち上るのか』亜紀書房，2010年）.
田家康 2011.『世界史を変えた異常気象 ── エルニーニョから歴史を読み説く』日本経済新聞出版社.
山本博之 2011.「災害対応の地域研究 ── 被災地調査から防災スマトラ・モデルへ」『地域研究』11(2): 49-61.
吉岡斉 2011a.「福島原発震災の政策的意味 (4) ── 原発事故・調査検証委員会」『反戦情報』322: 9-12.
──── 2011b.「福島原発震災の政策的意味 (5) ── 原発事故・調査検証委員会」『反戦情報』323.

第8章

熱帯社会におけるケアの実践と生存の質

西　真如

1　はじめに

　生存基盤指数は，人間の生存の場としての熱帯社会と温帯社会とを比較するうえで，新たな分析の枠組みを提起している．この指数は人間圏を評価するにあたって，生存の量的な側面を示す指標としての人口と，生存の質的な側面を示す指標としての世帯規模に着目する．その結果，この指数は生存の場としての熱帯社会の優位性を端的に表現するものとなっている．とはいえ，どのような指標にも解釈の曖昧さがつきまとう．人口や世帯といった，根深い論争をともなう概念をもちいた指数ではなおさら，その曖昧さが問題となるだろう．本章では，おもに本講座第3巻『人間圏の再構築』で提示された熱帯社会におけるケアの実践に関する議論に依拠しつつ，生存基盤指数が指し示す人間圏の評価をどのように解釈しうるのかという問題について，議論を提起したい．

　第3巻では，ケアの実践を一つのキーワードとして，熱帯社会の潜在力の再評価を試みている．生産性の向上を社会の中心的な課題とする知的枠組みのもとでは，どんなに好意的にみてもせいぜい「発展途上の」と形容するのが精一杯と考えられてきた熱帯社会は，生存の視座から見れば，豊かなケア

の実践に支えられたレジリアントな社会として認識されるのである．

1-1　生存の技術−制度的基盤，再生産のモード，ケアの実践

　ケアは，個々の人格に対して生存の倫理的な基礎を提供する．この認識がもつ人類史的な意義を理解するために重要な視点を提供しているのは，本講座第1巻第3章に示される長期的な人口転換の考察である．新石器革命以降の数千年にわたって，人類は多産多死によって特徴づけられる再生産のモードを継承してきた（本講座第1巻の図3-1を参照）．しかし近代以降の世界においては，保健医療体制の展開が，人類の再生産のモードを強く規定する要因となった．人類の再生産モードを規定する技術−制度的な基盤が，農耕と牧畜から保健医療にシフトしたといってもよいだろう．保健医療の普及は，感染症をはじめとする疾病や障害による死亡率を低下させる．人口の増加は平均寿命の延長によってもたらされるので，もはや集団（の労働力）を維持する目的で女性に多産を強いる必要はない．このような社会では，労働力の再生産という問題は，社会の編成を規定する中心性を（少なくとも潜在的には）失っている．代わって，労働力の再生産という枠組みでは捉えきれない問題が顕在化する．より長い人生を保障された個々の人格が，そのライフコースを価値あるものとして経験しうるかどうか，とりわけ長い高齢期を生きるとき，病や障害を抱えて生きるときに，どのような配慮を得られるかという問題が，人類の成員にとってより切実なものとなる（このことについては，本章の第2節で改めて述べる）．

　このような社会に生きる人々の生存の質は，生産活動と労働力の再生産を中心に編成される社会（production-oriented society）よりも，ケアの倫理と実践を中心に編成される社会（care-oriented society）において，よりよく達成されるはずである．とはいえ生存の技術的基盤および，それによって規定される再生産のモードが，つねに人格間の倫理的な関係を決定づけるわけではない．現に温帯諸国は，早くから近代人口転換（多産多死から少産少死への移行）を達成しながら，生産に偏重した生存へのアプローチをとり続けている．またそのことで，熱帯社会に対する優位を保ってきたかにみえる．温帯社会

は，囲い込まれた再生産領域としての核家族にケア労働を押しつけることで，ケアの実践に関わる経済的なコストを低く抑えることに成功してきたかにみえる．だがまさにそのことが，温帯社会における生存の停滞を招いているのではないか．

これに対して熱帯社会では，本章第4節で述べるとおり，対面的なケアの実践によって編成される人々のネットワークが，いたるところに張りめぐらされている．温帯諸国におけるケアの実践が，「囲い込まれた再生産領域」としての核家族に押しつけられてきたのとは対照的に，東南アジア社会におけるケアの実践は，より広い社会的なネットワークを構成している（本講座第3巻第4章）．東南アジアやアフリカの社会では，世帯，家族，および地域社会といった集団の単位が，ケアの実践に最適なものとして編成されてきた．またその結果として，生存の質を達成する潜在力では，熱帯社会が温帯社会を上回っている．温帯諸国とは対照的に，熱帯社会においては，繰り返し訪れる感染症や災害による喪失，および多様な価値の対立に直面しながらも，なおケアの実践を基礎としてレジリアントな社会を築こうとする伝統が見いだされるのである．

1-2 ケアの倫理と実践に関わる根深い論争

本章の議論で繰り返しもちいる「ケアの実践」という概念について，ここで簡単に定義を試みておきたい．ケアの実践は，人格間の直接的な関係において観察される，具体的な行為である．ケアの実践は，たとえば食料をもつ者ともたない者の間にあらわれるし，幼児と年長者との間にもあらわれる．ケアの実践はもちろん，病や障害，老いや死といった局面においても集約的にあらわれる．また別の視点から定義すると，ケアの実践は他者の生存を支える労働であると同時に，他者が生存する価値を承認する行為でもある．ケアの実践は，他者の生存に対する配慮という，ある種の倫理的な態度によって支えられている．「ケアの倫理」(the ethics of care) はもともと，ケア・フェミニストと呼ばれる一群の研究者たちによって提起されてきた概念であり，私たちの社会における支配的な価値観，すなわち生産労働にだけ社会的な価

値を付与する考え方や，ネオリベラルな社会観への対抗言説として捉えることができる (Fraser 1997: 51-62; Hughes 2002: 76-81).

　しかし同時にケアの倫理は，家族制度についての根深い論争から切り離すことのできない概念でもある．上野は，ケアの関係に人格的な相互行為としての側面があることを認めつつも（上野 2011: 184），分析上はケアを労働として扱い，かつ再生産労働の枠組みにおいて論じる立場を貫いている（上野 2011）．上野は，ケアの実践に人格的な価値を付与することは，（少なくとも欧米や日本社会の文脈では）結果的にケア労働を女性に押しつける抑圧的な家族制度を追認し，補強する効果があると考えている．これに対して本章では，温帯社会の家族制度に対する批判的な視座を上野の議論と共有しつつも，生存基盤指数が採用している世帯規模の指標を，倫理的な行為としてのケアの実践と結びつけて論じる立場をとる（このことについては第 3 節で述べる）．

　世帯規模で生存の質を計ろうとする試み（共住集団の大きさは，ケアの実践が行われる潜在的な可能性の大きさを示しているという仮説）には，当然ながら方法論上の制約があるし，集計によって重要な論点が捨て去られてしまうという問題もある．それ以上に，解釈の曖昧さは重大な問題である．端的に言えば，世帯とケアの実践の関係に注目する議論は，二つの異なる理論的・政策的なアプローチと結びつく可能性がある．一つは，特定の家族制度のもとでケアの実践を編成しようとするアプローチであり，もう一つは，ケアの実践に基づいて家族と地域社会とを把握しようとするアプローチである（本章第 3-3 節）．両者はことばのうえでは似ているようだが，その効果は全く違う．前者は，「囲い込まれた再生産領域」にケアの実践を押しつけてきた近代の温帯諸国に典型的にみられるアプローチであるのに対して，後者は，ケアの潜在力を最大限に引き出すことで，人々の生存の質を高めようとするアプローチである．この二つをできるだけ明確に区別したうえで，前者を批判し，後者の優位性を主張するために，本章の議論の大半が費やされている．

2 熱帯社会の人間圏を評価する

2-1 再生産のモードと人口

　生存基盤指数の特徴の一つは，人口への肯定的な評価である．人口指数は，インドをはじめとする南アジア社会の評価を押し上げる要因となっている．また今後，数世代にわたって顕著な人口増加が予想されているアフリカは，将来の評価が高まる可能性がじゅうぶんにある．撹乱要因として働いている暴力と感染症の制御に成功すれば，アフリカにおける人間圏の評価の高まりは，より顕著なものになるはずである．

　人口への肯定的な評価の根底にあるのは，所与の生態条件のもとでより多くの人口を持続的に生存せしめている社会は，持続的な生存基盤としてより高い評価を得るべきだという考え方であろう．個々の成員の生産性という観点からは，北米社会は依然としてインド社会よりも優位に立っている．しかし生存という観点からは，資源に恵まれた大陸を比較的小さな人口が占めることで，極端な資本集約型の発展を遂げた北米社会よりも，インドのようにかぎりある資源の利用と分配を徹底することで，大きな人口を生存させる方向に展開してきた社会のほうが高い評価を得ることは，理にかなっている．そのかぎりにおいてインドは，熱帯社会の発展経路の一つの規範的なあり方を示している．人口の増加によって土地希少社会への転換を迎えつつあるアフリカは，インド社会の経験から学ぶことができるかもしれない．ただしインドをはじめとする南アジア社会（および西アジア社会）は，男性人口に対する女性人口比（FMR）が，他の社会と比べて顕著に少ないという問題を抱えている．生存基盤指数は，FMRを考慮に入れることによって，女性の生存に対する抑圧の問題に配慮している．FMRの改善に成功すれば，南アジアにおける人間圏の評価は，今よりもずっと高いものになるだろう．

　人口を評価するうえでいま一つ重要な前提は，人間社会の「再生産のモード」である．本講座の第1巻第3章で述べられているように，人類はこの一万年の間に，少なくとも二度のドラマティックな人口転換を経験してい

る.最初の転換は,いわゆる新石器革命に続いて起こったものであり,もう一つは近代の人口転換である.新石器革命においては農耕と牧畜の導入が進んだ結果,感染症による死亡率が大幅に上昇した[1].死亡率の上昇は,出生数の上昇によって補われたが,多産の代償として女性の平均余命が低下した.つまり再生産のモードが「多産多死」である社会においては,人口の維持と女性の健康とはトレードオフの関係にある.

これに対して近代の人口転換は,死亡率と出生率の顕著な低下を特徴とする.近代以降の急激な人口増加をもたらしているのは,平均余命の著明な延長である.余命の延長をもたらした最大の要因は,保健医療体制の展開によって感染症をはじめとする疾病による死亡が減少したことである.高齢人口の増加は近代人口転換の大きな特徴であるが,この傾向は温帯諸国だけのものではなく,熱帯社会においても出生率の減少は顕著であり,近い将来に高齢人口の急増が見込まれる(図8-1,8-2).

その中で例外的なのはサハラ以南アフリカ諸国で,国連の推計によれば,2030年におけるサハラ以南アフリカの60歳以上人口は5.8%であり,インド(12.3%)や東南アジア(15.7%)と比べてもずいぶん低い値にとどまる[2].出生率が高く推移していることがその一因であるが,HIV感染症の蔓延による平均余命の停滞も大きく影響している(図8-3で1985-2005年のアフリカの平均余命が停滞しているのは,HIV / AIDSに起因する死亡の増加が主因である).南アフリカ共和国では,2030年の60歳以上人口は476万人になると予測されているが,HIV / AIDSに起因する死亡がゼロという仮定のもとでは,この数字は882万人に跳ね上がる(Velkoff and Kowal 2007).

もっともHIV対策の進展にともなって,アフリカにおける新規感染者は

---

1) 農耕生活はしばしば,感染症の流行に適した環境をつくり出した.また家畜との接触は,人類が新たな感染症に晒される機会を提供した(Diamond=倉骨訳2000: 300-305).たとえば麻疹(はしか)を引き起こすウイルスは,牛痘ウイルス(反芻動物に感染する病原体の一種)と遺伝子的に近縁であることが知られているが,これは人類がウシを家畜化する過程で,ウシに感染する病原体がヒトへの感染性を獲得し,麻疹ウイルスへと進化したためだと考えられる.そして農耕生活によって人口の集積が進んだ地域では,麻疹が繰り返し流行して集団の死亡率を上昇させることになる(加藤2010).

2) United Nations World Population Prospects (The 2010 Revision) On-line Database [http://esa.un.org/unpd/wpp/index.htm] を参照.

第 8 章　熱帯社会におけるケアの実践と生存の質

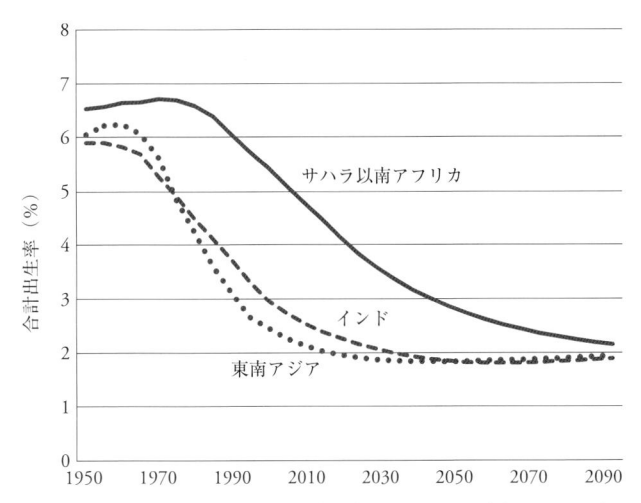

図 8-1　熱帯社会における出生率の推移および予測（1950-2100）
出典：United Nations World Population Prospects (the 2010 Revision) On-line Database
［http://esa.un.org/unpd/wpp/index.htm］より筆者作成.

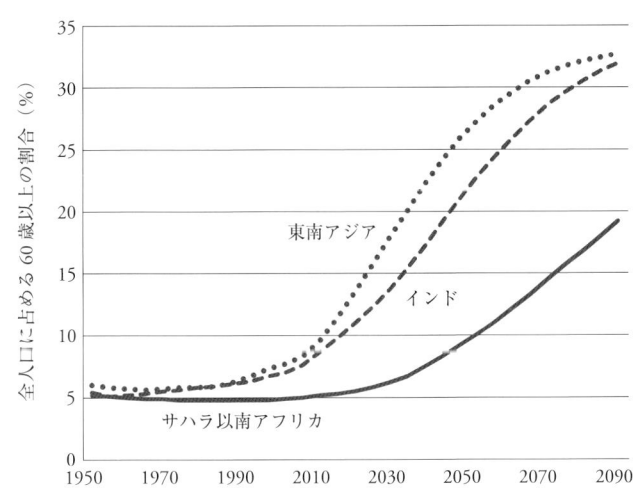

図 8-2　熱帯社会における 60 歳以上人口の推移および予測（1950-2100）
出典：図 8-1 に同じ.

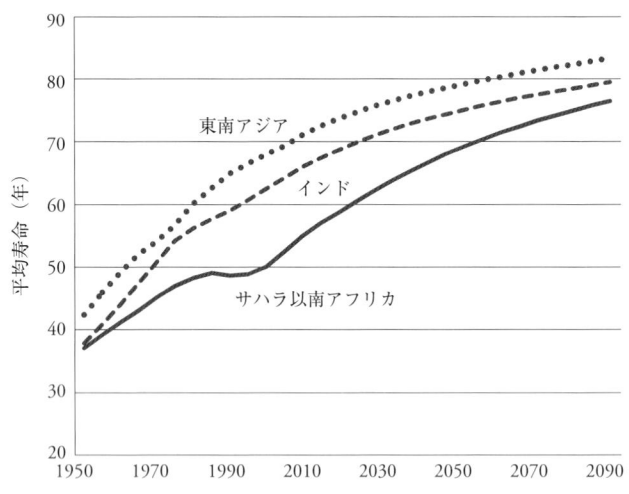

図8-3 熱帯社会における平均寿命の推移および予測（1950-2100）
出典：図8-1に同じ．

減少する傾向にあり（UNAIDS 2010），治療を受けているHIV陽性者の余命にも，顕著な改善がみられる（Mills et al. 2011）．サハラ以南アフリカにおけるHIV治療へのアクセス率は，2009年時点で37％にとどまっているが（UNAIDS 2010），この数字がどれだけ改善されるかによって，アフリカの今後の人口動態は大きく左右されるであろう．

　農耕と牧畜の普及が，最初の人口転換をもたらしたのに対して，現在の人口転換は，地球規模で展開する保健医療介入によって促進されるところが大きい．保健医療の普及による平均余命の伸長は，生存の前提条件に大きな変更を加える．第一に，多産を女性に強いることなく集団を維持することが容易になる．別の言い方をすれば，労働力の再生産という問題は，社会の編成を規定する中心性を（少なくとも潜在的には）失うことになる．第二に，労働力の再生産という枠組みでは決して捉えきれない問題が顕在化する．幼児から青年を経て老齢にいたるライフサイクルにおいて，生活の質をどう確保するかということが，人類の成員にとってより切実な課題となるのである．

2-2　世帯規模と生存の質

　人口が生存の量的な側面を代表するのに対して，生存の質的な側面を規定するのがケアの実践である．ケアの実践は，人格のレベルでは他者の生存に対する配慮と結びついているとともに，社会のレベルでは，災害や病や死や暴力といった撹乱要因に対するレジリアンスと結びついている（第3巻序章）．

　生存基盤指数では，ケアの実践に関する現実的な代理指標として世帯規模が選択されている．世帯（household）という概念は，複合的なものである．人類学の教科書では，世帯は「経済的な生産活動，消費，相続，子育て，および保護（shelter）が組織され遂行される，基礎的な居住単位」のように定義されている（Haviland et al. 2010: 490）．従来の民族誌的研究，とりわけ農村社会を扱ったものには，生産活動の主体（家族経営を行う小農）としての世帯が分析の対象となることが多かったように思われる．これに対して生存基盤指数は，世帯という現象を，生産活動が組織される場としてではなく，ケアが実践される空間として理解する．ケアの実践という枠組みで分析の対象となるのは，典型的には，消費における分配の過程に加えて，他者の生存に対する配慮に関わる実践全般，すなわち子育てや病者のケア，高齢者の生活の質を確保するためのサポートといったことである．

　ケアの実践は，具体的な人格間の直接的な関係において，具体的な行為としてあらわれるものである[3]．したがってケアの実践はたいていの場合，観察したり，数えたり，集計することができるはずである．しかし残念ながら，実際にケアの実践を集計する方法は確立されていないし，当然ながら集計されたデータも存在しない．ケアの実践を代理する指標として世帯規模が選ばれたのは，共住集団が大きいほうがケアする手の数も多いだろうという，きわめて単純な推測に基づく．ケアの実践は定義上，対面的なものでなければ

3）　ケアの実践は「他者の生存に対する配慮」という抽象的な倫理的態度（ケアの倫理）によって支えられているのだが，ケアの実践そのものは定義上，他者への具体的な働きかけをともなう．たとえばノディングズは，「他者のリアリティが，私にとって真の可能性となるとき，私はケアする」と述べるとともに（Noddings 2003: 14），具体的な他者を思いやる気持ちがあったとしても，その者への具体的な働きかけがなされていない間は，それが「ケアされる者のなかで完結していない」ゆえに，ケアの実践が成立していないのだと述べている（Noddings 2003: 11）．

ならない．相手の要請に応じて，すぐに手が伸ばせることは，ケアの関係が成立するための重要な前提である．「近接した空間で長い時間をともに過ごす」ことは，決してケアの実践そのものではないが，ケアの実践が可能になる前提条件の一つである．

　たとえば，善き育児の実践とは何かという問いには容易に答えられないとしても，育児の困難さの程度を決定する，かなり一般的な前提条件というのは考えられる．現代の日本社会で育児を経験した者の多くが痛感しているように，核家族におけるケア労働は，絶対的な手の数が足りない．一組の男女が生産労働とケアの責務を同時に引き受けなければならない状況は，時には「戦場」のように感じられるかもしれない[4]．保育所のようにケアを代行する制度はたいへん重宝なものだが，実際には保育所が対応してくれないニーズは山ほどある．これに対して，東南アジアやサハラ以南アフリカ諸社会における育児は，より広いケアのネットワークのなかで行われる．これらの社会における育児は，温帯社会とはずいぶん異なる経験なのである（本章第 4-1 節）．

　とはいえ，世帯規模を介した評価に一定の限界があることは，じゅうぶんに意識されてよい．第一にその評価は，ケアの実践を実際に集計した結果を示しているのではなく，ケアの実践が行われる可能性を示すものである．第二にこの方法には，世帯の外で実践されるさまざまなケアの営みを評価から排除してしまうという問題もある．第三に，家族はケアが実践される場であると同時に，暴力や抑圧の場にもなりうる．南アジアおよび西アジアは，世帯規模が最も大きな社会であるが，先述のとおり FMR が最も小さい（女性の人口が極端に少ない）社会でもあるために，人間圏としての評価が押し下げられている．

　もちろん FMR は，それ自体で女性への抑圧を理解するための完全な指標

---

[4] 『ニューズウイーク』誌に掲載されたある記事は，「治安状況が完璧になるのを待つのは，子づくりの時期をあれこれ悩むのと同じようなものだ．最高のタイミングなど，いつまでたっても訪れない」という発言を紹介している．これはアフガニスタンの治安状況がどれくらい改善すれば，米軍が撤退できるのかという問いに対する「欧米の外交筋」の発言である．アフガニスタン駐留軍が経験している問題を，欧米の日常生活の文脈に置き換えて説明するには，仕事と育児を両立させようとする両親の悩みを思い起こさせるのが手っ取り早いということであろう（「アフガン戦争の終わらせ方」『ニューズウイーク（日本版）』2010 年 7 月 14 日，p. 27）．

なのではない．重要なのは，社会によって異なる暴力や剥奪のあり方を理解し，ケアと抑圧との入り組んだ関係を明らかにするような思考の枠組みを，私たちがもちうることであり，FMR は，そのような思考を導入するために有効な指標の一つなのである（Nussbaum 2009）．

3 ケアの実践と集団の編成

3-1 「囲い込まれた再生産領域」としての家族

　女性の生存に対する抑圧を示す指標として，FMR はたいへん重要であるが，だからといって FMR が最も高い欧米や日本の社会は，女性への抑圧が最小の社会であると結論することはできない．家族制度と女性に対する抑圧との入り組んだ関係は，決して平均寿命だけで計れるようなものではない．「囲い込まれた再生産領域」としての家族は，そこでケア労働の担い手とされた女性にとり，きわめて抑圧的な領域となりうる．

　世帯は，家族とは異なる概念である．端的に言えば，お互いに「家族」の関係にない者が一つの世帯を構成する場合もありうるし，一つの「家族」が異なる世帯で生活することもある．しかし現実には，世帯と家族とを切り離して考えることは難しい．そして家族は，ジェンダー論者が明らかにしてきたように，非常に多くの問題を抱えた制度である．C. メイヤスー（Claude Meillassoux）が明らかにしたように，政治権力が労働力の再生産過程に対する統治を確立してゆく歴史的な過程のもとで「家族制共同体」は，女性を再生産の手段として従属させる抑圧的な装置として機能してきたのである（Meillassoux＝川田・原口訳 1977）．

　ケア労働と家族制度，そして社会的な抑圧の間には，根深い関係がある．にもかかわらずケアの倫理を提唱する論者は，人と人とのつながりを無条件に善いものとみなすことで，抑圧や不平等の問題を正面から扱わずにすませてきた（Hughes 2002; Tronto 1993）．たとえば代表的なケア論者の1人であるノディングズは，ギリシャ神話の女神ケレスと，旧約聖書に登場する父親ア

ブラハムとを対比させるという印象的なやり方で，ケアの倫理のエッセンスを説明している．アブラハムは神の命令にしたがってわが子を殺そうとする．アブラハムにとっては，わが子の恐怖を取り除きその信頼に応えることよりも，超越的な道徳原理との結びつきのほうが重要なのである．これに対して女神ケレスの物語は，母子の結びつきに対する深い共感に貫かれている（Noddings 2003）．ノディングズは自らの議論が，主流の道徳観に対する根源的な批判を提起するものだと考えている．しかしノディングズが母子の結びつきを無条件に善いものとして強調したことは結局のところ，母親として妻としての女性にケア労働を押しつけてきた欧米社会の伝統を，追認し補強する効果があったのではないかと疑われるのである．

　生存に対する抑圧は，ケアの社会関係のなかに分かちがたく浸透している．またその浸透の仕方は，いくつかの異なる形式をとる．近代資本主義社会において女性は，妻として母親として，またはある種の労働者としてケア労働に専念することを押しつけられてきただけではなく，ケア労働に専念することによって人格的な価値を否認されている．またケアする者として位置づけられることによって，ケアされる者であることから暗黙のうちに排除されてきた．こうした社会において女性が家族の一員としてケア労働を引き受けることは，自己を犠牲にすることに等しいのではないか．

　このような社会を前提とするならば，女性が自己犠牲を強いられないための唯一の道は，1人のほうがよいのだと宣言してしまうこと，つまり家族制度を否定することである．またそのような「おひとりさま」の老後を支えるケア労働は，公的な制度や市場をとおして調達するほかにないし，またそうするのが望ましいということになる（上野2007）．上野の議論は第一に，近代日本社会における家族関係を批判する一貫した態度に裏づけられており，とりわけ「男というビョーキは死ぬまで治らない」（上野 2007: 190）という批判は痛烈である．たしかに家族の一員が一方的に命令する以外のコミュニケーションの回路をもたず，他が自己犠牲以外の関係を知らなければ，そこでは永久にケアの関係が成立する可能性はないだろう．くわえて第二に，上野は近代的な家族制度は決してケアの強固な基盤ではないということを確信している．「壊れないみかけの背後で現実に家族は危機によって解散し，不

都合なメンバーを捨ててゆく」(上野 1994: 41) という凄みのある指摘は，ロマンチックで予定調和的な一切の家族観と，そこに付与される安易なケアの理想とを拒否する力がある．

　この地平に立ったときに重要なことは，際限のない自己犠牲を自らに課すか，不都合な者を捨てるかという選択肢のほかに，持続的なケアの実践が可能になるような別の関わり方を見いだすことであろう．そのような関わり方が，「囲い込まれた再生産領域」としての近代家族の枠組みとは，根源的に異なるものであることは疑いようがない．この地平からケアの実践に関する考察を進めるために，次節では，家庭を事実上もたない者に対して種々のケアの実践が行われている日本国内の事例について検討したい．大阪市西成区の「サポーティブハウス」の事例である．

3-2　ケアのネットワークとしての地域社会

　サポーティブハウスとは，生活支援を必要とする高齢の単身男性向け共同住宅の通称である．大阪市西成区の通称「釜ヶ崎」地区では現在，十数軒のサポーティブハウスが運営されており，その多くは日雇労働者向けの簡易宿泊所を共同住宅に転用したものである[5]．

　日雇労働者のまちとして知られる釜ヶ崎の成立は，明治末期にさかのぼる[6]．日本経済の世界資本主義システムへの統合が進んだ大正期には，大阪はアジア最大の商工業都市に成長しており，市内では安価な労働力の供給源としての「スラム生活圏」が形成されていた (杉原・玉井 1996: 9-11)．当時の釜ヶ崎で生活する貧困世帯は，典型的には，世帯主の男性が荷役などの非熟練肉体労働に従事し，妻と子が劣悪な条件の工場労働に就くことで，生計を維持していた (木曽 1996)．ところが釜ヶ崎の人口構成は，戦後の高度成長期になって大きく変容したことが知られている．1960 年代になると，大

---

[5]　サポーティブハウスの設立についてより詳しい経緯は，稲田 (2011: 327-335) を参照．
[6]　明治中期まで大阪市内で最大の貧民街であった名護町が，流行病対策の名のもとに解体されたのち，当時の西成郡今宮村に，釜ヶ崎の原型となる木賃宿街が成立した経緯がある．大阪市のスラムクリアランス政策を背景に釜ヶ崎が成立した経緯は加藤 (2002: 92-119) に詳しい．

阪市のスラム対策のもとで釜ヶ崎の「家族持ち」は市内各地の公営住宅に分散させられ，代わって地区内には，単身男性労働者を滞在させる簡易宿舎の集積が進んだ（原口2010）．巨大な建設プロジェクトが次々に遂行された高度成長期の関西経済にとって，建設労働に従事する安価でフレキシブルな労働力の確保は死活問題であった．その需要に最適な単身男性労働者を供給する拠点となったのが，60年代以降の釜ヶ崎であった．

　釜ヶ崎の単身労働者のなかには，種々の事情から安定した家族形成に縁のなかった者が多い（妻木・堤 2010: 173-182）．また日雇い労働という就労形態もあって，日常生活を送るうえで必要なスキルを身につける機会がないまま年齢を重ねてきた者も少なくない．釜ヶ崎の地域社会が現在，直面している困難な課題は，広範な「生活障害」を抱えた単身高齢者のケアである．釜ヶ崎の単身高齢者は，過酷な労働によって身体の機能が著しく低下している例が多いのみならず，健康を保つために規則的に食事をとり服薬を遵守するといったことがきわめて困難な者もいる．隣人や行政窓口の担当者，およびケア提供者と信頼関係を築くためのコミュニケーションが著しく困難である者も少なくない．日常生活の質を保つための広範なスキルの欠如という「障害」を抱えて生きることの困難さは，本人とその周囲にいる者でなければ容易に理解されない．サポーティブハウスの経営者とスタッフによる「見守り」と生活支援がなければ，生活保護による現金給付を，入居者の生活の質に結びつけることは難しい[7]．入居者のなかには「ここで死にたい」と言う者もあり，実際に経営者とスタッフが入居者の死を看取り，葬式を出す場合もある．孤独な死を迎えることが多い釜ヶ崎の単身高齢者にとって，死の恐怖は

---

[7]　サポーティブハウスが入居者に提供する支援の内容については，NPO法人釜ヶ崎のまち再生フォーラムのウェブページにある説明がわかりやすい．それによれば，「入居者が抱えているさまざまな個人的事情」によって異なるものの，「生活保護申請手続きの介助，金銭管理，安否確認，居室や共用部分の清掃，サラ金問題の相談，服薬時間の管理や見守り，入居者同士のトラブルの仲裁，入退院手続きの介助や入院中の見舞い，介護保険の相談など」があり，加えて「入居者同士の交流を促し，また入居者と地域社会との接点をつくる」ことも重要な課題である（「サポーティブハウス」[http://www.kamagasaki-forum.com/ja/sapohouse/index.html]）．ほとんどが生活保護の受給者である入居者の経済的な事情にあわせて，サポーティブハウスの入居費がきわめて低く抑えられていることを考えれば，これほど広範なサービスが提供されていることは驚くほかない．サポーティブハウスの経営については稲田（2011）も参照．

差し迫った問題であり，その孤独と恐怖を緩和する看取りのニーズは，彼らの人生の質そのものに関わる問題なのである[8]．

単身男性として生きた彼らは，社会の再生産過程からは切り離されてきたし，生産活動における安価な労働力として必要とされたのも過去のことである．高齢を迎えた彼らが制度上要求できるのは生活保護として提供される現金だけで，他のいかなるものへの依存も予定されていない．公的な介護保険制度は，サポーティブハウスに入居する高齢者にとっては，ほとんど役に立たない．この制度は基本的に，恒久的な介護主体としての家族の存在を前提としている（つまり，介護する家族を支援する制度として設計されている）からである．

このような状況にあって，釜ヶ崎のまちには，「生活障害」を抱えた単身高齢者の生と死を受け容れ，支えようとする有形・無形の活動が根づいているようにみえる[9]．ここで紹介したサポーティブハウスの活動も，実際には地域社会が提供する面的なケアのネットワークの一部として成立している．釜ヶ崎の地域社会が提供するのは，かつては日雇い労働者として，現在は「生活障害」を抱える高齢者として生きる者のライフサイクルそのものに対するケアであるといえる．

釜ヶ崎の事例は，家族制度を前提としないケア労働の実践という視点からは，上野の議論を補強するものであるようにみえるが，釜ヶ崎におけるケアの実践は，上野の理論的な前提と相容れないところがある．というのも上野の議論には，他人に依存したり他人の庇護を求めない代わりに，なるべく他人にも迷惑をかけない自立した個人を理想とする考え方がにじみでている．たとえば介護される者は，高いコミュニケーション能力をもっていること，賢い消費者であることが望ましいという（上野 2007: 185-212）．だがそのような前提が，ケアの実践を組織するためにどこまで有効なのかは疑わしい．個人を近代家族と自己犠牲としてのケア労働から解放したとしても，公的な制

---

[8] 単身高齢男性の「生活障害」とサポーティブハウスの運営についての本章の記述は，すでに挙げた文献のほか，特定非営利活動法人ヘルス・サポート大阪理事の井戸武實氏，サポーティブハウス陽だまり代表の宮地泰子氏の口述を参考にさせていただいた．
[9] 原口他編（2011）の各章の記述が参考になる．

度や市場や市民的なネットワークの枠組みのなかで，ケアする者とケアされる者との間に庇護や依存といった関係が呼び戻されることは不可避であるように思われる．

　上野はまた，人類にとって家族の形態はきわめて多様であるけれども，少なくとも自発的で選択的な関係を家族とは呼ばないのではないかと述べている（上野 1994: 40）．この指摘はたしかに的を射ている．あまりにも縛りの多い近代家族のイデオロギーから解放されて，自発的なアソシエーションのなかで生きてゆくという考え方は魅力的でもある．しかしケアの実践そのものは，自発的で選択的な関係によって成立しているとは言いがたい．ケアの実践には，ケアされることなしに生存が見込めない者が目の前にいることによって，ケアすることを強いられるという局面がある．あるいは，自らがケアされることなしに生存できないことを理由に，われわれはケアを強いることがある．ケアの実践は，自由な個人による主体的な行為である以上に，人格間相互の，あるいは一方的な依存の上に築かれるものなのである．

3-3　ケアの実践によって規定される社会の編成

　上野は，家族による介護は決して歴史的な必然ではなく，かつ家族介護が望ましいかどうかは「文脈による」と述べている（上野 2011: 133）．この言明の正しさは疑いようもないのだが，本章は「家族によるケアの実践は望ましいかどうか」というかたちで問いを立てるよりも，「ケアの実践に最適なものとして編成される社会とはどのようなものか」という問いのもとで，ケアの潜在力を最大限に引き出すような世帯や家族，地域社会の編成について考察する立場をとる．重要なのは，囲い込まれた近代家族に対する根源的な批判をふまえながら，同時に人格の相互依存性を積極的に認めつつ，開かれたケアのネットワークを想像しうることであるように思われる．そのような構想の例として，政治哲学者の N. フレイザー（Nancy Fraser）による universal caregiver model（誰もがケアの担い手であることを前提とした社会編成のモデル）を挙げることができる．フレイザーが言うように，生産活動に従事すること，すなわち「稼ぎ手」であることが市民にとっての普遍的な価値とされる

ような社会では，ケア労働は固有の価値をもたず，市民にふさわしい労働や活動をなすことへの障害としてしか認識されない (Fraser 1997: 54-55)．そこで彼女は，「脱工業化福祉国家」が目指すべき理念的モデルとして，すべての市民がケアの担い手であるような社会を提起している (Fraser 1997: 59-62)．フレイザーによれば，そこではすべての雇用は，誰もが労働者であると同時にケアする者であるという前提で設計されている．またケア労働のなかには，依然として世帯内で行われるものもあるが，ここでいう世帯は必ずしも核家族を意味しない．誰もがケアする者であるという前提は，既存の公的な制度の枠組みと，囲い込まれた家庭の枠組みとを同時に解消し，ケア労働の場としての市民社会を登場させるからである (Fraser 1997: 61-62)．

フレイザーの universal caregiver model は，あくまで理念上のモデルであり，現実に存在する社会ではない．この理念上のモデルが現実のものであるとすれば，それは世帯と家族，地域社会と市民社会[10]といった集団の単位が，ケアの実践に最適なものとして編成されているような社会であり，同時に政府が，ケアの実践という視点からこれらの単位を把握し，適切なサポートを提供する社会である．

これは（少なくとも日本や欧米社会の文脈では）あまりにも現実からかけ離れており，全く実現の見込みがないモデルでように思えるかもしれない．しかし注意深くみていれば，非常に興味深い事例に出くわすことはある．ケアの実践に基づいて編成される地域社会の実例としては，前の節で取り上げた，釜ヶ崎にみられる「生活障害」を抱えた単身高齢者へのサポートがもっともよい実例であろう．家族制度の外側で，かつ政府の支援が限られているところで，ケアのネットワークとして地域社会が果たしうる役割とその限界を考えるうえで，非常に重要な事例である．

他方で，ケアの実践という視点から家族を把握するような政策の事例としては，「家族を対象とした HIV 介入」（family-oriented HIV interventions）の試み

---

10) 地域社会と市民社会は，非常に異なった含意をもちうる用語であるが，本章では互換的な（実質的に同じ内容を指し示す）語としてもちいている．ケアの実践によって編成されるネットワークについて論じる文脈で，世帯や家族よりも大きなまとまりを実体的なものとして指し示すためにこれらの語がもちいられる場合には，両者の区別は必ずしも重要ではないと思われるからである．

を挙げることができる．HIV 感染症は，生涯にわたって治療が必要な疾患であり，性的パートナー間や母子間をはじめ家族間での感染のリスクもあることから，陽性者個人ではなく陽性者とその家族を対象とした支援が効果的である．米国立精神衛生研究所（NIMH）が設置する「家族と HIV / AIDS」コンソーシアムは，家族を「相互関与のネットワーク」(networks of mutual commitment）と定義している（Pequegnat et al. 2001: 2）．このような漠然とした定義は，ほとんど意味をなさないように思えるかもしれないが，背景にはHIV の影響を受けた家族の形態があまりにも多様であり，その流動性や境界の不確かさを考慮すれば，従来の家族の定義はほとんど役に立たないという事情がある（Pequegnat and Szapocznik 2000）．NIMH の W. ペケニエ（Willo Pequegnat）らは，当事者からの聞き取り調査に基づいて家族関係を決定することを推奨している．ペケニエらが示す方法は，当事者の家族関係（当事者が「家族同様」だとみなす者も含まれる）を図示する作業を経たうえで，関係の強さや持続性を考慮し，さらに当事者への経済的および精神的な支援を提供する者は誰か，当事者が最も居心地良いと感じる者，および最も反発・葛藤を感じる者は誰かというような項目を含む聞き取りを行うという，手の込んだものである（Pequegnat et al. 2001: 3-4）．

　いわゆる核家族の通念とも，法的に規定される家族関係とも異なる家族のあり方をペケニエらは，「拡大された」「多文化的な」「ポストモダン形態の」といった，家族の構造に関するさまざまな語彙を駆使して説明しようとしている（Pequegnat et al. 2001: 2, 3）．しかし実際に彼女らが把握しようとしているのは特定の「構造」によって規定される家族というよりは，ケアの実践によって編成される親密なネットワークのはずであり，方法論上の試行錯誤があるにしても，それは「相互関与のネットワーク」という視点から家族を再構築するという一貫した目的に服するものなのである．

4 熱帯社会におけるケアの実践 ── アフリカ社会の事例を中心に

　ケアの実践によって編成されるような社会のあり方は，日本や欧米社会で

は「注意深くみれば」その事例を発見できると先に述べた．この事情は，東南アジアやサハラ以南アフリカ社会では全く異なるように思われる．これら社会では，ケアの実践によって編成されるネットワークがいたるところに張りめぐらされている．以下では，アフリカ社会の事例を中心に取り上げながら，子育て，食料の分配，病と障害，老いと死という順に，日常生活のなかでケアの実践が顕在化する局面を追うかたちで，その素描を試みたい．

4-1　子育て

　熱帯社会におけるケアのネットワークの豊かさを示すために，子育ては格好の題材である．これら社会では，子どもをケアする役割が生物学的な母親，あるいは核家族に押しつけられているのではなく，より広いネットワークの中に埋め込まれている事例に事欠かない．これはたとえば，いわゆる「エイズによる孤児」のケアを考えるうえで重要である．サハラ以南アフリカ諸国では，HIV感染率が高く，エイズにより片親あるいは両親を失う子が多い．こうした子どもたちは，拡大家族の成員による養育を期待できる．HIV感染の拡大といった危機において，次の世代を養育する力を失わないという意味で，レジリアントな社会であるといえるだろう[11]．

　もっとも，両親の死亡といった重大な危機に対するセーフティネットとしてのみ，地域社会における子育てのネットワークが把握されるのではない．むしろそれは，日常生活のなかに埋め込まれたものなのである．たとえば筆者が調査村でよく滞在する家に，近所の4歳になる女の子が居着いていたことがあった．彼女は，食事はもちろん，眠るときも自宅に戻る気配がなかった．聞いたところでは，何か特別な事情があるわけでもなく，たんに彼女の自宅には年の近い子どもがいないというだけの理由らしい．彼女は，いつも年上の女の子に遊んでもらえる近所の家に居着いていたというわけである．

---

[11] ただし拡大家族が危機に対処する能力には限界があり，とりわけ経済的な余裕のない家族では，孤児の養育は大きな負担となる．島田によれば，ザンビアの農村社会においては，HIV / AIDS に起因すると思われる「過剰な死」が，多くの拡大家族に労働力不足と孤児養育の負担増をもたらしている（島田 2007: 217-222）．

こうした育児環境の柔軟さを示す事例は，東南アジアやサハラ以南アフリカでフィールドワークを行った研究者にとっては，決して珍しいものではないだろう．

南部アフリカの狩猟採集民として知られるサンの母子関係については，高田が興味深い議論を展開している．詳しくは本講座第3巻第1章を参照していただくことにして，ここでは要旨のみ述べる．サンの母子関係に関する過去の研究では，母子の「密着度の高さ」に注目した報告が注目を集めた．狩猟や採集に基づく生活様式は，「ヒト本来の子育て」と結びついているという憶測から，乳児と母親の強固な関係を「ヒトの種としての特徴」とみなすモデルが構築された．高田の研究は，このモデルの見直しを促すものである．高田の観察では，サンの母子接触は年齢とともに急速に低下し，1歳児ですでに，母親以外の者との接触時間が，母親との接触を上回る．同時に乳幼児は，非常に早い時期から，様々な年齢の子どもを含む遊びのグループ (multi-aged child group) に編入されている (Takada 2010 も参照)．

他方で東南アジアの事例としては，子 (および高齢者) の世帯間移動に関する佐藤の考察が参考になる (本講座第3巻第2章)．一般にカンボジア社会では，夫婦と未婚の子からなる核家族の形態が優勢とされるが，子の世帯間移動が頻繁で，かつその形態も多様である．そのため子どもの所属を「世帯を単位とした枠組みに押し込むには困難を伴う」ほどである (佐藤 2009: 182)．移動の動機としては，貧困のため十分な食事や教育機会を与えられないとか，親が多忙で子を十分にケアできない，といったことが挙げられる．一例だが，父親の暴力から逃れるため，という事情も見受けられる (第3巻の表2-1を参照)．ほとんどの事例で，移動元の世帯よりも移動先の世帯のほうが所得が高く，移動した子は就学しており，世帯の生産活動には従事させられていない．カンボジアの農村では，子の移動とともに高齢者の世帯間移動も頻繁であり，いずれの移動も通常，ボーン・プオーンと呼ばれる，親族のつながりに基づいた緩やかなネットワークに沿って行われる．このネットワークはまた，夫婦の死別や離別といった世帯の危機に対処するうえでも，重要な役割を果たす．

佐藤の研究は，カンボジアの地域社会を構成する，濃密なケアのネット

ワークを明らかにしている．ところが佐藤によれば，研究者のなかには，カンボジア社会は相互扶助の機能が弱く個人主義的であると考える者も少なくないらしい．またこうした研究者のなかには，在来の相互扶助慣行がポル・ポト政権期に消滅したのだと考える者もいるようだ (佐藤 2009: 181-182)．このような見解の違いが生じる背景は複雑であろうが，一つの視点としては，生産局面における相互扶助の実践 (たとえば農繁期の労働交換) だけに着目するのと，佐藤のようにケアの局面における相互扶助の実践を中心に分析するのとでは，同じ社会でもずいぶん違って見えるのかもしれない．

4-2　分与の共同体

　育児とならんで，食料の分配は人間社会における基本的なケアの実践の形態の一つである．アフリカ社会を生態人類学的あるいは農業経済学的なアプローチから考察する研究者にとって，食物の獲得・生産とその消費過程の間に介在する分配のプロセスは，主要な関心事項の一つとなってきた．またその背景には，当の人々がどのようにして自らの生存を確保してきたかという問題意識がある．こうした研究者がアフリカの社会に見いだしてきたのは，生産の技術や組織よりも，分配の規範によって基礎づけられる社会である．たとえば今村は，カラハリ狩猟採集民の社会を，資源の最大の共有を規範とする「シェアリング・システム」によって把握しようとする興味深い考察を行っている (今村 2006, 2010)．生産活動における共同と，消費の局面における分配とは，「シェアリングの規範」によって統一的に把握することができる．今村の定義によれば，シェアリングとは「シェアできる」「参加できる」可能性が社会全体に満ちていることである．それは，個人レベルでは彼/彼女が行動する場合「分けてもらえるはずだ」という確信を支える潜在性であり，社会のレベルでは，成員の生存をすくい上げようとする社会全体のポテンシャルでもあるという (今村 2006: 113-120)．

　掛谷は，ザンビアで焼畑を営むベンバ社会における生産と労働，および配分の過程を，「平準化機構」という概念によって把握しようとした (掛谷 1994, 1996)．掛谷は次のように記している．「サーリンズが，『家族制生産

様式論』で強調したように，ベンバの村社会では，生産はなによりも世帯員の要求を満たす活動であり，それゆえ生産を拡大する傾向をもたず，むしろ必要量を下回る「過少生産」の傾向をもつ．そして「過少生産」は，世帯間の生産量の差異を平準化する機構と連動しつつ，濃厚な対面関係を基礎とする社会での，人々の共存を支えてきたのである．それは，より多くをもつ者が他者に分与することを当然とする社会倫理に裏打ちされており，互酬性と共存の論理を繰り込んだ生計経済の表現である」(掛谷 1994: 136)．

また杉村は，ザイール（コンゴ民主共和国）南東部の熱帯雨林で焼畑を営むクム社会を，トアと呼ばれる共食集団を中心に編成される「消費の共同体」として把握しようとする（杉村 2004）．杉村の観察によれば，トアの共食をとおして，子沢山の世帯に対する実質的な食糧の配分が行われている．加えてトアは，病気や怪我によって生産労働にたずさわれない場合の一時的な「社会保障」として機能しており，「生活力のない者の扶養」を担う単位にもなっているという（杉村 2004: 145-148）．

杉村は，「消費の共同体」としてのアフリカ農村社会を，日本やヨーロッパに典型的な「労働の共同体」と比較している．日本やヨーロッパにおいては，土地への長期的な投資，および労働手段の改良が農業生産性の向上をもたらした．農村共同体を規定してきたのは，土地と人との結びつきの様態（たとえば土地の所有形態）であり，また物的生産の次元における成員間の結びつき（たとえば共同労働）であった．これに対してアフリカ農村社会においては，土地に対する排他的な権利の形成を最小限にとどめつつ，対照的に人と人との関係，すなわち食糧の分配を可能にする社会関係に積極的な投資を行う（杉村 2004: 392-396）．農業内部への蓄積を前提としてアフリカ農民社会を捉えようとすると，そこからは，生活の安定を図るための「先行的配慮に欠けた」社会という理解しか得られない．というのも，土地の所有と改変，労働手段の発達というような形態での蓄積は，アフリカ農村には（少なくとも土地豊富社会とみなせるところでは）最小限しかみられないからである（杉村 2004: 395）．ベリーもまた，アフリカの農村社会に生きる人々は，土地への排他的なアクセス権を確立することによってではなく，むしろ資源への交渉可能性をなるべく開いておきながら，同時に社会的なネットワークに積極的

に投資することによって，生存の可能性を最大化してきたのだと論じる (Berry 1993: 195)．

とはいえ「平準化機構」，「消費の共同体」および「シェアリング・システム」といった個々の仮説が，現実の社会における人々のふるまいを説明する原理としてどこまで妥当であるかは，なお議論を必要とする問題である．このことに関連して木村は，制度論的な平等性よりも，相互行為論的な対等性の概念によって，カメルーンの狩猟採集民における分配行動をよりよく説明できるのではないかという議論を提起している（木村 2006）．平等原理に裏づけられた制度論として構成されることの多かった分与論を，ケアの倫理に裏づけられた相互行為論として再構成する可能性が検討されてもよいように思われる．

4-3 病と障害

またアフリカの障害者や病者（および次節で述べる高齢者）に関する研究の進展は，これまでの「分与の共同体」の議論に対して，新たな問題を提起するものであることも，ここで指摘しておきたい．というのも分与の共同体に関する議論はしばしば，成員間の平等性，およびそれを支える土地アクセスの非排他性という認識を背景にしている．これに対して歴史学者の J. アイリフ (John Iliffe) は，土地豊富社会においても構造的な貧困の問題は起こりうると指摘し，実際にアフリカの社会においては，病者や障害者，身寄りのない老人など労働力へのアクセスをもたない人たちが，構造的な貧者を構成していたのだと指摘する (Iliffe 1987)．

アイリフの議論は，アフリカにおける貧困の歴史的な構造を把握するうえで，たいへん重要なものである．ただし，植民地期以前のアフリカには歴史的に貧者の救済に特化した「公的な制度」(formal institutions) がほとんど存在せず，アフリカの貧者は，「家族」(family) に依存せざるを得なかったというアイリフの主張は (Iliffe 1987: 7)，再検討の余地がある[12]．文化人類学者のイ

---

12) アイリフは，中世初期のヨーロッパにおいて，すでに貧者の救済に特化した制度が成立していたという事実を重視しているようだ (Iliffe 1987: 29)．しかしヨーロッパにおける貧者の救済制

ングスタッドによれば，途上国の障害者が家族によって社会から隠蔽され，コミュニティから放置されているという信念は，欧米の援助機関や現地政府が，自らの介入を正当化する目的でつくり出したものであり，必ずしも現実を反映したものではない (Ingstad 1997)．現代の熱帯社会において，病者や障害者の生存に対していかなる配慮が可能であり，またどのようなケアの実践があるかは，アイリフの議論とは別に，実証的な研究を要する問題である．

　カメルーンの都市と農村で障害者の生計に関する調査を実施している戸田は，公的なサポートが得られないなかで障害者が直面する困難をふまえつつも，同時に多くの障害者が，幅広い生業のネットワークに参加することで，生計と生活の質を維持していることに注目する．そのネットワークには当然ながら，障害をもつ者ともたない者の双方が含まれている．カメルーン東部の農村において，障害をもつ農耕民たちは，自らの生活空間のなかに家族や近所の子どもたち，狩猟採集民などじつに多様な人々を取り込むことで，農作業や日常生活へのサポートを獲得している (戸田 2011)．東南アジアに目を向けると，本講座第 3 巻第 3 章で吉村が，現代タイ社会で生活する重度障害者の事例を取り上げている．吉村は，タイの重度障害者が家族とりわけ女性成員の介助を受けて生活してきた事実を確認したうえで，近年制定された障害者法に基づく政府のサポートと，いわゆる障害者自立生活運動の展開とを背景として，地域社会で生活する障害者および非障害者のネットワークのなかでケアの関係を獲得する可能性が広がっていることを明らかにしている．

　また熱帯諸国における病の経験は，地球規模で展開される保健医療介入の体制（グローバル・ヘルス）のもとで，急速に変容しつつある．たとえば近年まで，サハラ以南アフリカにおいて HIV に感染するという経験は，死が間近に迫っていることを意味した．しかし HIV 治療の普及によって，ウイルスとともに生きる者の余命は，著明な伸長をみた．アフリカで生活する HIV 陽性者は，適切な治療を受けていれば，国民平均と比べてさほど遜色のない余命を享受できる可能性が高くなった (Mills et al. 2011)．ここで問題

度は，実際には近代初期にいたっても限定的なものであって，また（英国の救貧法にみられるように）往々にして貧者に敵対的なものであったという事実に，アイリフが目をつぶっているのはフェアではない．

となるのは，ウイルスとともに生きる者が，他者との関わりにおいて人生の価値を実現しうるかどうかである．これはたとえば，共同生活を営む HIV 不一致カップル（一方が HIV 陽性であり，他方が陰性であるカップル）にとって切実な問題である．HIV 治療が普及する前の世界では，配偶者がエイズを患えば，その者をどう看取るかが問題になった．現在ではそれは，ウイルスに感染した者と感染していない者とが，互いの健康に配慮しながら，持続的な共同生活を営むことができるかという問題に置き換えられた（西 2011）．また本講座の第 3 巻第 5 章では，エチオピアの農村社会でウイルスとともに生きる者が，結婚や出産をつうじて社会の再生産の営みに参加している事例について，地域住民の関与や，地域医療の担い手であるヘルスワーカーの役割とともに考察した．

本講座の第 1 巻第 4 章で松林は，ニューギニア高地民の高血圧や，東南アジアに蔓延する糖尿病の例を挙げつつ，人類の生存の質を確保するうえで非感染症疾患の問題に対処することの重要性を強調している．HIV 感染症も近年では，治療の普及にともなって慢性疾患としての性格を強めている[13]．またアフリカにおいて，がんをはじめとする非感染症疾患はすでに大きな問題となっているが[14]，高齢人口の増加や，生活習慣の変化，および HIV 感染の影響といった要因から，アフリカにおいて今後，がんの発生率が増加する可能性は高いと思われる．ザンビアのホスピスでフィールド調査を行っている姜は，末期患者の肉体的な苦痛を取り除く近代医療を効果的にもちいながら，同時にザンビアの地域社会にみられる病者のケアと看取りの伝統に根ざした，包括的な緩和医療（ホスピス）を構築する必要があると考えている[15]．

---

13) HIV 陽性者がエイズとは直接に関連しない疾病によって死亡するケースは世界的に増加しており，アフリカでも HIV 感染と関連した腎機能低下や（Han et al. 2006），認知機能の低下（Wong et al. 2007）といった問題が，医学的な関心の対象になっている．
14) 2004 年の時点で，悪性新生物（がん）はサハラ以南アフリカにおいて死亡原因の 4.2％を占めたと推定される．心臓疾患（4.5％），脳血管疾患（3.7％）とあわせると，これら非感染症疾患が死亡原因の 12.4％を占めた．なお同地域における死亡原因のトップは，HIV / AIDS（14.3％）であった（American Cancer Society 2011）．
15) 日本人間の安全保障学会第 1 回全国大会（2011 年 9 月 17 日，同志社大学）における姜のポスター報告に基づく．

4-4　老いと死

　本章第2節で述べたとおり，熱帯社会における60歳以上の人口は，近い将来に顕著な増加が見込まれている．老人の孤独と貧困は，現在のアフリカでもすでに深刻な問題である．たとえばエチオピアで2004-05年に実施された家計調査 (CSA 2007) によれば，調査対象となった65歳以上の老人のうち，都市では8.2％，農村では7.7％が1人世帯に属する．くわえて，高齢者ほど収入の少ない世帯に属する傾向もある．家計支出を基準に世帯を五つの階層 (quintile) に分けてみると，最も貧しい階層の世帯に属する人口の割合は，0-9歳では11.3％，40-44歳では10.3％であるのに対して，65歳以上では24.7％に達する[16]．これらの統計は，エチオピアでは高齢者ほど孤独と貧困のリスクが高いということを示唆しているようにみえる．

　高齢者の孤独と貧困について，文化人類学者のS. ファン・デル・ヘースト (Sjaak van der Geest) は面白い議論を展開している．ガーナの人々は，葬儀のために多額の資金と労働を投じる場合があることで知られている．ファン・デル・ヘーストは，ガーナで出会ったある老人が，生きている間は家族から見捨てられて暮らしていたのに，彼が死んだときには派手な葬儀が行われたという事例を紹介している．そして人々が葬儀のために多くの資金を費やすのは，死者のためではなく生きている者，つまり残された家族や親族の世間体のためだと述べている．葬儀に大金をはたくくらいなら，なぜ家族や親族は，老人が生きている間にケアしないのだろうか (van der Geest 2000)．

　一見するともっともな議論だが，疑問もある．第一に，老人へのケアの重要性を主張するためには，どうしても葬儀の必要を否定せねばならないのだろうか．自らが死んだときにどのように葬られるかという問題は，アフリカの人々にとって，自らの人生そのものの価値に関わる切実な問題であるように思われる[17]．

---

16) エチオピア中央統計局の家計調査報告書 (CSA 2007: Table 0.3) をもとに筆者算出．

17) エケーは，現代アフリカ社会で生活する個々人に対して保障されるべき基本的なニーズ (individual's basic security needs) として，「暴力からの保護」や「子どもの養育と社会化」と並んで，「葬送儀礼への責務」を挙げている (Ekeh 2004)．

第二にファン・デル・ヘーストの主張は，老人のケアに対する「家族の責任」を無批判に強調するものであるように思われる．アフリカ諸国では，高齢者の扶養は子や親族の義務であるとみなされることが多い．この傾向はアフリカにかぎったものではなく，たとえばスリランカの老人ホームに関するフィールド調査を行った中村（2011）によれば，同国においては老人ホームの存在そのものが，「共同体の弱体化」や「道徳性の喪失」の結果として語られることが多い．これに対して中村は，高齢者福祉の担い手をめぐる「家族か国家か」の二元論を批判するところから議論をおこし，植民地期のスリランカにもたらされた慈善事業の「土着化」という歴史的な視点から検討を加えることで，老人ホームの入居者と関わりあう地域住民が，ある種の仏教実践と結びついたケアのネットワークを生み出してきた過程を明らかにしている．

　アフリカ諸国の高齢者政策に詳しい老年学者のアボデリンは，アフリカの高齢者に経済的な保障を提供する制度設計に，二つの異なる考え方があると述べている．一つは「家族を中心に据えた」アプローチであり，具体的には子どもが老いた親を扶養する義務を法制化したり，老いた親族を扶養する者には税を軽減するなどの財政的な手段を講じることが提案されている．もう一つは，公的な無拠出年金制度（non-contributory public pension schemes）すなわち掛け金や保険料を納付せずに年金を受け取ることができる制度を設置することで，高齢者に経済的な保障を提供する責任を「社会全体で」負うべきだとする立場である（Aboderin 2006: 158）．

　ここには，中村が批判する「家族か国家か」の二元論が見事に再現されている．アボデリン自身は無拠出年金制度を支持しており，その論拠として，アジアやアフリカ諸国において家族や親族による高齢者へのサポートが「縮小する傾向」を挙げている（Aboderin 2006: 27-42）．ただ，残念ながらこの論拠は，やや的外れである．「高齢者への家族のサポートが縮小している」ことが問題なのであれば，「だからこそ家族による高齢者の扶養を奨励する政策が必要ではないか」という反論も成り立つからである．実際には，「家族を中心に据えた」アプローチなるものが問題なのは，次のような理由による．経済的な余裕がある家族に高齢者を扶養するよううながすことはたしか

に重要だが，より大きな問題は，経済的な余裕がないために親の面倒をじゅうぶんにみることができない家族があること，あるいは死別，生別を含めてさまざまな理由で，家族や親族のネットワークから切り離されて生活する老人が少なくないことではないか．とりわけ老人を扶養する家族への税を軽減するという考え方は，所得の捕捉率が低いアフリカ諸国ではじゅうぶんに機能しないばかりか，たんに収入の多いエリート公務員を優遇する政策になりかねない．このような制度は一見すると，「家族を中心に据える」ことによって，人々がより道徳的にふるまう手助けとなりそうだが，実際にはより恵まれた者に支援を提供し，最も脆弱な者を無視する制度なのである．これはいわば，家族制度によってケアの実践を編成しようとするアプローチであり，本章第3-3節で「家族を対象としたHIV / AIDS介入」の例とともに論じたアプローチ，すなわちケアの実践に基づいて家族を把握しようとするアプローチとは，全く異なるものなのである．

　家族や親族の支援を得られない高齢者の生計を保障するためには，もちろん無拠出年金制度が望ましい．しかしそのことを主張するために，アフリカにおいて高齢者に対するケアのネットワークが壊滅しつつあるかのような主張を展開するのは的外れである．必要なのは，経済的な支援，ケア労働の提供者，それに世代間関係の人格的な側面のすべてであって，いずれか一つではない．無拠出年金制度の論者が依拠する「高齢者への責任を社会全体で負う」という規範の落とし穴は，高齢者の生活の質に関わる対面的なケアの実践について何も述べていないことである．「社会全体」ということばは，あらゆる個人がもつ普遍的な権利の促進に役立つ一方で，人格間の具体的な関係性に関わる問題を（つまりケアの実践を）分析の枠外に追いやってしまう作用がある（これと同じことが，本章第3-2節で述べた釜ヶ崎の事例からも言える．生活障害を抱えた単身高齢者の生計を確保するための前提条件として，生活保護制度はたいへん重要なのだが，釜ヶ崎の地域社会が提供するケアのネットワークがなければ，誰も彼らの人生の質を保障することはできない）．

　アフリカの地域社会には，ライフサイクルのケアに関わる多様なネットワークを見いだすことができる．たとえば自らの死に際して，誰がどのように葬ってくれるかという問題は，人生の質に関わる重要な要素であるが，エ

チオピアではその責任を，葬儀講仲間 (*iddirtegna*) が引き受ける．葬儀講は，20世紀以降のエチオピアにおいて都市を中心に広く普及している住民組織の形態であり，その基本的な機能は，葬儀を行うために必要な費用と労働を仲間どうしで提供しあうことにある．とりわけ，なんらかの理由で家族や親族のネットワークから切り離されて生活する者，経済的な困窮と隣り合わせの生活をおくる者，とりわけ身寄りのない老人は，孤独な死を迎えかねない．こうした者たちは，葬儀講のネットワークに参加することで，お互いを葬る責任を負担しあう仲間を得る（西 2010）[18]．

　他方で高齢者が生きるための支えについて，先にエチオピアでは老人の単身世帯が少なくないという統計を紹介したが，アフリカの農村でフィールドワークを行った研究者なら，老人の独居生活をそのまま「孤独と貧困」に結びつけることには，少なからず違和感をもつかもしれない．アフリカの農村で1人世帯を構える老人のもとには，孫の世代にあたる子どもたちが頻繁に訪れて話し相手となったり，日常のこまごまとした世話をする光景がよくみられる．また老人が畑を所有していれば，家族や親族の若い成員が，農作業に必要な労働力を提供する．世帯を超えたケアの実践が地域の規範となっているような社会では，老人が独立した住居を構えることは，必ずしも孤独や貧困のリスクを示すわけではないのである（野口 2011 が参考になる）．筆者の経験では，エチオピアの都市では独居老人の「孤独と貧困」という捉え方に一定のリアリティがあるものの，農村では老人が独立した世帯を構えることは，むしろ尊厳の指標とみなせる場合がある．他方で都市でも農村でも，若い世代と同居している老人のなかには，自らの住居を所有せず，かつ直系の子孫にも恵まれなかったために，傍系親族の世帯を転々としながら，どちらかといえば肩身の狭い生活を余儀なくされている人たちがいるのを目にすることがある．ケアの実践とその困難は，集計された情報からはうかがい知れない，無数のひだを内包しているように思われるのである．

---

18) 他方で親族が多い者や社会的経済的な地位のある者は，葬儀講に頼らずとも盛大な葬式が保証されている．にもかかわらず，アジスアベバでは「近所づきあい」およびその他の社会関係を維持する手段として葬儀講に参加している者もたいへん多い．葬儀講はその本来の目的を超えて，都市のコミュニティを形成するネットワークの重要な基盤となっている．葬儀講活動がエチオピア社会における公共性形成に果たす役割については西 (2009) も参照．

5　おわりに ── ケアの実践と生存の未来

　本章の目的は，生存基盤指数が提示する熱帯人間圏の優位性を，ケアの実践によって裏づけることであった．このような試みに対する素朴な疑問として，熱帯社会がそんなに素晴らしいところなのだったら，どうして人々の間から対立や貧困といった問題がなくならないのだろうか，と感じる人もいるだろう．

　じつのところ本章の議論も，これとよく似たかたちの問いを出発点としている．従来の指標によれば最も高度な人間開発を達成しているはずの社会で，生きることが（そして誰かを生きさせることが）難しいと感じられるのはなぜだろうか．温帯諸国はこれまで，生産に偏重した生存へのアプローチをとり続けることで，熱帯社会に対する優位を保ってきたかにみえる．しかしこんにちの世界では，まさにそのことが温帯社会における生存の停滞を招いているように思われるのである．

　これに対して本章では，人々の生存の持続と発展に寄与する社会の理念上のモデルとして，ケアの実践によって編成される社会のあり方を提示した．これは理想的には，世帯，家族，および地域社会といった集団の単位が，ケアの実践に最適なものとして編成されているような社会であり，同時に政府が，ケアの実践に基づいてこれらの単位を把握し，かつ適切なサポートを提供する社会である．このような視座から現実の社会を評価したときに，人々の生存に関する社会の潜在力が最もよく理解されるというのが，本章の主張である．このように述べることは，熱帯社会を思いやりに満ちた，対立のない世界として提示することとは違う．本章の議論でも触れたとおり，抑圧や排除といった問題は，熱帯と温帯とを問わず，人間の社会に深く根ざしたものである．ケアの実践は，暴力や対立を根源的に取り除くわけではないが，人々がさまざまな困難にもかかわらず，価値ある生を実現することを可能にするという点で重要なのである．

　世帯規模で生存の質を計ろうとする生存基盤指数の試みは，ケアの実践に基づいて社会の潜在力を把握し評価する枠組みへといたる重要なターニング

ポイントを示している．とはいえ，世帯規模を代理指標として生存の質を計ろうとすることと，世帯の規模そのものに価値があると考えることは，全く違う．重要なのは，ケアの実践と社会の編成（家族や世帯，地域社会の編成），およびその社会の成員の生存の質の相関を把握するような分析枠組みを私たちがもちうることであり，また地域住民との対話を通して，そのような枠組みをつくりあげることへのコミットメントを示すことであるように思われる．

参考文献
Aboderin, I. 2006. *Intergenerational Support and Old Age in Africa*, New Brunswick: Transaction.
American Cancer Society 2011. *Global Cancer Facts and Figures* [2nd edition], Atlanta: American Cancer Society.
Berry, S. 1993. *No Condition is Permanent: The Social Dynamics of Agrarian Change in Sub-Saharan Africa*, Madison: University of Wisconsin Press.
CSA. 2007. *Household Income, Consumption and Expenditure Survey 2004 / 5 (Volume II: Statistical Report)*, Addis Abeba: Central Statistical Agency.
Diamond, J. M. 1997. *Guns, Germs, and Steel: the Facts of Human Societies*, New York: W. W. Norton（倉骨彰訳『銃・病原菌・鉄 ── 1万3000年にわたる人類史の謎（上）』，草思社，2000年）．
Ekeh, P. 2004. "Individual's Basic Security Needs and the Limits of Democratization in Africa", in B. Berman, D. Eyoh and W. Kymlicka (eds), *Ethnicity and Democracy in Africa*, Oxford: James Currey, pp. 22-37.
Fraser, N. 1997. *Justice Interruptus*, New York: Routledge.
Han, T. M., S. Naicker, P. K. Ramdial and A. G. Assounga 2006. "A Cross-sectional Study of HIV-seropositive Patients with Varying Degrees of Proteinuria in South Africa", *Kidney International,* 69(12): 2243-2250.
原口剛 2010.「寄せ場「釜ヶ崎」の生産過程にみる空間の政治 ──「場所の構築」と「制度的実践」の視点から」青木秀男編『ホームレス・スタディーズ ── 排除と包摂のリアリティ』ミネルヴァ書房，63-106頁．
原口剛・稲田七海・白波瀬達也・平川隆啓編 2011.『釜ヶ崎のススメ』洛北出版．
Haviland, W. A., H. E. L. Prins, D. Walrath and B. McBride 2010. *Anthropology: The Human Challenge*, Belmont: Wadsworth.
Hughes, C. 2002. *Women's Contemporary Lives*, New York: Routledge.
Iliffe, J. 1987. *The African Poor: A History*, Cambridge: Cambridge University Press.
今村薫 2006.「シェアリング・システムの全体像 ── カラハリ狩猟採集民の事例から」『アフリカ研究』69: 113-120.
────2010.『砂漠に生きる女たち』どうぶつ社．
稲田七海 2011.「変わりゆくまちと福祉の揺らぎ」原口剛・稲田七海・白波瀬達也・平川

隆啓編『釜ヶ崎のススメ』洛北出版,319-344 頁.
Ingstad, B. 1997. *Community-based Rehabilitation in Botswana: The Myth of the Hidden Disabled*, Lewiston: Edwin Mellen Press.
掛谷誠 1994.「焼畑農耕民と平準化」大塚柳太郎編『講座 地球に生きる 3 資源への文化適応』雄山閣出版,121-145 頁.
── 1996.「焼畑農耕民の現在 ── ベンバ村の 10 年」田中二郎・掛谷誠・市川光雄・太田至編『続自然社会の人類学 ── 変貌するアフリカ』アカデミア出版,243-269 頁.
加藤政洋 2002.『大阪のスラムと盛り場 ── 近代都市と場所の系譜学』創元社.
加藤茂孝 2010.「人類と感染症との闘い ──「得体の知れないものへの怯え」から「知れて安心」へ」『モダンメディア』56(7): 159-171.
木村大治 2006.「平等性と対等性をめぐる素描」『人間文化』21: 40-43.
木曽順子 1996.「日本橋方面釜ヶ崎スラムにおける労働＝生活過程」杉原薫・玉井金五編『大正・大阪・スラム ── もうひとつの日本近代史［増補版］』新評論,59-94 頁.
Meillassoux, C. 1975. *Femmes, Greniers et Capitaux*, Paris: F. Maspero（川田順造・原口武彦訳『家族制共同体の理論 ── 経済人類学の課題』筑摩書房,1977 年).
Mills, E. J., C. Bakanda, J. Birungi, K. Chan, N. Ford, C. L. Cooper, J. B. Nachega, M. Dybul and R. S. Hogg 2011. "Life Expectancy of Persons Receiving Combination Antiretroviral Therapy in Low-income Countries: A Cohort Analysis from Uganda", *Annals of Internal Medicine*, 155(4): 209-216.
中村沙絵 2011.「現代スリランカにおける慈善型老人ホームの成立 ── ダーナ実践を通したチャリティの土着化」『アジア・アフリカ地域研究』10(2): 257-288.
西真如 2009.『現代アフリカの公共性 ── エチオピア社会にみるコミュニティ・開発・政治実践』昭和堂.
── 2010.「明日の私を葬る ── エチオピアの葬儀講活動がつくりだす応答的な関係性」『文化人類学』75(1): 27-47.
── 2011.「疫学的な他者と生きる身体 ── エチオピアのグラゲ社会における HIV / AIDS の経験」『文化人類学』76(3): 267-287.
Noddings, N. 2003. *Caring: a Feminism Approach to Ethics and Moral Education* [2nd Edition], Berkeley: University of California Press.
野口真理子 2011.「エチオピア西南部における高齢者の日常的実践としてのケア」京都大学大学院アジア・アフリカ地域研究研究科,博士予備論文.
Nussbaum, M. C. 2009. "The Challange of Gender Justice", in R. Gotoh and P. Dumouchel (eds), *Against Injustice: The New Economics of Amartya Sen*, Cambridge: Cambridge University Press, pp. 94-111.
Pequegnat, W. and J. Szapocznik 2000. *Working with Families in the Era of HIV / AIDS*, Thousand Oaks: Sage.
Pequegnat, W., L. J. Bauman, J. H. Bray, R. DiClemente, C. DiIorio, S. K. Hoppe, L. S. Jemmott, B. Krauss, M. Miles, R. Paikoff, B. Rapkin, M. J. Rotheram-Borus and J. Szapocznik 2001. "Measurement of the Role of Families in Prevention and Adaptation to HIV / AIDS", *AIDS*

and Behavior, 5(1): 1-18.
佐藤奈穂 2009.「カンボジア農村における子の世帯間移動の互助機能」『東南アジア研究』47(2): 180-209.
島田周平 2007.『アフリカ　可能性を生きる農民』京都大学学術出版会.
杉原薫・玉井金五 1996.「課題と方法」杉原薫・玉井金五編『大正・大阪・スラム ── もうひとつの日本近代史［増補版］』新評論，7-28 頁.
杉村和彦 2004.『アフリカ農民の経済 ── 組織原理の地域比較』世界思想社.
Takada, A. 2010. "Changes in Developmental Trends of Caregiver-child Interactions among the San: Evidence from the !Xun of Northern Namibia", *African Study Monographs,* (Suppl. 40): 155-177.
戸田美佳子 2011.「アフリカに「ケア」はあるか？ ── カメルーン東南部熱帯林に生きる身体障害者の視点から」『アジア・アフリカ地域研究』10(2): 176-219.
Tronto, J. C. 1993. *Moral Boundaries,* New York: Routledge.
妻木進吾・堤圭史郎 2010.「家族規範とホームレス ── 扶助か桎梏か」青木秀男編『ホームレス・スタディーズ ── 排除と包摂のリアリティ』ミネルヴァ書房，169-201 頁.
上野千鶴子 1994.『近代家族の成立と終焉』岩波書店.
── 2007.『おひとりさまの老後』法研.
── 2011.『ケアの社会学 ── 当事者主権の福祉社会へ』太田出版.
UNAIDS 2010. *UNAIDS Report on the Global AIDS Epidemic 2010*, Geneva: Joint United Nations Programme on HIV / AIDS (UNAIDS).
van der Geest, S. 2000. "Funerals for the Living: Conversations with Elderly People in Kwahu, Ghana", *African Studies Review,* 43(3): 103-129.
Velkoff, V. A. and P. R. Kowal. 2007. *Population Aging in Sub-Saharan Africa: Demographic Dimensions 2006*, Washington D. C.: U. S. Census Bureau.
Wong, M. H., K. Robertson, N. M. Nakasujja, R. Skolasky, S. M. Musisi, E. M. Katabira, J. C. McArthur, A. Ronald and N. Sacktor 2007. "Frequency of and Risk Factors for HIV Dementia in an HIV Clinic in Sub-Saharan Africa", *Neurology,* 68(5): 350-355.

第9章

生存基盤曼荼羅
―― 指数解釈のための試論 ――

峯　陽　一

1 ゲシュタルト転換としてのパラダイム転換

　熱帯パラダイムに基づく生存基盤指数が，ついに姿を現した．一般的に指数とは，私たちが生きる世界を特定の角度から切り取って，その性質を定量的に表現したものである．すぐれた指数は，厳密な定義と正確なデータ処理に基づくと同時に，できるだけシンプルにデザインされ，それ自体がコミュニケーションの手段として役立つものでなければならない．その完成態は，指数を読む者の自由な解釈を刺激するものとして提示されるはずだ．私たちの生存基盤指数もまた，多様な解釈を許すものである．本章は，荒削りではあるけれども，自分なりにこの指数の可能性の輪郭を描き，解釈の一つを提示しようと試みた私論である．
　前提として，まずパラダイムとは何かについて考えてみる．図9-1は人間のパターン認識の特性を考えさせる「だまし絵」として，ゲシュタルト心理学を扱ったテキストにもよく引用される有名な図柄である．知覚において全体性をもった形態として構成されるものがゲシュタルト（Gestalt，ひらたくいえば「かたち」）である．この図柄は，花瓶のようにも見えるし，向き合った人物の横顔のようにも見える．ただし，これらはあくまで「どちらか」に

図9-1　ゲシュタルト転換
出典：ウィキコモンズ
http://commons.wikimedia.org/wiki/File: Multistability.svg

見えるのであって，私たちは両方のパターンを「同時に」構成することはできない．また，個人がどのパターンを優先的に知覚するかについては，法則性とともに個体に固有な要因があるが，パターンそれ自体に内在的な優劣があるわけではないことに注意しておきたい．形態は転換するのであって，低次の形態から高次の形態に進化するわけではないのである．

　科学史家 T. クーン（Thomas Kuhn）によれば，急激なパラダイム転換（paradigm shift）ないし科学革命は，こうした視覚ゲシュタルト転換と同一ではないにしても，それを原型として理解できるような現象であるという（Kuhn＝中山訳 1971: 97, 138）．パラダイム転換は累積的な進歩ではなく，質的な切断であり，世界観の根本的な変化ないし置き換えであり，やがては科学者共同体の集合的な認識の転換として科学革命となる[1]．かつての自然に対する見方が非科学的であり誤っている，というわけでは必ずしもない．しかし，旧来のパラダイムではうまく説明できない変則的事象が前面に立ち現れると，科学者の間に不安定な状況が生まれ，危機の時代が訪れ，新たなパラダイムが準備されていく．専門家共同体の内部で生み出され消費される仮説検証型の研究は，通常科学（normal science）の安定したパラダイムのもとでは，学知の連続的な進化の源として力を発揮するだろう．しかし，仮説の根底にあるフレームが問われる危機の時代においては，まずもって，解くべき

1)　比較的短期の危機の時代に多彩な試行錯誤が起きるという科学革命の定式化は，進化生物学における断絶平衡（punctuated equilibrium）モデルを想起させる（Gould＝渡辺訳 2000）．

問題を定式化することが求められる．「この価値判断を含む問題は，全く通常科学の外側にある基準によってのみ答えられるものであり，パラダイム間の論争から革命が生じるのは，この外にある基準に拠るからである」(Kuhn = 中山訳 1971: 124)．

温帯パラダイムと熱帯パラダイムの相克もまた，少なくとも潜在的には，重大な価値観の変革をともなうとともに，自然と人間を対象とする学問の編成原理の根本的な再編をともなうものになるのではないだろうか．この第9章では，九つの変数からなる生存基盤指数の全体的な解釈をつうじて，このパラダイム転換の内実を可能な限りシンプルに，視覚的および直感的に明らかにすることを試みたい．

2 三圏の論理と進化

生存基盤指数は，地球圏・生命圏・人間圏という三圏の概念的な区別を前提としている．生命圏は地球圏を前提として生まれ，人間圏は地球圏と生命圏を前提として生まれた．しかし，逆は真ではない．地球圏は生命圏の存在を前提とはしていないし，生命圏は人間の存在を前提とはしていない．

地球圏から生命圏へ，生命圏から人間圏へ，このように時間の矢印が一方向であるところから，人間は古くから三圏の関係を目的論的な進化のプロセスとして理解しようとしてきた．枠組みの起点として無機物の世界が含まれ，これまでの到達点として人間精神が含まれる以上，この知的営為は生物進化論よりも広く，世界ないし宇宙の発展の原理を解き明かす世界観を打ちたてようとするものだといえる．私たちのアプローチと既存のアプローチの継承関係と差異を浮き彫りにするために，三圏のロジックを整理した先行する知的営為の一部として，ここで西洋の二人（最初の一人は「白いアフリカ人」だが）の思想家の世界観を見ておくことにしたい．

一つは J. スマッツ（Jan Christian Smuts）のホーリズム（holism）の哲学である．スマッツは20世紀前半に活躍した南アフリカの政治家である．イギリス帝国の正規軍との戦い（南アフリカ戦争）ではオランダ系移民のコマンド部

隊を指揮し，やがて南アフリカ連邦首相に就任したが，彼がとりわけ卓越した才能を発揮したのは国際政治の舞台であった．スマッツは国際連盟と国際連合の両方の設立において重要な役割を演じ，国際連合憲章の起草者でもあった．ナチスに親近感を有していた同胞のオランダ系住民をなだめ，南アフリカの連合国側での参戦を実現させたスマッツは，大戦後の世界秩序をデザインするのに適した位置にいたのだと思われる[2]．

　カント的なグローバル・ガバナンスの理想を地球規模の国際機関として現実化するのに貢献した政治家スマッツは，すぐれた科学哲学者として『ホーリズムと進化』(Smuts 1928) を書き残している．スマッツのホーリズムの哲学を集約するのは，「全体は部分の総和以上のものである (A whole is more than the sum of its parts)」という簡潔な命題である．スマッツにとって，調和した全体へと向かう傾向は物質と生命と精神 (matter, life, mind) という三圏すべてを貫く原理であり，それは人間の統覚の世界のみならず，現実の世界に存在するすべてのものを律する原理である．全体は要素の働きに還元できるような機械的なシステムではない．自然界の物体や生物単位においては，有機体であれ非有機体であれ，全体と部分が相互に依存し，それぞれが統合された秩序を形成しようとする不断の傾向がある．スマッツは当時の自然科学が達成した地平を的確に消化しており，アインシュタインの一般相対性理論のよき理解者でもあった．ホーリズムの哲学は，冒頭で触れたゲシュタルト心理学や，創発 (emergence) をはじめとする複雑系の諸概念にも強い影響を与えている．スマッツにとって国際連合は，国民国家という部分を超えて運動する全体であった．

　図 9-2 に示されるとおり，ホーリズムの原理は，人間の人格 (personality) において最も洗練されたかたちで表現される．スマッツによれば，世界には種々の水準においていくつもの全体 wholes が存在するが，諸全体を統合する機関としての人間の精神，すなわち個性をもつ自我であると同時に普遍性を志向する人間の精神の誕生においてこそ，ホーリスティックな規制と調整

---

[2] 1948 年，イギリス支配に反発し，国内の多数派黒人に対するより強硬な人種隔離政策 (アパルトヘイト) を求めたオランダ系右派白人政党が南アフリカの内政を掌握したことにより，親英政治家とみなされたスマッツは政界から引退する．

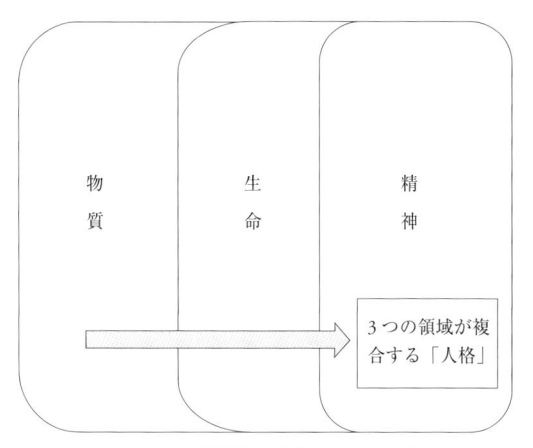

図9-2　最高の全体としての人格
出典：筆者作成．

（図中：物質／生命／精神　3つの領域が複合する「人格」）

のプロセスは最新の段階を迎えた．しかし，精神だけでは真の全体にはなり得ない．身体と精神を包含することによって物質と生命と精神の三次元を統合する人格こそが，至高の全体として捉えられなければならない．ペルソナ (persona) はローマ人の観念であるけれども，すべての諸全体が住まう全体 (The Whole) としてのエコロジカルな自然ないし宇宙は，ギリシア人にならえば，一つの親密なオイコス (Oikos, 家) にほかならないと，スマッツは結論づける．

　三圏を統合的に理解する哲学として20世紀前半を代表するのがスマッツのホーリズムだとすれば，20世紀後半を代表するのはフランスの思想家 P. テイヤール・ド・シャルダン (Pierre Teilhard de Chardin) の特異なキリスト教的進化論であろう．テイヤールは北京原人の発見者であり，古生物学の分野でも大きな業績を残したが，本来はイエズス会の司祭であった．ただし，彼の主著『人間という現象』（邦題は『現象としての人間』）で展開された思想はローマ教皇庁に許容されず，カトリック教会においては最近まで異端的思想家とみなされてきた (Teihlard de Chardin = 美田訳 1969)．

　テイヤールの書物もまた，物質，生命，精神を貫通する進化のプロセスを「一定方向への加算」として跡づける論理で構成されている．テイヤールは，

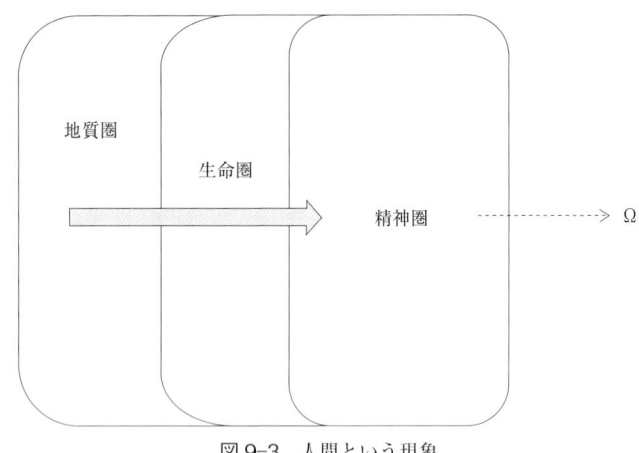

図9-3　人間という現象

出典：筆者作成.

　地球圏 (Géosphère) から生命圏 (Biosphère)，精神圏 (Noosphère) にいたる三圏の生成のプロセス[3]を，説明するのではなく，見る (Voir) ことを意図する (超越者にとって，世界は客体である)．内省 (Réflexion) の能力をそなえるにいたった人間は，「宇宙の制止した中心ではなく，進化の軸であり，その矢印の先端である」(Teihlard de Chardin ＝美田訳: 26)．だが，そこにはさらに先がある．複雑さと意識の集中に特徴づけられる進化の果てには，精神圏の全地球的展開を超えて，さらに「高次の人格」としてのオメガ (Ω) 点が存在するというのである．テイヤールは，すべての進化が収斂する一点に，このように宇宙的キリストを措定する．彼の時間認識を簡潔に示すならば，図9-3のようになるだろう．
　スマッツとティヤールの双方に共通するのは，完成へと向かう世界の運動を俯瞰する超長期の時間認識であり，人格あるいは超越的絶対者を終着点とする目的論的世界観である．この精神的パラダイムを維持しながら，生命圏

---

[3]　三圏の用語法を最初に普及させたのは，ソ連の科学者 V. ベルナツキー (Vladimir Vernadsky) だと思われる (Vernadsky 1998: 原著はロシア語で 1926 年)．2005 年に開催された愛知万博において，ロシア館はベルナツキーの業績を踏まえて「人智圏 (Noosphere) の調和」というコンセプトの展示を行った (ただし正確には，ベルナツキーはロシア人ではなくウクライナ人である)．

の開始や人間圏の開始に関わる個別の論点を，新たな科学的発見によって精緻化していくことは，おそらく可能だろう．しかし私たちは，彼らの著述に20世紀西洋思想の魅惑的な到達点の一つを認めつつも，同時に明白な温帯バイアスを見ないわけにはいかない．彼らの著述においては，進化の運動が生起する空間の多様性はほとんど議論の表層にさえあらわれず，世界は事実上温帯であるかのように想定されているからである[4]．その背景には，当時の自然科学の重要な発見が量子，原子，分子，細胞といったミクロな要素の機能の解明に関わっており，マクロな生態系と多様な生業のシステムには，学知の視線があまり向かっていなかったということもあるだろう．

　スマッツとテイヤールの三圏の理論においては，進化の果てに望ましき調和が約束されている．しかし現実には，進化の矢印の先端にいるはずの人間たちは，自らの生存の基盤そのものを破壊しつつある．グローバリゼーションのもとで加速する資源の浪費と軍事化の果てに，人類という種の絶滅すなわち「進化の失敗」の可能性がみえてきた．テイヤールは『人間という現象』の付録において，「悪」について短く論じている．それは，苦痛，過失，混乱，失敗，腐敗，孤独，不安，そして成長による悪である．「人類の上昇が示す安定と調和の概観の背後に」，「悪が必然的に，またひじょうに大きな量あるいは重力でもって，進化過程の跡を追って現れてくるような宇宙」があらわれる（Teilhard de Chardin ＝ 美田訳：379-383）．私たちの足元を振り返ると，甚大な津波災害は地球圏の力に対する人間存在の無力さを実感させたが，その後の原発事故は，まさに人間の「罪」を実感させるものであった．自然界に存在しない放射性物質は，その管理を少し誤っただけで，周囲の生命の復元力を完膚なきまでに破壊してしまう．染色体が砕け散るような物質をつくりだした人間には，そのような技術を操るだけの賢明さがあるのだろうか（NHK「東海村臨界事故」取材班 2006）．人間には「失敗の可能性」としての自由があるのかもしれない（Teilhard de Chardin ＝ 美田訳：375）．

　自然それ自体には，善意も悪意もない．悪は人間に固有のものである．私たちは，現代にはパラダイム転換を要請するような危機があり，科学の危機

---

[4] テイヤールはごく簡単に地域文明の対比を試みているが，その雑駁な西洋中心主義は現在では受け入れられるものではない（Teilhard de Chardin ＝ 美田訳：245-249）．

があると捉えている．私たち人間が問題の一部を構成している以上，この危機に対処する方策を考えるには，単一の原理によって三圏を貫く宇宙の進化の法則を説明する前に，それぞれの圏の独自の論理について，そして人間を人間にしている固有の特質について，正面から考察してみる必要がある．本書第 8 章をはじめ本講座の各所で議論が重ねられてきたが，人間圏の特質として，ここであらためてケアの概念をとりあげてみたい．

3　存在の根源としてのケア

　本書第 2 編の諸章の議論をふまえながら，あらためて三つの圏に線を引くものは何かについて考えてみよう．地球圏から生命圏を区分するものとして，スマッツやテイヤールは細胞という個体の成立を議論の軸にしたが，近年の生物学は，個体の代謝に加えて遺伝子の自己複製を重要な研究領域とするにいたっている．R. ドーキンス（Richard Dawkins）は，生物個体は利己的な遺伝子の乗り物であるという命題を提示したが，彼自身が述べるように，人間というシステムはもっと複雑である．「われわれは必ずしも遺伝子にしたがうよう強制されているわけではない」．人間は「遺伝子の意図をくつがえす」ことができるのだから，ドーキンスは「ごく最近人間が例外になったその規則を知る」ことが大切だといっているにすぎない（Dawkins＝日高ほか訳 2006: 4-5）．人間は個体としても集合体としても，遺伝子のプログラミングに反する行動をとることができるのである．

　人間の行為は，あらかじめ完全には条件づけられていない．この非決定性，すなわち目的意識の定立における自由は，K. マルクス（Karl Marx）の『資本論』の労働過程論の前提でもある．労働は人間と自然の新陳代謝である．蜜蜂は美しく込み入った巣を造りあげるけれども，それはプログラムにしたがった結果にすぎない．マルクスは最悪の建築師でも最良の蜜蜂にまさると書き記したが，それは人間の労働が，あらかじめ観念のなかに存在していた目的を，自然に働きかけることで実現させる行為だからである（Marx＝向坂訳 1969: 9-11）．もっとも，このような一般的定式化が与えられたからといっ

て，成果物のすぐれた使用価値が保証されるものではない．最悪の建築師は最悪の建築物しか生み出せず，誰もそんな家には住みたがらないだろう．

　人間は自由である．遺伝子が命じるところとは相対的に別に，上位システムが自律的な動きを展開していく．哺乳類の分枝とともに，この運動の加速度的な助走が始まった（真木 2008）．産卵のために川を逆行することをやめて，大海を自由に泳ぎ続ける鮭の姿を想像するのは愉快だが，それは想像の世界でしかない．ところが人間は，遺伝子のプログラミングから離れて，システムの創造者にも，保護者にも，破壊者にもなりうる．集合的にも個人的にも，私たちは私たち自身の未来の行動を決めていない．「可能性は，なしうるという点に存する」．しかし可能性は現実性に簡単に移行するわけではなく，中間規定が必要になる．この中間規定が，共感的な反感，反感的な共感としての「不安」なのであり，「それは束縛せられたる自由である」（Kierkegaard＝斎藤訳 1979: 69, 82）．

　未来の行為が決められておらず，行為の帰結がせいぜい確率的にしか予想できず，さらに存在と外界の関係が一義的に決まっていないところから，人間の存在と行為のあり方はきわめて複雑化する．ここで，自己と世界の関係性を律する根本概念の一つとして M. ハイデガー（Martin Heidegger）が定立したケア（care，原語はゾルゲ Sorge）の概念に注目しよう．ドイツ語の Besorgen すなわち「気をつかう」という動詞に，ハイデガーは，「関係する」「そうなるようにする」「面倒をみたり，世話をする」「使ってあげる」「試してみる」「やりとおす」「観察する」「決めてやる」などという多様な行為をあらわす動詞を対応させている（北川 2002: 78-79）[5]．

　ケアは，身体と精神の二元論を超える，ないしそれに先行する概念である．ハイデガーは『存在と時間』のなかで，「クーラの女神」の寓話を引用

---

[5]　「なぜケアという外来語を使うのだろうか．一般にはボランティアのように，それに当たる日本語がないからだが，それに当たる日本語が反義的な，あるいは両義的な意味をもっているので，外来語の方がいい面をスッキリ押し出せる，少なくともニュートラルになると思って使う場合がある．ケアはそういう部類の言葉に入るのではないかと思われる」（最首 2005: 229-230）．日本では，ハイデガーのゾルゲには「関心」「気づかい」「配慮」といった訳語が文脈に応じて当てられてきたが，ゾルゲが英語の世界では care という言葉で流通していることは，一般の読者はほとんど意識していないはずだ．なお，ゾルゲのフランス語の訳語は souci（心配）である．

している（Heidegger＝細谷訳 1994 上: 415-417）．この寓話はローマ時代に編纂されたギリシア神話集に収められているが，ローマ時代に付け加えられたものであり，クーラは care のラテン語の語源である．ギリシア神話では，この寓話中のユッピテルはゼウス（太陽の神）に，テルルスはガイア（大地の神）に，サートゥルヌスはクロノス（農耕の神）に対応する．以下は G. J. ヒュギーヌス（Gaius Julius Hyginus）のギリシア神話集からの引用である（ヒュギーヌス＝松田・青山訳 2005: 277）．

> ある川を渡っているとき，クーラは粘土状の泥をみつけ，思いに耽りつつそれを取り上げ，こねて人間を作り始めた．自分は一体何を作ったのかと彼女が考えていると，ユッピテルが現れた．像に生命を与えるよう，クーラが願うと，ユッピテルはすぐにその願いをかなえた．
> 　クーラが自分の名前をその像に与えようとすると，ユッピテルはこれを禁じ，自分の名前がその像に与えられるべきであるといった．名前のことでクーラとユッピテルがいい争っていると，テルルスが立ち上がり，自分が体を提供したのであるから，自分の名前が付けられるべきであるといった．
> 　彼らはサートゥルヌスを審判にした．サートゥルヌスは彼らを公正に裁いたようにみえる．「汝ユッピテルは生命を与えたのだから，［欠文］[6] 体を受け取るように．クーラは初めて彼を作ったのだから，彼が生きているあいだはクーラが彼を所有するように．しかし彼の名前をめぐって論争があるのであるから，彼をホモー［homo（人）］とよべばよい．何となれば彼はフムス［humus（土）］から作られたと思われるからである」．

ハイデガーにおけるケアは，用具的連関として表象される世界と世界内存在との関係性をあらわす概念である．その全体性を構成要素に分解すること

---

[6] ギリシア神話にはさまざまな版があるが，この寓話の『存在と時間』における引用では，ユッピテルが精神を与えたのだから，このものが死するときに精神をとり，テルルスが身体を与えたのだから，このものが死するときに身体をとるように，となっている．なお，農耕の神サートゥルヌスは，わが子に倒されるという預言に恐れおののき，生まれたばかりの幼子を次々と呑み込んだという伝承でも知られる．ただしハイデガーは，サートゥルヌスをギリシアにおける農耕の神クロノス（Kronos）ではなく時間の神クロノス（Khronos）と解している．

はできないけれども，その構造は分節化されている（Heidegger＝細谷訳 1994 上: 413）．そして，精神と身体の複合体としての人間は，ケアのうちにその存在の根源を有しており（クーラが人間をつくった），人が世界の内に存在しつづけるかぎり（すなわち確実な死が訪れるまで），その時間においてくまなく，この根源につなぎとめられる（Heidegger＝細谷訳 1994 上: 417-418）．

　私たちがカタカナで使う狭義の「ケア」は，このような広義の存在論的概念としてのケアと密接に関連しつつも，人間の人間に対する行為を動機づける特定の情念，およびその行為を指すものとして理解される．ケアは方向性をもつ．すなわちケアには対象があり，それは誰か（何か）に向けられている．同時に，ケアは誰か（何か）に対する責任であり，誰か（何か）の呼びかけに対する応答でもある．

　S. ヴェイユ（Simone Weil）の義務論に触発されながら，日本語の世界でケアの哲学を深化させた実践者の一人に最首悟がいる．生まれてきた子には責任はなく，無限の自由がある．だが，主体となった人が選択を重ねるたびに自由は減少し，責任が発生してくる．この責任が内発的義務の核を形成する．内発的義務が他者に対するケアという実践に転化し，それが社会化した段階においてはじめて，ケアを受ける者に権利が発生する（最首 1998: 155-159, 387-392）[7]．「個としてみた人間にはもっぱら義務しかない．そして，その義務のなかにはその人自身にむけられるべき義務も含まれる．さらにその人の観点からみるならば，他の人びととはただ権利だけを有する」（Weil＝冨原訳 2010: 8）．

　生存基盤指数におけるケアは，広くは三圏の新陳代謝への「関心」であり，私たちが生きる世界の持続可能性に関わる「憂い」であり，未来への「懸念」である．広義のケアの源泉でもある人間圏のケアは，まずは，窮状にある身近な他者への「気づかい」であり，それらに裏打ちされた無償の行為，自らが享受するものを犠牲にする可能性を引き受けた行為である（「世話

---

[7]　人間が，生きるものを殺して食う，すなわち「殺されたくない」のに「殺す」，という「やましさ」「うしろめたさ」「こだわり」を意識したところから，アンバランスを是正しようとする内発的義務としてのケアが生まれ出た，という最首の論理はきわめて興味深い（最首 2005）．殺生をするのは人間だけではないが，生きるものを無意味に大量に殺害することができるのは，やはり人間だけである．

をする」「面倒をみる」).これらの行為は結果的に悦びをもたらすかもしれず,そうでないかもしれないが,いずれにせよ効用の最大化は行為の目的ではない.人間圏が相対的に自律的なシステムをかたちづくっていること,そして人間の諸活動が三圏の存立基盤を破壊しつつあることを認識したうえで,三圏の総体的な未来への気づかいに立ち戻ること,そして自由の境界線を自ら引き直しつつ,他者への気づかいに価値を与えることが重要である.こうした規範は,生存基盤をめぐる議論に参加した者たちにすべて共有されているといっていいだろう.

4 両界曼荼羅と南方曼荼羅

　スマッツやテイヤールが描いてみせた三圏の秩序は,魅惑的で力強く,美しい.私たちもこの世界の三圏の分割を踏襲する.しかし,私たちが生きている世界は必ずしも単線的で予定調和的な三圏の進化の世界ではなく,それ自体が移ろいやすい,そしてそのなかに埋め込まれた人間の行為と非行為(その根源には外界に対する世界内存在のケアがある)によってつねに変化していくような,インセキュリティに満ちた世界である.人は家に住まうけれども,その家が堅牢な石造りであるとは限らない[8].ケア(気になること)が存在しない状態(セキュリティ)は,けっして世界の常態ではない.否定の否定としてのインセキュリティから私たちは逃れることができないのであって,このインセキュリティを少しでも減らす努力ができるにすぎない.そして,私たちは,その「すぎない」努力に価値を認めたいと思う[9].

　生存基盤指数は,そのようにつねに変化する世界を瞬間的に切り取ってみせた概念図の一つである.本節では,仏教の曼荼羅を手掛かりとして,この指数の意義をまったく別の角度から照らし出してみたい.本節では,まず密

---

[8]　仏教学者立川武蔵は,自己と世界,自己と他者の関係性を示す概念として,「配慮する」ことを「縁起」と名づけたうえで,世界と自己はハイデガーが想定するほど確信に満ちたものではないと論じている(立川 2006).

[9]　安心(気にかかるものがない状態)としてのセキュリティ(ラテン語の securitas)に「油断」という意味があることのキリスト教的な解釈については,村上(2009)の刺激的な警句を参照.

教の「両界曼荼羅」の特徴をまとめ，続けて日本の思想家・民俗学者・粘菌学者である南方熊楠による「南方曼荼羅」をとりあげる．これらの曼荼羅に関する本節の記述は，社会学者の鶴見和子と宗教学者・宗教家である頼富本宏が対話として展開した議論（鶴見・頼富 2005）に大いに依拠している．

　本書第 2 編の諸章で詳しく説明されているように，生存基盤指数は九つの指数によって構成されている．複合指数としての生存基盤指数は，地球圏・生命圏・人間圏の 3 領域，可能性・関係性・攪乱の 3 領域，これらを 3×3 で掛け合わせた九つの変数によるマトリクスとして構成される（本書第 6 章図 6-1）．この指数は，私たちの研究プロジェクト内部の議論の積み重ねによって徐々にかたちをとったものだが，筆者は完成したグリッドを見ているうちに，その形態が，真言密教が現在に伝える金剛界曼荼羅と似ていることに気づいた．金剛界曼荼羅（九会曼荼羅）もまた九つの升で構成されているからである（図 9-4）[10]．

　曼荼羅（サンスクリットの mandala の音訳で，「本質を得る」の意）とは，密教の教義を視覚的に表したものであり，大日如来を中心に多彩な仏を配置する形式をとる．曼荼羅はインドを起源とし，7 世紀に東インドのオリッサで成立した『大日経』に基づいて描かれたものが「胎蔵（界）曼荼羅」であり，その影響を受けて，7 世紀半ば以降に南インドで成立した『金剛頂経』に基づいて描かれたものが「金剛界曼荼羅」である．二つの曼荼羅をあわせて「両界曼荼羅」と称する．これらの密教教典と曼荼羅には，バラモン教やヒンズー教の影響が色濃くみられる．金剛頂経を中国に伝えたヴァジュラボーディ（金剛智）は，8 世紀後半，ジャワ・スマトラ経由の海路で広州に入ったという（頼富 2005: 38-50）．この伝播経路をみると，とりわけ金剛頂経は，熱帯仏教的なるものとして特徴づけることができるかもしれない．ただし，悟りの世界を 9 升で表現する金剛界曼荼羅の形は，両界曼荼羅という二つの曼荼羅の組み合わせとともに，空海が日本に持ち込む前に中国で成立したようである．

　金剛界曼荼羅には，いくつかの顕著な特徴がある．一つは，図柄のなかに

10）　指数開発の時点では誰も金剛界曼荼羅の存在を意識していなかったという意味で，この形式上の類似は全くの偶然である．本章は完成した指数に一つの解釈を加えたものにすぎない．

第 3 編 ──● 生存圏の総合的評価に向けて

図 9-4 金剛界曼荼羅
出典：ウィキコモンズ
http://commons.wikimedia.org/wiki/File: Kongokai.jpg

「力の中心」が存在しないことである．そもそも中央の升目（成身会）のテーマは「多様性」とも呼ぶべきものであり，そこには大日如来を含めた主要仏に加えて千の仏が細かく描き込まれ，勢揃いしている．生存基盤指数もまた，中央の変数が表現するのは多様性である．二つめは，この曼荼羅が螺旋的な往復運動を表象していることである．中央の成身会は起点でもあり終点でもある．向下門は如来の世界から始まり，右下の矢印末尾の降三世会・降三世三昧耶会では，怖ろしい形相の降三世明王が待ち受けて，素直に教えにしたがわぬ者を叱りつける．逆の向上門は，現世の苦しみから始まり，仏たちの聖なる世界へと上昇していく．二重の矢印は交互に入れ替わることができるから，全体として双方向的，循環的な運動が表現されている（図 9-5）．

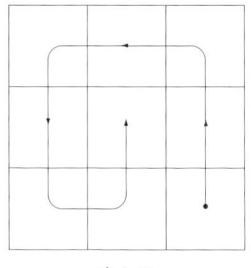

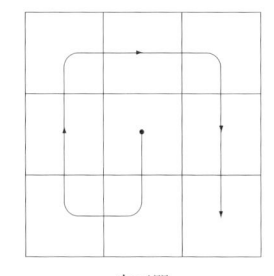

第 9 章　生存基盤曼荼羅

向上門　　　　　　　向下門

図 9-5　上向と下向
出典：鶴見・頼富（2005: 105）.

図 9-6　胎蔵曼荼羅
出典：ウィキコモンズ
http://commons.wikimedia.org/wiki/File: Taizokai.jpg

241

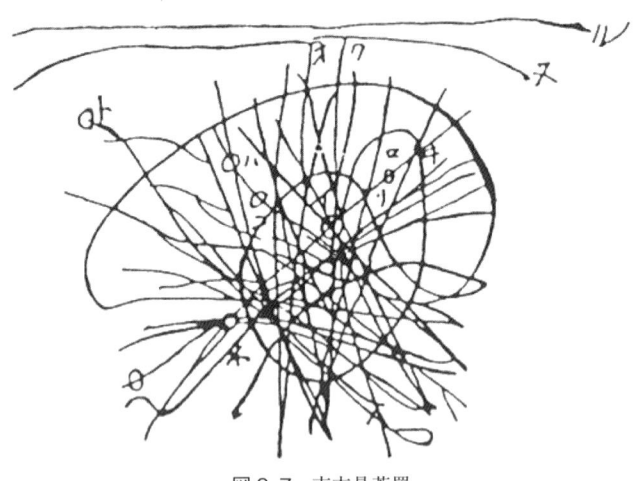

第3編 ── 生存圏の総合的評価に向けて

図9-7　南方曼荼羅

出典：鶴見（2001: 6）．

　この金剛曼荼羅と対を成す胎蔵曼荼羅は，大日如来を図版全体の中心に置き，その周囲を諸仏が取り囲む形をとっている（図9-6）．金剛界曼荼羅が悟りにいたる時間的プロセスを表すのに対して，胎蔵曼荼羅は仏たちの空間的秩序を切り取ったものだとされる．両界曼荼羅ともに，大日如来を取り囲む仏には，狭義の仏教とは無関係なインドの神々も多く取り入れられていることに注意したい．曼荼羅の図版はどれも印象な美しさをそなえているが，あくまで宗教的儀礼の一部であって，現在でもチベット仏教では描かれた曼荼羅を残さず，儀礼の後は消してしまうのだという．

　さて，ここでもう一つの曼荼羅，すなわち，思想家であり粘菌学者でもあった南方熊楠が残した南方曼荼羅を紹介しよう（図9-7）．密教をよく知っていた熊楠はこの両界曼荼羅も知っていたはずだが，彼独自の曼荼羅はじつに奇抜である．熊楠は世界を放浪し，大英博物館で独学し，『ネイチャー』誌をはじめとする学術誌に寄稿し，和歌山の那智・田辺を拠点に在野の科学者として研究を進め，さらに神社合祀反対運動に身を投じた．彼は同時代の密教僧土宜法竜に宛てた書簡にいくつかの曼荼羅を書き残しているが，この図は，明治36年（1903年）7月18日付けの書簡に描き込まれたものである．

世界の因果の理（ことわり）がさまざまな曲線と直線によって，まさに粘菌のように表されている．熊楠自身による解説は次のようである（南方＝中沢編 1991: 297）．

> さて妙なことは，この世間宇宙は，天は理なりといえるごとく（理はすじみち），図のごとく（図は平面にしか画きえず，実は長，幅の外に，厚さもある立体のものと見よ），前後左右上下，いずれの方よりも事理が透徹して，この宇宙を成す．その数無尽なり．故にどこ一つとりても，それを敷衍追究するときは，いかなることをも見出し，いかなることもなしうるようになっておる．その捗りに難易あるは，図中（イ）のごときは，諸事理の萃点ゆえ，それをとると，いろいろの理を見出すに易しくてはやい．（ロ）のごときは，（チ）（リ）の二点へ達して，初めて事理を見出すの途に着く．それまではまずは無用のものなれば，要用のみに汲々たる人間にはちょっと考え及ばぬ．（ニ）また然り．（ハ）ごときは，さして要用ならぬことながら，二理の会萃するところゆえ，人の気につきやすい．（ホ）また然り．（ヘ）ことに（ト）ごときは，（人間を図の中心に立つとして）人間に遠く，また他の事理との関係まことに薄いから，容易に気づかぬ．（中略）すなわち図中の，あるいは遠き近き一切の理が，心，物，事，理の不思議にして，それの理を（動かすことはならぬが）道筋を追蹤しえたるだけが，理由（実は現象の総概括）となりおるなり．

密教の両界曼荼羅は仏の世界の相関図を描いたものであるが，熊楠の心中に閃いたこの曼荼羅は，結界を破り，この世界全体を知るための論理の相関図を素描したものである．萃（すい）という漢字は「集める」ないし「集まる」という意味である（よいと思うものを抜き出して集めることを「抜萃」（ばっすい）という）．そこで萃点とは，すべての道筋ではないにせよ，多様な道筋が交差することによって，世界の理を理解しやすい高地である．道筋が集まる点を調べればよいということではない．そこに集まり，あるいはそこから放射される多様な道筋を追いかけることにより，世界の全体像をよりよく理解できるということである．

5　生存基盤曼荼羅の萃点

　以上をふまえて，生存基盤指数に立ち戻ってみよう．生存基盤指数も世界の概念図であるから，筆者はこの指数を世俗的で開かれた曼荼羅の一つとして理解してみたいと思う．左から右に進む時間軸のもとで，地球圏，生命圏，人間圏という三圏の重なりが生まれてきたという事実の認識は，それは必ずしも進歩の道程ではなかったかもしれないことを除けば，スマッツやテイヤールの世界観と変わらない．この三圏の秩序に加えて，私たちはそれぞれの圏を，可能性・関係性・撹乱という三つの領域に分節化して評価する．こうして浮かび上がる九つの変数はさしあたり国別のデータとして入手できるが，これを地理情報システム（Geographic Information System; GIS）の手法によって世界地図に投影することで，生態系や歴史，文化を基準とするより広域的な地域を単位として，三圏の力とバランスを比較することもできる．こうした作業の結果は本書第2編とりわけ第6章，そして巻頭の諸地図で提示されているとおりである．

　ケアの対象は本来的に平等である．寝食をともにする9人の大家族の構成員がいるとすれば，そのなかの1人は残りの8人を同じ重さをもつものとして扱わねばならない[11]．これは親密圏の内部に生まれ，そこで機能する公共の論理ともいえるだろうが，現実には，原理的には対等であるところの家族構成員の実存は，じつに多様である．各人には異なる要請があり，呼びかけがあり，価値観がある．このような家族の特徴に応じて，また時間の流れとともに，家族構成員の間で取り交わされるケアには濃淡が生じてくる．比喩的には生存基盤指数も一つの家であり，私たちは九つの変数にウェイトをかけない（本書序章）．地球と生命と人間を対等に扱うという生存基盤指数のデザインは，既存の地球環境指数にみられる人間中心主義から一定の距離を置こうとする私たちの共通の価値観を反映している（本書第2章）．そのうえ

11）家族の消費行動から貧困を計測するにあたっては，同等尺度をもちいて家族の成員それぞれの厚生水準を確かめた後は，すべての個人に同等なウェイトをかけるべしとするセン（Amartya Sen）の議論（Sen＝黒崎・山崎訳 2000: 43-45）も参照．

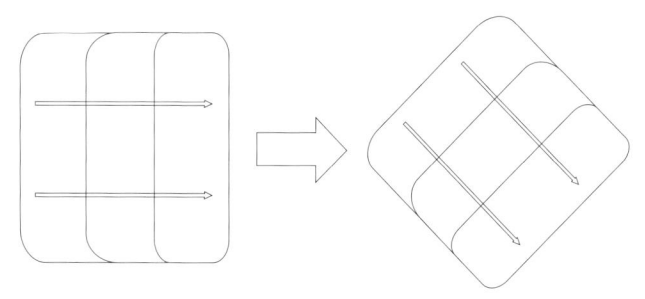

図 9-8　45°の傾き
出典：筆者作成．

　で，地域や国を単位として 9 変数を俯瞰すると，それぞれの場所で，特定の変数ないし変数群の数値が高かったり低かったりすることに気がつく．こうして地域や国という単位の個性が浮かび上がってくる（本書第 6 章）．私たちはいくつかの変数の数値を集計化し，各国をランクづけする作業も試みたが，こちらはあくまで参考情報として捉えるべきだろう．重要なのは個の優劣ではなく全体の秩序の図である．

　すでにみたように，九つの升目は本書第 6 章の図 6-1 において説明されている．前節では，このマトリクスと金剛界曼荼羅の直感的な類似を指摘した．両界曼荼羅の萃点が大日如来であるとすれば，生存基盤指数の萃点は，どのあたりに存在するのだろうか．このことを考えるために，生存基盤指数マトリクスを 45 度回転させてみる（図 9-8）．そうすると，地球圏可能性指数（太陽エネルギー）が上方に，人間圏撹乱指数（不測の死）が下方に配置される．立ち上がらせると，菱形の生存基盤指数マトリクスは鋭く硬い形相を示す．ちなみに，金剛界曼荼羅の名前にある金剛石はダイヤモンドである．

　升目の内容をあらためてみておきたい．太陽エネルギーの量は一定である．水によるエネルギー循環は，年々の変動はあるけれども，地球全体としては短期にそれほど大きく変化するものではない（本書第 3 章）．森林バイオマスと生物多様性は人間の介入によって大いに破壊されてきているけれども，人間の介入を減らせば減らすほど定常状態に復帰することが想定されるレジリエントなストックである（本書第 4 章）．他方，人間活動の激しさを直接的に反映するのが，二酸化炭素排出量と生物資源消費量，すなわち地球圏

第3編 ──● 生存圏の総合的評価に向けて

経済の再生産　　　　　　　　　生命の再生産
（economy）　　　　　　　　　（oikos）

萃点
（人間のインセキュリティ）

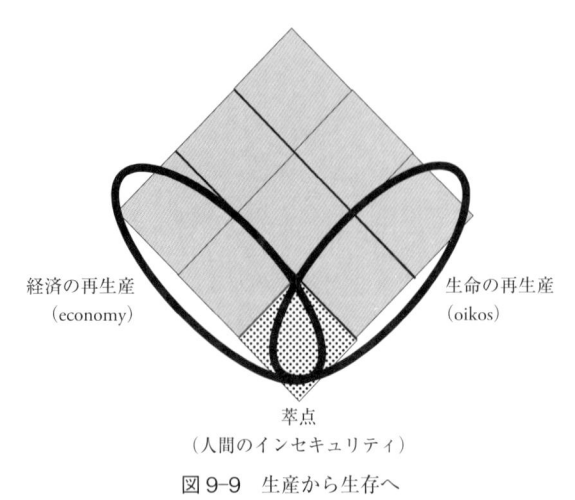

図9-9　生産から生存へ

出典：筆者作成.

と生命圏の攪乱指数（四角形の左下の辺: 本書第3章，第4章），および，人口密度と世帯内家族数＋男女人口比，すなわち生命圏の可能性指数と関係性指数（四角形の右下の辺: 本書第5章，第8章），そして最後に，人間の不条理な死という人間圏攪乱指数（四角形の下端: 本書第5章，第7章，第8章）である．人間活動の量と質によって比較的短期に増減する「可変的なもの」という意味で，これらの五つ（2＋2＋1）はまさに変数（variables）である．図9-9のなかで二つの楕円で示した変数群がこれである．

　これら5変数を特徴づけるのは，地球および生物の長大な歴史においてはほんの一瞬のサイクルで繰り返されていくような，再生産（reproduction）という現象である．ここでいう再生産には二重の意味がある．第一は左下の辺であり，グローバル経済の再生産として特徴づけられる．第二は右下の辺であり，人間生命の再生産として特徴づけられる．生命の再生産は人間に限らずすべての生命に共通するものだけれど，ここで両辺に着目するのは，公共圏における経済の再生産と親密圏における人間生命の再生産が一つのシステムの両面を構成しているからである．人間生命の再生産が生起する場はオイコス（家）であるが，人間の経済すなわちエコノミーの語源も，この同じギリシア語である．かつてフランスの人類学者 C. メイヤスー（Claude

Meillassoux）が手際よく整理してみせたとおり，資本主義経済の物的再生産は労働力の世代を超えた再生産がなければ成立しないのであって，後者は資本制がその外部に温存する家族の無償のケアに支えられている（Meillassoux＝川田・原口訳 1977）[12]．

以上をふまえつつ，筆者は9変数の連関を意識して，人間圏撹乱指数を生存基盤曼荼羅の萃点と捉えたいと考える．それはこの変数が，人間と三圏の関わりを集約しているように思われるからである．人間の不条理な死と痛みを凝縮したこの変数は「ヒューマン・インセキュリティ」の指標であり，国際規範の用語を使うならば，「人間の安全保障」の課題を示す指標だともいえるだろう．ここに組み込まれた不測の死は，産業社会の歪みと人間圏の歪みがもたらす自殺・他殺・紛争死，地球圏の作用がもたらす自然災害の犠牲，生命圏の作用がもたらす感染症による死者を組み込んだものとして，上記の二重の再生産活動の帰結であるとともに，人間圏と他圏の相互交渉の帰結である．萃点としての人間圏撹乱変数は，人間圏と他圏の相互交渉のもとで人間個体にどのような再帰的負荷がかかっているかを示している．それは同時代の人間がケアすべき領域を顕示するとともに，人間圏と他圏の関わりのあり方を根本から見直しながら人間活動の方向性を再定義していくことの必要性を，切実に照らし出すものである．私たちの足元において東日本大震災からのネットワーク型の創造的復興が求められていること（本書第7章），そして，病や失業，老いといったライフサイクルのインセキュリティに対処するケアの実践が熱帯世界に息づいていること（本書第8章）を考えても，不条理な死，すなわち人間圏撹乱指数から縦横に思考の道筋をたてることの意義は大きい[13]．

---

12) 世代の再生産は家族構成員のライフサイクルの重なりと密接に関係しているから，無償のケアの要請は家族内において予告なく強まる時期がある．そして，それを負担し提供する者は，必ずではないがたいていは女性である（Kittay＝岡野・牟田訳 2010）．E. キテイ（Eva Kittay）による依存者のケア（愛の労働）の理論は，個人の平等性を仮想的前提とするロールズ的正義論への批判として切れ味が鋭い．ただし，個人の多様性を前提とする正義論を練り上げるには，さらにケアする者の声とされる者の声（e.g. 横塚 1975）の衝突をくぐり抜ける必要があるだろう．

13) 生存基盤指数の変数間の因果の道筋を知るために当然試みるべきは，変数間の統計的な相関を求めることである（本書第6章および Appendix を参照）．ただし，地球規模あるいは熱帯・温帯という集計化された水準において変数間の相関を見通した後は，さらに脱集計化（本書第1章）

図 9-10　太陽
出典：大日如来の図は佐和（1972: 5）．

　ただし，熊楠の創造的解釈者である鶴見和子が強調するように，萃点は変わりうる（鶴見 2001）．熊楠が記したとおり，人が理の道筋を勝手に動かすことはできないけれども，時間とともに世界の姿は刻々と変わっていくわけだから，やがてまったく異なる場所で理が交差する地点が浮かび上がるかもしれない．あるいは，世界の姿と観察者が同一であっても，何かをきっかけに，ゲシュタルト転換のように全く違う像が浮かび上がってくることがあるかもしれない．
　いくつか例示しよう．私たちは，万物を遍く照らし出す太陽を，世界の構造の中心に置いて考えることもできる．胎蔵曼荼羅の萃点は大日如来であった（図 9-10）．ドイツ語では女性名詞（die Sonne），フランス語では男性名詞（le soleil）であるところの太陽は，地球を超えた太陽系システムの力の源泉である．あるいは，地球というシステムの次元で偏在する力を，循環をつうじ

して検討していく必要がある．本章が注目する「不測の死」についてみると，災害死が社会に与える衝撃には質的に大きな違いがあるから，当然のことながら死者数の多寡に基づく検定作業だけですべてを説明することはできない．巨視的な見取り図を描く作業と，地に降りて具体的な因果関係を調べる微視的な作業は，それぞれに代替不可能な意義がある．

第9章　生存基盤曼荼羅

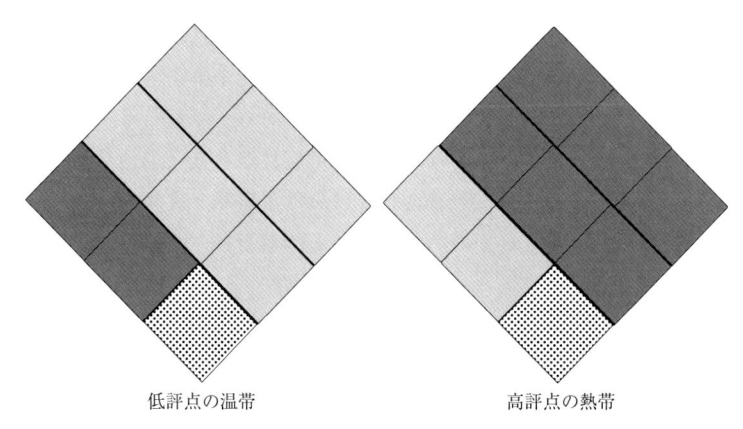

低評点の温帯　　　　　　　　　高評点の熱帯

図9-11　潜在力の対照

出典：筆者作成．

て分散させ，安定した平衡状態をつくりだそうとする水こそが，生存基盤の要諦をなすのかもしれない．あるいは，生命の誕生が，そもそも生存基盤という発想を必然化した起点なのかもしれない．あるいは，曼荼羅的思考の出発点であり目的地でもある多様性の承認こそが，生存基盤の持続性を保証するコア概念なのかもしれない．熊楠の曼荼羅図を見ても，萃点として選び出せそうな論理の交差点はいくつか存在している．萃点は移動するというだけでなく，複数存在してもいいはずである．萃点はすべての道筋が収斂する唯一の点ではない．

　最後に，第2編の諸章をふまえて，生存基盤指数の九つの升の活動の密度を大づかみに比べてみる（図9-11）．温帯の生存基盤指数の評点は全体として低い．自然の搾取的利用としての生産活動が活発な温帯においては，地球圏と生命圏の持続可能性に対する攪乱作用が激しいと評価される．この攪乱作用が大きいほど生存基盤指数は下がる．そもそも太陽エネルギーの量と循環，生物の蓄積と多様性が総体的に低度なので，温帯の低評点が顕著になる．他方，温帯の裏返しとして，熱帯の生存基盤指数の評点は全体として高い．温帯においては地球圏と生命圏への攪乱作用が相対的に温和であるため，攪乱指数が低い．その反面，生物の蓄積と多様性が相対的に高度であり，さらに，男女比を含めた不平等の問題があるにしても，全般的には人間

249

圏の潜在力が大きいと評価されるために，熱帯の高評点が顕著になる．

　宇宙から夜の地球を鳥瞰するならば，人工的な光が集中するのは主として温帯である．しかし，熱帯には力強い潜在力がある．私たちは，豊かな天然資源が眠っている地域にはさらなる開発の可能性があると主張しているわけではない．そうではなくて，未来の世界における自然と人間の新陳代謝，そして人間圏の編成の新しいかたちをつくりあげる潜在力が熱帯に豊かに存在すると考えているのである．エネルゲイア（現実態）ではなくデュナミス（可能態）に着目するとき，世界の姿はこのように大きく変わって見える．

6　おわりに

　生存基盤指数は，熱帯の潜在力の優位性を示している．私たちは，温帯バイアスに縛られた既存の指数が無効である，あるいは科学的ではないといっているわけではない．私たちの主張は，単純に，パラダイムの抜本的な刷新が求められているということである．熱帯植民地が第二次世界大戦後に独立を手に入れた後も，温帯システムの政治的，経済的，そして文化的な支配は続いている．だが，温帯的なシステムは，地球圏と生命圏の姿を再生不能なかたちで変容させ，人間圏にも新たな質の負荷を与えることで，地球の持続可能性を深刻な危機にさらしている．危機の時代には，荒削りの新しいパラダイムが支配的なパラダイムに挑戦し，競い合う．生存基盤指数は，「南の力」を総体的に再評価することによって，パラダイムの刷新に貢献しようとする努力の一部をなすものである．

　ここで求められているのは，痛めつけられた三圏に対するケアである．それは気づかいであり，関心であり，憂慮であり，世話をすることである．誤解のないように付け加えておくと，私たちは熱帯をケアすべきだといっているのではない．そうではなくて，三圏に対するケアのよりよいかたちを先取りする何かが，熱帯システムの発展径路のなかに認められるのではなかと考えるのである．熱帯の比較優位は何だろうか．温帯型発展径路と熱帯型発展径路という二つの径路は，「熱帯の善」と「温帯の悪」の対決というかたち

をとっていくのだろうか．それとも，これまでの数世紀の歴史の延長線上に温帯的なシステムが熱帯に浸透していくのだろうか．それとも，二つのシステムの部分的収斂に基づく「グローバルな均衡」が平和的に姿を現していくのだろうか．

　こうした問いに答えるために，これから生存基盤指数がさらに展開していくことを願う．過去と未来に時間軸を延長し，過去数世紀の生存基盤指数の推移を推定していくこと，あるいは，予想値を使って 2050 年において存在可能な複数の生存基盤の姿を明らかにしていくことが，試みられてもいい．これは，平面として描かれた生存基盤曼荼羅を立体化していく試みでもある．生存基盤研究は長期の歴史のなかで地域の発展径路を析出しようとするプロジェクトであった．時間軸において指数を動態化していく作業のなかから，長期の時間の流れのなかに複数の径路のベクトルを位置づける指標として，役立つものが生まれてくるかもしれない．

　生存基盤指数の動態化にはいくつもの方法があることを強調して締めくくりとする．本章の議論は，主としてキリスト教，仏教，アニミズムの世界を念頭に置くものだったが，イスラームの世界観や熱帯アフリカの世界観からも，生存基盤指数を解釈することができるかもしれない．たとえば，アフリカのバントゥー系社会が広く共有するウブントゥ（Ubuntu，相互依存的な人間の関係性を指す）の概念から，アフリカ的な世界の相関図を構想することはできないだろうか．本章を執筆するにあたって，筆者は生存基盤指数をすぐれた「人間の安全保障指数」の一つとして解釈した．だが，実践分野と専門領域に応じて，この指数には多様な解釈がありうるはずである．姿を見せた生存基盤指数は，つねに外部に開かれている．

参考文献

Dawkins, R. 2006. *The Selfish Gene* [30th anniversary edition], Oxford: Oxford University Press（日高敏隆ほか訳『利己的な遺伝子〈増補新装版〉』紀伊國屋書店，2006 年）．
Gould, S. J. 1989. *Wonderful Life: The Burgess Shale and the Nature of History*, New York: W. W. Norton and Company（渡辺政隆訳『ワンダフル・ライフ —— バージェス頁岩と生物進化の物語』早川文庫，2000 年）．
ヒュギーヌス著，松田治・青山照男訳 2005．『ギリシャ神話集』講談社学術文庫．

北川東子 2002．『ハイデガー ── 存在の謎について考える』NHK 出版．
Kierkegaard, S. A. 1844. *Begrebet Angest*（斎藤信治訳『不安の概念』岩波文庫，1979 年）．
Kittay, E. F. 1999. *Love's Labor: Essays on Women, Equality and Dependency*, New York: Routledge（岡野八代・牟田和恵監訳『愛の労働 ── あるいは依存とケアの正義論』白澤社・現代書簡，2010 年）．
Kuhn, T. S. 1962. *The Structure of Scientific Revolutions*, Chicago: The University of Chicago Press（中山茂訳『科学革命の構造』みすず書房，1971 年）．
真木悠介 2008．『自我の起源 ── 愛とエゴイズムの動物社会学』岩波現代文庫．
Meillassoux, C. 1975. *Femmes, greniers et capitaux*, Paris: François Maspero（川田順造・原口武彦訳『家族制共同体の理論 ── 経済人類学の課題』筑摩書房，1977 年）．
南方熊楠著，中沢新一編 1991．『南方マンダラ』河出文庫．
村上陽一郎 2009．「安全保障という概念をめぐって」武者小路公秀編『人間の安全保障 ── 国家中心主義をこえて』ミネルヴァ書房，37-44 頁．
NHK「東海村臨界事故」取材班 2006．『朽ちていった命 ── 被曝治療 83 日間の記録』新潮文庫．
最首悟 1998．『星子が居る ── 言葉なく語りかける重複障害の娘との 20 年』世織書房．
──── 2005．「ケアの淵源」川本隆史編『ケアの社会倫理学 ── 医療・看護・介護・教育をつなぐ』有斐閣，225-249 頁．
佐和隆研編 1972．『御室版両部曼荼羅尊像集』法蔵館．
Sen, A. K. 1981. *Poverty and Famines: An Essay on Entitlement and Deprivation*, Oxford: Oxford University Press（黒崎卓・山崎幸治訳『貧困と飢饉』岩波書店，2000 年）．
Smuts, J. C. 1926. *Holism and Evolution*, New York: Macmillan（石川光男，片岡洋二，高橋史朗訳『ホーリズムと進化』玉川大学出版部，2005 年）．
立川武蔵 2006．『マンダラという世界』講談社．
Teilhard de Chardin, P. 1955. *Le phénomène humain*, Paris: Seuil（美田稔訳『現象としての人間』みすず書房，1969 年）．
鶴見和子 2001．『南方熊楠・萃点の思想 ── 未来のパラダイム転換に向けて』藤原書店．
鶴見和子・頼富本宏 2005．『曼荼羅の思想』藤原書店．
Vernadsky, V. I. 1998. *The Biosphere*, New York: Copernicus.
頼富本宏 2005．『「金剛頂経」入門 ── 即身成仏への道』大法輪閣．
Weil, Simone 1949. *L'enracinement: prélude à une déclaration des devoirs envers l'être humain*, Paris: Gallimard（冨原眞弓訳『根をもつこと（上・下）』岩波文庫，2010 年）．
横塚晃一 1975．『母よ！ 殺すな』すずさわ書店．

Appendix

付表 1	生存基盤指数と地球圏・生命圏・人間圏総合指数	254
付表 2	地球圏総合指数	258
付表 3	生命圏総合指数	262
付表 4	人間圏総合指数	266
付表 5	生存基盤指数の各構成要素相互の Pearson 相関係数	270
付表 6	生存基盤指数の各構成要素相互の Pearson 相関係数―熱帯のみ―	271
付表 7	生存基盤指数の各構成要素相互の Pearson 相関係数―温帯のみ―	272
付表 8	生存基盤指数と人間開発指数各要素相互の Pearson 相関係数	273
付表 9	生存基盤指数と人間開発指数各要素相互の Pearson 相関係数―熱帯のみ―	274
付表 10	生存基盤指数と人間開発指数各要素相互の Pearson 相関係数―温帯のみ―	275

付表 1　生存基盤指数と地球圏・生命圏・人間圏総合指数

ランク	Country	国名	生存基盤指数	地球圏総合指数	生命圏総合指数	人間圏総合指数
1	Indonesia	インドネシア	0.726	0.712	0.611	0.545
2	Suriname	スリナム	0.693	0.611	0.680	0.459
3	Philippines	フィリピン	0.684	0.687	0.556	0.583
4	Vietnam	ベトナム	0.667	0.604	0.576	0.647
5	Peru	ペルー	0.657	0.597	0.606	0.531
6	Panama	パナマ	0.647	0.656	0.582	0.492
7	Malaysia	マレーシア	0.646	0.695	0.559	0.494
8	Madagascar	マダガスカル	0.639	0.566	0.559	0.607
9	Brazil	ブラジル	0.634	0.599	0.584	0.523
10	Sierra Leone	シエラレオネ	0.632	0.692	0.522	0.534
11	Mexico	メキシコ	0.630	0.507	0.572	0.627
12	Belize	ベリーズ	0.630	0.584	0.554	0.581
13	Bolivia	ボリビア	0.629	0.549	0.566	0.593
14	Laos	ラオス	0.618	0.627	0.522	0.570
15	Cameroon	カメルーン	0.615	0.608	0.559	0.520
16	Nepal	ネパール	0.615	0.576	0.527	0.608
17	Cambodia	カンボジア	0.615	0.647	0.507	0.570
18	Papua New Guinea	パプアニューギニア	0.611	0.738	0.540	0.415
19	Benin	ベナン	0.605	0.548	0.519	0.631
20	Thailand	タイ	0.600	0.597	0.533	0.545
21	Nicaragua	ニカラグア	0.599	0.631	0.529	0.518
22	Morocco	モロッコ	0.596	0.480	0.494	0.722
23	Colombia	コロンビア	0.592	0.669	0.609	0.323
24	Myanmar	ミャンマー	0.589	0.648	0.535	0.469
25	Congo	コンゴ	0.589	0.579	0.576	0.465
26	Guinea	ギニア	0.587	0.627	0.524	0.506
27	Sri Lanka	スリランカ	0.583	0.649	0.522	0.479
28	Georgia	グルジア	0.573	0.513	0.517	0.603
29	Bangladesh	バングラデシュ	0.572	0.624	0.508	0.506

Appendix

31	Tajikistan	タジキスタン	0.569		0.493	0.455	0.727
32	Senegal	セネガル	0.566		0.536	0.490	0.615
33	Angola	アンゴラ	0.566		0.548	0.547	0.502
34	Dominican Republic	ドミニカ共和国	0.561		0.557	0.547	0.483
35	Yemen	イエメン	0.558		0.490	0.453	0.712
36	Gabon	ガボン	0.554		0.594	0.509	0.499
37	Turkey	トルコ	0.551		0.469	0.512	0.613
38	Azerbaijan	アゼルバイジャン	0.548		0.449	0.486	0.674
39	India	インド	0.544		0.547	0.544	0.464
40	Congo, DRC	コンゴ民主共和国	0.542		0.592	0.575	0.361
41	Burkina Faso	ブルキナファソ	0.541		0.536	0.476	0.589
42	Pakistan	パキスタン	0.540		0.469	0.496	0.620
43	Ethiopia	エチオピア	0.539		0.546	0.500	0.534
44	Liberia	リベリア	0.539		0.656	0.521	0.385
45	Argentina	アルゼンチン	0.535		0.467	0.513	0.582
46	Bosnia & Herzegovina	ボスニア・ヘルツェゴビナ	0.530		0.481	0.507	0.568
47	Central African Republic	中央アフリカ共和国	0.529		0.600	0.511	0.439
48	Slovenia	スロベニア	0.528		0.478	0.545	0.500
49	Ghana	ガーナ	0.525		0.560	0.511	0.471
50	Japan	日本	0.523		0.477	0.545	0.490
51	Tunisia	チュニジア	0.521		0.451	0.471	0.642
52	Croatia	クロアチア	0.514		0.476	0.519	0.519
53	Nigeria	ナイジェリア	0.512		0.561	0.498	0.469
54	Tanzania	タンザニア	0.511		0.550	0.517	0.444
55	Egypt	エジプト	0.506		0.433	0.463	0.646
56	Uzbekistan	ウズベキスタン	0.500		0.412	0.424	0.665
57	Chile	チリ	0.496		0.523	0.457	0.547
58	Afghanistan	アフガニスタン	0.494		0.704	0.480	0.322
59	Kyrgyzstan	キルギスタン	0.494		0.469	0.456	0.598
60	South Korea	韓国	0.489		0.470	0.495	0.517
61	Slovakia	スロバキア	0.487		0.413	0.523	0.523

255

#	Country					
62	Turkmenistan	トルクメニスタン	0.485	0.390	0.452	0.667
63	Italy	イタリア	0.484	0.445	0.500	0.525
64	Mauritania	モーリタニア	0.477	0.470	0.453	0.569
65	Algeria	アルジェリア	0.477	0.441	0.461	0.584
66	Mozambique	モザンビーク	0.476	0.529	0.490	0.442
67	Mali	マリ	0.475	0.489	0.444	0.563
68	Chad	チャド	0.475	0.492	0.460	0.531
69	Greece	ギリシャ	0.474	0.426	0.498	0.529
70	Kenya	ケニア	0.474	0.531	0.505	0.410
71	Portugal	ポルトガル	0.474	0.467	0.470	0.535
72	Jordan	ヨルダン	0.474	0.439	0.476	0.553
73	Uganda	ウガンダ	0.474	0.557	0.515	0.366
74	Switzerland	スイス	0.474	0.476	0.497	0.478
75	Namibia	ナミビア	0.471	0.492	0.486	0.477
76	Moldova	モルドバ	0.470	0.435	0.491	0.523
77	Malawi	マラウィ	0.468	0.550	0.510	0.371
78	North Korea	北朝鮮	0.465	0.499	0.478	0.471
79	Bulgaria	ブルガリア	0.461	0.428	0.496	0.502
80	Spain	スペイン	0.460	0.421	0.481	0.535
81	Iran	イラン	0.456	0.434	0.494	0.490
82	Niger	ニジェール	0.452	0.471	0.455	0.515
83	Macedonia	マケドニア	0.447	0.457	0.515	0.412
84	Zambia	ザンビア	0.441	0.554	0.507	0.320
85	Mongolia	モンゴル	0.433	0.436	0.457	0.508
86	New Zealand	ニュージーランド	0.431	0.497	0.443	0.468
87	Poland	ポーランド	0.431	0.377	0.475	0.531
88	Australia	オーストラリア	0.429	0.356	0.526	0.457
89	France	フランス	0.428	0.430	0.472	0.477
90	Ukraine	ウクライナ	0.421	0.395	0.488	0.471
91	Hungary	ハンガリー	0.421	0.414	0.478	0.468
92	Czech Republic	チェコ	0.418	0.366	0.494	0.483
93	Lesotho	レソト	0.417	0.504	0.462	0.398

Appendix

95	Swaziland	スワジランド	0.359	0.488	0.490	0.413
96	Germany	ドイツ	0.486	0.480	0.373	0.411
97	Sudan	スーダン	0.303	0.506	0.500	0.406
98	Libya	リビア	0.552	0.426	0.386	0.402
99	China	中国	0.278	0.534	0.466	0.401
100	United States	アメリカ合衆国	0.489	0.495	0.321	0.399
101	South Africa	南アフリカ共和国	0.270	0.535	0.442	0.386
102	Zimbabwe	ジンバブエ	0.240	0.509	0.511	0.382
103	Denmark	デンマーク	0.477	0.454	0.369	0.381
104	Kazakhstan	カザフスタン	0.472	0.457	0.357	0.376
105	Ireland	アイルランド	0.491	0.420	0.387	0.367
106	Latvia	ラトビア	0.449	0.428	0.412	0.366
107	Belarus	ベラルーシ	0.415	0.459	0.385	0.363
108	Lithuania	リトアニア	0.404	0.449	0.400	0.356
109	Norway	ノルウェー	0.465	0.417	0.388	0.352
110	Russia	ロシア	0.356	0.493	0.330	0.336
111	Botswana	ボツワナ	0.258	0.463	0.480	0.335
112	Sweden	スウェーデン	0.511	0.344	0.372	0.302
113	Canada	カナダ	0.498	0.343	0.282	0.250
114	Saudi Arabia	サウジアラビア	0.278	0.426	0.350	0.247
115	Finland	フィンランド	0.439	0.278	0.319	0.182

凡例

Saudi Arabia	熱帯国	
Finland	温帯国	

色分け　段階
　　　　　高位

　　　　　低位

（無色）

＊熱帯国とは、「赤道を中心に北回帰線と南回帰線に挟まれた地域」という定義をもとにわれわれが任意に設定した国のこと。本書第6章図6-8も参照のこと。

257

付表2　地球圏総合指数

ランク	Country	国名	地球圏総合指数	太陽エネルギー	大気・水循環指数	CO_2排出量
1	Papua New Guinea	パプアニューギニア	0.738	0.645	0.762	0.438
2	Indonesia	インドネシア	0.712	0.661	0.710	0.453
3	Afghanistan	アフガニスタン	0.704	0.475	0.426	0.000
4	Malaysia	マレーシア	0.695	0.669	0.732	0.517
5	Sierra Leone	シエラレオネ	0.692	0.617	0.691	0.429
6	Philippines	フィリピン	0.687	0.631	0.679	0.442
7	Colombia	コロンビア	0.669	0.602	0.682	0.450
8	Liberia	リベリア	0.656	0.601	0.636	0.429
9	Panama	パナマ	0.656	0.618	0.646	0.456
10	Sri Lanka	スリランカ	0.649	0.678	0.554	0.437
11	Myanmar	ミャンマー	0.648	0.553	0.669	0.430
12	Cambodia	カンボジア	0.647	0.621	0.601	0.431
13	Guyana	ガイアナ	0.637	0.609	0.619	0.457
14	Nicaragua	ニカラグア	0.631	0.580	0.617	0.439
15	Equatorial Guinea	赤道ギニア	0.628	0.614	0.650	0.510
16	Laos	ラオス	0.627	0.558	0.624	0.430
17	Guinea	ギニア	0.627	0.615	0.565	0.429
18	Bangladesh	バングラデシュ	0.624	0.526	0.650	0.430
19	El Salvador	エルサルバドル	0.616	0.625	0.548	0.444
20	Suriname	スリナム	0.611	0.612	0.609	0.501
21	Ecuador	エクアドル	0.608	0.555	0.618	0.459
22	Cameroon	カメルーン	0.608	0.627	0.520	0.432
23	Vietnam	ベトナム	0.604	0.563	0.587	0.444
24	Central African Republic	中央アフリカ共和国	0.600	0.641	0.485	0.427
25	Brazil	ブラジル	0.599	0.592	0.560	0.456
26	Thailand	タイ	0.597	0.611	0.565	0.482
27	Peru	ペルー	0.597	0.588	0.548	0.444
28	Gabon	ガボン	0.594	0.610	0.559	0.482
29	Congo, DRC	コンゴ民主共和国	0.592	0.634	0.476	0.427
30	Venezuela	ベネズエラ	0.587	0.613	0.578	0.518
31	Belize	ベリーズ	0.584	0.575	0.564	0.472
32	Congo	コンゴ	0.579	0.613	0.495	0.451

#	Country					
35	Madagascar	マダガスカル	0.566		0.495	0.429
36	Cote d'Ivoire	コートジボアール	0.563	0.566	0.459	0.432
37	Nigeria	ナイジェリア	0.561	0.599	0.463	0.437
38	Ghana	ガーナ	0.560	0.597	0.445	0.432
39	Uganda	ウガンダ	0.557	0.607	0.418	0.428
40	Dominican Republic	ドミニカ共和国	0.557	0.624	0.470	0.457
41	Zambia	ザンビア	0.554	0.601	0.447	0.430
42	Malawi	マラウイ	0.550	0.591	0.439	0.428
43	Tanzania	タンザニア	0.550	0.590	0.428	0.428
44	Bolivia	ボリビア	0.549	0.600	0.469	0.449
45	Benin	ベナン	0.548	0.579	0.441	0.432
46	Angola	アンゴラ	0.548	0.588	0.445	0.446
47	India	インド	0.547	0.597	0.507	0.443
48	Ethiopia	エチオピア	0.546	0.531	0.439	0.428
49	Burkina Faso	ブルキナファソ	0.536	0.582	0.428	0.427
50	Senegal	セネガル	0.536	0.573	0.426	0.434
51	Kenya	ケニア	0.531	0.581	0.411	0.431
52	Mozambique	モザンビーク	0.529	0.584	0.433	0.428
53	Chile	チリ	0.523	0.556	0.541	0.485
54	Eritrea	エリトリア	0.523	0.492	0.410	0.429
55	Paraguay	パラグアイ	0.519	0.567	0.442	0.436
56	Uruguay	ウルグアイ	0.514	0.535	0.478	0.454
57	Georgia	グルジア	0.513	0.505	0.529	0.441
58	Zimbabwe	ジンバブエ	0.511	0.441	0.419	0.440
59	Mexico	メキシコ	0.507	0.545	0.444	0.488
60	Lesotho	レソト	0.504	0.562	0.419	0.428
61	Sudan	スーダン	0.500	0.519	0.407	0.431
62	North Korea	北朝鮮	0.499	0.527	0.498	0.477
63	New Zealand	ニュージーランド	0.497	0.481	0.600	0.562
64	Tajikistan	タジキスタン	0.493	0.459	0.462	0.440
65	Chad	チャド	0.492	0.468	0.412	0.427
66	Namibia	ナミビア	0.492	0.503	0.411	0.448
67	Swaziland	スワジランド	0.490	0.524	0.416	0.440
68	Yemen	イエメン	0.490	0.508	0.412	0.441
				0.512		

#	Country	国名				
69	Mali	マリ	0.489			0.427
70	Bosnia & Herzegovina	ボスニア・ヘルツェゴビナ	0.481	0.498	0.523	0.495
71	Morocco	モロッコ	0.480	0.437	0.416	0.451
72	Botswana	ボツワナ	0.480	0.499	0.408	0.463
73	Slovenia	スロベニア	0.478	0.519	0.592	0.553
74	Japan	日本	0.477	0.422	0.570	0.581
75	Switzerland	スイス	0.476	0.469	0.571	0.526
76	Croatia	クロアチア	0.476	0.411	0.525	0.506
77	Niger	ニジェール	0.471	0.437	0.410	0.428
78	Mauritania	モーリタニア	0.470	0.464	0.408	0.435
79	South Korea	韓国	0.470	0.472	0.538	0.584
80	Kyrgyzstan	キルギスタン	0.469	0.490	0.427	0.444
81	Pakistan	パキスタン	0.469	0.460	0.395	0.439
82	Turkey	トルコ	0.469	0.486	0.457	0.480
83	Portugal	ポルトガル	0.467	0.464	0.484	0.527
84	Argentina	アルゼンチン	0.467	0.482	0.417	0.486
85	China	中国	0.466	0.507	0.444	0.493
86	Macedonia	マケドニア	0.457	0.485	0.457	0.494
87	Tunisia	チュニジア	0.451	0.456	0.415	0.464
88	Serbia & Montenegro	セルビア・モンテネグロ	0.451	0.456	0.476	0.504
89	Azerbaijan	アゼルバイジャン	0.449	0.436	0.418	0.486
90	Italy	イタリア	0.445	0.471	0.486	0.555
91	Syria	シリア	0.443	0.465	0.415	0.468
92	South Africa	南アフリカ共和国	0.442	0.444	0.411	0.537
93	Algeria	アルジェリア	0.441	0.514	0.411	0.472
94	Jordan	ヨルダン	0.439	0.449	0.411	0.483
95	Mongolia	モンゴル	0.436	0.456	0.415	0.486
96	Moldova	モルドバ	0.435	0.449	0.420	0.461
97	Iran	イラン	0.434	0.417	0.418	0.526
98	Egypt	エジプト	0.433	0.481	0.398	0.460
99	Romania	ルーマニア	0.431	0.435	0.446	0.495
100	France	フランス	0.430	0.417	0.483	0.529
101	Bulgaria	ブルガリア	0.428	0.412	0.449	0.522
102	Greece	ギリシャ	0.426	0.435	0.463	0.573
103	Iraq	イラク	0.422	0.469	0.404	0.483
				0.430		

Appendix

#	Country		v1	v2	v3
106	Hungary	ハンガリー	0.414	0.435	0.519
107	Slovakia	スロバキア	0.413	0.479	0.544
108	Latvia	ラトビア	0.412	0.460	0.478
109	Uzbekistan	ウズベキスタン	0.431	0.393	0.494
110	United Kingdom	イギリス	0.355	0.539	0.567
111	Lithuania	リトアニア	0.342	0.457	0.490
112	Ukraine	ウクライナ	0.389	0.436	0.528
113	Turkmenistan	トルクメニスタン	0.442	0.408	0.562
114	Norway	ノルウェー	0.300	0.541	0.559
115	Ireland	アイルランド	0.347	0.534	0.599
116	Libya	リビア	0.426	0.410	0.556
117	Belarus	ベラルーシ	0.356	0.449	0.526
118	Belgium	ベルギー	0.375	0.498	0.601
119	Oman	オマーン	0.467	0.410	0.607
120	Poland	ポーランド	0.366	0.448	0.551
121	Germany	ドイツ	0.370	0.470	0.585
122	Sweden	スウェーデン	0.312	0.459	0.517
123	Denmark	デンマーク	0.349	0.468	0.569
124	Czech Republic	チェコ	0.397	0.456	0.612
125	Kazakhstan	カザフスタン	0.407	0.407	0.589
126	Australia	オーストラリア	0.526	0.417	0.721
127	Saudi Arabia	サウジアラビア	0.450	0.409	0.649
128	Estonia	エストニア	0.334	0.457	0.617
129	Russia	ロシア	0.333	0.437	0.599
130	United States	アメリカ合衆国	0.436	0.450	0.733
131	Finland	フィンランド	0.298	0.446	0.595
132	Canada	カナダ	0.331	0.445	0.699
133	United Arab Emirates	アラブ首長国連邦	0.460	0.412	0.873

*赤が濃いほど可能性指数・関係性指数が高い。
色分け 高位 低位 (無色)

*青が濃いほど攪乱指数が高い。
色分け 段階 高位 低位 (無色)

付表 3 生命圏総合指数

ランク	Country	国名	生命圏総合指数	森林バイオマス	生物多様性指数	HANPP
1	Suriname	スリナム	0.680	0.916	0.554	0.431
2	French Guiana	仏領ギアナ	0.650	0.911	0.556	0.517
3	Brunei	ブルネイ	0.623	0.756	0.641	0.528
4	Indonesia	インドネシア	0.611	0.598	0.731	0.497
5	Colombia	コロンビア	0.609	0.571	0.711	0.455
6	Peru	ペルー	0.606	0.586	0.667	0.435
7	Brazil	ブラジル	0.584	0.605	0.678	0.533
8	Panama	パナマ	0.582	0.542	0.653	0.447
9	Guyana	ガイアナ	0.578	0.625	0.591	0.481
10	Vietnam	ベトナム	0.576	0.501	0.674	0.445
11	Congo	コンゴ	0.576	0.668	0.569	0.509
12	Congo, DRC	コンゴ民主共和国	0.575	0.634	0.568	0.476
13	Mexico	メキシコ	0.572	0.450	0.702	0.436
14	Bolivia	ボリビア	0.566	0.523	0.607	0.433
15	Jamaica	ジャマイカ	0.561	0.530	0.573	0.421
16	Madagascar	マダガスカル	0.559	0.491	0.658	0.471
17	New Caledonia	ニューカレドニア	0.559	0.503	0.610	0.435
18	Malaysia	マレーシア	0.559	0.661	0.658	0.642
19	Cote d'Ivoire	コートジボアール	0.559	0.564	0.559	0.446
20	Cameroon	カメルーン	0.559	0.561	0.592	0.477
21	Trinidad & Tobago	トリニダード・トバゴ	0.559	0.513	0.587	0.425
22	Philippines	フィリピン	0.556	0.476	0.647	0.454
23	Belize	ベリーズ	0.554	0.605	0.561	0.503
24	Costa Rica	コスタリカ	0.552	0.537	0.668	0.551
25	Equatorial Guinea	赤道ギニア	0.551	0.598	0.605	0.550
26	Cuba	キューバ	0.549	0.474	0.600	0.427
27	Angola	アンゴラ	0.547	0.508	0.564	0.430
28	Dominican Republic	ドミニカ共和国	0.547	0.481	0.574	0.414
29	Japan	日本	0.545	0.525	0.563	0.452
30	Slovenia	スロベニア	0.545	0.637	0.507	0.509
31	India	インド	0.544	0.445	0.609	0.422
32	Papua New Guinea	パプアニューギニア	0.540	0.547	0.655	0.583
33	Myanmar	ミャンマー	0.535	0.484	0.557	0.434
34	South Africa	南アフリカ共和国	0.535	0.440	0.611	0.446
35	China	中国	0.534	0.440	0.592	0.431
36	Thailand	タイ	0.533	0.464	0.585	0.451

Appendix

#	Country							
40	Nepal	ネパール	0.527	0.506		0.564		0.489
41	Australia	オーストラリア	0.526	0.445		0.657		0.523
42	Guinea	ギニア	0.524	0.484		0.542		0.453
43	Slovakia	スロバキア	0.523	0.530		0.526		0.486
44	Sri Lanka	スリランカ	0.522	0.445		0.572		0.450
45	Laos	ラオス	0.522	0.537		0.523		0.494
46	Sierra Leone	シエラレオネ	0.522	0.496		0.569		0.500
47	Honduras	ホンジュラス	0.521	0.493		0.570		0.500
48	Liberia	リベリア	0.521	0.571		0.511		0.518
49	Guinea-Bissau	ギニアビサウ	0.521	0.506		0.531		0.474
50	Croatia	クロアチア	0.519	0.532		0.472		0.447
51	Benin	ベナン	0.519	0.481		0.550		0.475
52	Georgia	グルジア	0.517	0.498		0.508		0.454
53	Burundi	ブルンジ	0.517	0.440		0.587		0.475
54	Tanzania	タンザニア	0.517	0.479		0.583		0.511
55	Uganda	ウガンダ	0.515	0.438		0.574		0.467
56	Macedonia	マケドニア	0.515	0.481		0.503		0.440
57	Haiti	ハイチ	0.514	0.428		0.585		0.471
58	Albania	アルバニア	0.513	0.467		0.491		0.418
59	Argentina	アルゼンチン	0.513	0.450		0.548		0.459
60	Turkey	トルコ	0.512	0.450		0.524		0.438
61	The Gambia	ガンビア	0.512	0.501		0.533		0.499
62	Ghana	ガーナ	0.511	0.464		0.567		0.498
63	Central African Republic	中央アフリカ共和国	0.511	0.535		0.486		0.489
64	Malawi	マラウイ	0.510	0.459		0.554		0.485
65	Israel	イスラエル	0.509	0.428		0.530		0.430
66	Gabon	ガボン	0.509	0.678		0.566		0.718
67	Zimbabwe	ジンバブエ	0.509	0.455		0.532		0.461
68	Bangladesh	バングラデシュ	0.508	0.438		0.501		0.414
69	Cambodia	カンボジア	0.507	0.486		0.494		0.459
70	Bosnia & Herzegovina	ボスニア・ヘルツェゴビナ	0.507	0.479		0.468		0.426
71	Zambia	ザンビア	0.507	0.501		0.503		0.484
72	Lebanon	レバノン	0.506	0.428		0.512		0.421
73	Sudan	スーダン	0.506	0.438		0.506		0.425
74	Kenya	ケニア	0.505	0.442		0.566		0.493
75	Italy	イタリア	0.500	0.469		0.486		0.456
76	Ethiopia	エチオピア	0.500	0.428		0.543		0.472

#	Country	日本語			
77	Greece	ギリシャ	0.498			0.455
78	Nigeria	ナイジェリア	0.498	0.510	0.438	0.470
79	Switzerland	スイス	0.497	0.510	0.452	0.490
80	Pakistan	パキスタン	0.496	0.471	0.510	0.419
81	Bulgaria	ブルガリア	0.496	0.478	0.430	0.453
82	South Korea	韓国	0.495	0.472	0.469	0.429
83	United States	アメリカ合衆国	0.495	0.427	0.489	0.566
84	Morocco	モロッコ	0.494	0.576	0.474	0.406
85	Iran	イラン	0.494	0.454	0.435	0.414
86	Czech Republic	チェコ	0.494	0.469	0.428	0.501
87	Solomon Is.	ソロモン諸島	0.493	0.448	0.535	0.635
88	Russia	ロシア	0.493	0.534	0.581	0.464
89	Moldova	モルドバ	0.491	0.470	0.472	0.416
90	Senegal	セネガル	0.490	0.443	0.445	0.480
91	Mozambique	モザンビーク	0.490	0.485	0.467	0.502
92	Swaziland	スワジランド	0.488	0.494	0.476	0.529
93	Ukraine	ウクライナ	0.488	0.539	0.455	0.418
94	Romania	ルーマニア	0.488	0.428	0.455	0.455
95	Armenia	アルメニア	0.487	0.430	0.489	0.486
96	Namibia	ナミビア	0.486	0.513	0.435	0.480
97	Azerbaijan	アゼルバイジャン	0.486	0.508	0.430	0.480
98	Virgin Is.	バージン諸島	0.486	0.497	0.440	0.625
99	Spain	スペイン	0.481	0.588	0.493	0.471
100	Germany	ドイツ	0.480	0.471	0.442	0.474
101	Afghanistan	アフガニスタン	0.480	0.394	0.520	0.442
102	Hungary	ハンガリー	0.478	0.455	0.425	0.462
103	North Korea	北朝鮮	0.478	0.435	0.462	0.418
104	Austria	オーストリア	0.477	0.394	0.457	0.563
105	Burkina Faso	ブルキナファソ	0.476	0.456	0.540	0.516
106	Jordan	ヨルダン	0.476	0.495	0.450	0.449
107	Somalia	ソマリア	0.475	0.454	0.423	0.509
108	Poland	ポーランド	0.475	0.497	0.438	0.472
109	Bhutan	ブータン	0.472	0.396	0.501	0.719
110	France	フランス	0.472	0.541	0.595	0.493
111	Tunisia	チュニジア	0.471	0.433	0.476	0.431
112	Cyprus	キプロス	0.470	0.420	0.425	0.457
113	Portugal	ポルトガル	0.470	0.438	0.430	0.521
114	Puerto Rico	プエルトリコ	0.466	0.482	0.450	0.630

Appendix

#	Country	国名				
119	Algeria	アルジェリア		0.423	0.461	0.364	0.404
120	Chad	チャド		0.435	0.460	0.398	0.455
121	Belarus	ベラルーシ	0.493	0.459	0.394	0.512
122	Kazakhstan	カザフスタン		0.425	0.457	0.419	0.473
123	Chile	チリ		0.467	0.457	0.523	0.619
124	Mongolia	モンゴル		0.433	0.457	0.395	0.458
125	Kyrgyzstan	キルギスタン		0.430	0.456	0.424	0.487
126	Estonia	エストニア	0.518	0.455	0.431	0.583
127	Niger	ニジェール		0.423	0.455	0.428	0.486
128	Tajikistan	タジキスタン		0.423	0.455	0.424	0.483
129	Denmark	デンマーク		0.445	0.454	0.411	0.493
130	Mauritania	モーリタニア	0.423	0.453	0.383	0.447
131	Yemen	イエメン		0.423	0.453	0.409	0.474
132	United Kingdom	イギリス		0.438	0.453	0.364	0.444
133	Turkmenistan	トルクメニスタン		0.423	0.452	0.420	0.488
134	Lithuania	リトアニア	0.481	0.449	0.423	0.556
135	Mali	マリ		0.428	0.444	0.409	0.505
136	New Zealand	ニュージーランド	0.540	0.443	0.491	0.701
137	United Arab Emirates	アラブ首長国連邦		0.428	0.438	0.380	0.495
138	Latvia	ラトビア	0.530	0.428	0.422	0.667
139	Saudi Arabia	サウジアラビア		0.423	0.426	0.348	0.492
140	Libya	リビア		0.423	0.426	0.321	0.466
141	Uzbekistan	ウズベキスタン		0.423	0.424	0.440	0.491
142	Ireland	アイルランド		0.430	0.420	0.333	0.503
143	Norway	ノルウェー		0.455	0.417	0.351	0.554
144	Falkland Is.	フォークランド諸島		0.423	0.399	0.231	0.457
145	Qatar	カタール		0.423	0.393	0.266	0.509
146	Sweden	スウェーデン	0.498	0.344	0.356	0.823
147	Canada	カナダ	0.459	0.343	0.363	0.794
148	Finland	フィンランド	0.489	0.278	0.346	1.000

*赤が濃いほど可能性指数・関係性指数が高い。色分け（無色）　段階　高位／低位

*青が濃いほど撹乱指数が高い。色分け（無色）　段階　高位／低位

265

付表 4　人間圏総合指数

ランク	Country	国名	人間圏総合指数	人口密度	ケア指数	不測の死
1	Tajikistan	タジキスタン	0.727	0.474	0.677	0.428
2	Morocco	モロッコ	0.722	0.477	0.648	0.407
3	Yemen	イエメン	0.712	0.474	0.663	0.430
4	Azerbaijan	アゼルバイジャン	0.674	0.475	0.598	0.406
5	Mauritius	モーリシャス	0.669	0.549	0.536	0.423
6	Turkmenistan	トルクメニスタン	0.667	0.471	0.636	0.447
7	Uzbekistan	ウズベキスタン	0.665	0.475	0.605	0.423
8	Maldives	モルジブ	0.648	0.560	0.531	0.452
9	Vietnam	ベトナム	0.647	0.493	0.591	0.446
10	Egypt	エジプト	0.646	0.477	0.563	0.402
11	Cape Verde	カーボベルデ	0.642	0.489	0.591	0.447
12	Tunisia	チュニジア	0.642	0.476	0.565	0.407
13	The Gambia	ガンビア	0.641	0.485	0.648	0.501
14	Barbados	バルバドス	0.640	0.565	0.516	0.450
15	Benin	ベナン	0.631	0.476	0.648	0.503
16	Mexico	メキシコ	0.627	0.475	0.575	0.433
17	Tonga	トンガ	0.623	0.505	0.516	0.409
18	Pakistan	パキスタン	0.620	0.487	0.591	0.468
19	Senegal	セネガル	0.615	0.475	0.634	0.505
20	Turkey	トルコ	0.613	0.478	0.546	0.421
21	Comoros	コモロ	0.612	0.526	0.516	0.441
22	Lebanon	レバノン	0.610	0.503	0.526	0.431
23	Grenada	グレナダ	0.608	0.520	0.508	0.431
24	Nepal	ネパール	0.608	0.487	0.636	0.527
25	Madagascar	マダガスカル	0.607	0.473	0.576	0.453
26	Georgia	グルジア	0.603	0.475	0.530	0.413
27	Eritrea	エリトリア	0.602	0.474	0.599	0.483
28	Kyrgyzstan	キルギスタン	0.598	0.472	0.568	0.454
29	Guinea-Bissau	ギニアビサウ	0.597	0.474	0.644	0.533
30	Fiji	フィジー	0.595	0.474	0.520	0.411
31	Bolivia	ボリビア	0.593	0.471	0.532	0.422
32	Togo	トーゴ	0.591	0.479	0.648	0.548
33	Burkina Faso	ブルキナファソ	0.589	0.475	0.648	0.546
34	Israel	イスラエル	0.585	0.498	0.500	0.426
35	Algeria	アルジェリア	0.584	0.471	0.543	0.443
36	Philippines	フィリピン	0.583	0.498	0.557	0.486
37	Argentina	アルゼンチン	0.582	0.471	0.534	0.437
38	Belize	ベリーズ	0.581	0.471	0.591	0.493
39	Albania	アルバニア	0.579	0.479	0.520	0.433

43	Mauritania	モーリタニア	0.569	0.575	0.490
44	Bosnia & Herzegovina	ボスニア・ヘルツェゴビナ	0.568	0.515	0.437
45	Mali	マリ	0.563	0.618	0.540
46	Jordan	ヨルダン	0.553	0.475	0.412
47	Libya	リビア	0.552	0.482	0.414
48	Chile	チリ	0.547	0.500	0.440
49	Thailand	タイ	0.545	0.530	0.481
50	Indonesia	インドネシア	0.545	0.538	0.490
51	Djibouti	ジブチ	0.539	0.546	0.496
52	Portugal	ポルトガル	0.535	0.469	0.429
53	Spain	スペイン	0.535	0.462	0.420
54	Ethiopia	エチオピア	0.534	0.579	0.536
55	Sierra Leone	シエラレオネ	0.534	0.648	0.607
56	Peru	ペルー	0.531	0.465	0.421
57	Poland	ポーランド	0.531	0.477	0.442
58	Chad	チャド	0.529	0.611	0.567
59	Greece	ギリシャ	0.528	0.439	0.403
60	Uruguay	ウルグアイ	0.525	0.492	0.451
61	Italy	イタリア	0.523	0.439	0.417
62	Moldova	モルドバ	0.523	0.494	0.466
63	Netherlands	オランダ	0.523	0.416	0.421
64	Brazil	ブラジル	0.523	0.530	0.495
65	Slovakia	スロバキア	0.520	0.462	0.435
66	Cameroon	カメルーン	0.519	0.598	0.568
67	Croatia	クロアチア	0.518	0.477	0.451
68	Nicaragua	ニカラグア	0.517	0.518	0.491
69	South Korea	韓国	0.515	0.469	0.482
70	Niger	ニジェール	0.511	0.573	0.546
71	Sweden	スウェーデン	0.509	0.454	0.432
72	Rwanda	ルワンダ	0.508	0.598	0.612
73	Mongolia	モンゴル	0.507	0.469	0.448
74	United Kingdom	イギリス	0.507	0.416	0.418
75	Guatemala	グアテマラ	0.506	0.534	0.526
76	Guinea	ギニア	0.505	0.539	0.524
77	Bangladesh	バングラデシュ	0.502	0.431	0.506
78	Paraguay	パラグアイ	0.502	0.476	0.459
79	Bulgaria	ブルガリア	0.502	0.447	0.437
80	Angola	アンゴラ	0.501	0.614	0.601
81	Luxembourg	ルクセンブルグ	0.501	0.431	0.434
82	El Salvador	エルサルバドル	0.500	0.534	0.547
83	Slovenia	スロベニア		0.477	0.473

#	Country					
84	Gabon	ガボン	0.499	0.470	0.560	0.549
85	Cuba	キューバ	0.498	0.479	0.448	0.446
86	Canada	カナダ	0.494	0.470	0.437	0.428
87	Malaysia	マレーシア	0.492	0.477	0.442	0.444
88	Panama	パナマ	0.492	0.474	0.453	0.453
89	Belgium	ベルギー	0.491	0.500	0.424	0.450
90	Ireland	アイルランド	0.491	0.475	0.424	0.427
91	Iran	イラン	0.490	0.474	0.452	0.454
92	Japan	日本	0.490	0.499	0.443	0.470
93	United States	アメリカ合衆国	0.489	0.473	0.439	0.441
94	Germany	ドイツ	0.486	0.490	0.409	0.431
95	Dominican Republic	ドミニカ共和国	0.483	0.488	0.453	0.476
96	Czech Republic	チェコ	0.483	0.481	0.424	0.441
97	Austria	オーストリア	0.480	0.478	0.424	0.442
98	Sri Lanka	スリランカ	0.479	0.497	0.525	0.563
99	Switzerland	スイス	0.478	0.485	0.416	0.443
100	Namibia	ナミビア	0.477	0.470	0.599	0.612
101	France	フランス	0.477	0.480	0.424	0.446
102	Denmark	デンマーク	0.477	0.481	0.409	0.433
103	Syria	シリア	0.475	0.479	0.378	0.401
104	Kazakhstan	カザフスタン	0.472	0.470	0.500	0.517
105	Ukraine	ウクライナ	0.471	0.476	0.484	0.509
106	Ghana	ガーナ	0.471	0.478	0.482	0.509
107	North Korea	北朝鮮	0.471	0.487	0.427	0.463
108	Vanuatu	バヌアツ	0.471	0.472	0.422	0.443
109	Iraq	イラク	0.469	0.476	0.754	0.781
110	Myanmar	ミャンマー	0.469	0.476	0.587	0.613
111	Nigeria	ナイジェリア	0.469	0.485	0.534	0.569
112	New Zealand	ニュージーランド	0.468	0.471	0.409	0.432
113	Hungary	ハンガリー	0.468	0.479	0.439	0.470
114	Costa Rica	コスタリカ	0.466	0.477	0.404	0.435
115	Cyprus	キプロス	0.465	0.479	0.360	0.394
116	Congo	コンゴ	0.465	0.471	0.557	0.582
117	Norway	ノルウェー	0.465	0.471	0.399	0.425
118	India	インド	0.464	0.503	0.410	0.469
119	Suriname	スリナム	0.459	0.470	0.458	0.489
120	Australia	オーストラリア	0.457	0.470	0.391	0.424
121	Ecuador	エクアドル	0.455	0.475	0.463	0.503
122	Latvia	ラトビア	0.449	0.473	0.447	0.492
123	Burundi	ブルンジ	0.445	0.496	0.614	0.686
124	Tanzania	タンザニア	0.444	0.474	0.577	0.628

Appendix

129	The Bahamas	バハマ	0.439	0.470	0.636	0.688
130	Venezuela	ベネズエラ	0.435	0.473	0.424	0.483
131	Somalia	ソマリア	0.431	0.472	0.494	0.557
132	Timor Leste	東チモール	0.422	0.471	0.595	0.667
133	Belarus	ベラルーシ	0.421	0.476	0.421	0.498
134	Papua New Guinea	パプアニューギニア	0.415	0.474	0.439	0.520
135	Macedonia	マケドニア	0.412	0.471	0.425	0.505
136	Kenya	ケニア	0.410	0.477	0.449	0.536
137	Lithuania	リトアニア	0.404	0.476	0.543	0.631
138	Lesotho	レソト	0.398	0.474	0.439	0.533
139	Samoa	サモア	0.397	0.476	0.599	0.701
140	Iceland	アイスランド	0.388	0.478	0.335	0.440
141	Liberia	リベリア	0.385	0.470	0.324	0.430
142	Malawi	マラウイ	0.371	0.473	0.585	0.698
143	Guyana	ガイアナ	0.368	0.481	0.530	0.665
144	Bhutan	ブータン	0.368	0.470	0.448	0.576
145	Uganda	ウガンダ	0.366	0.471	0.331	0.460
146	Congo, DRC	コンゴ民主共和国	0.361	0.481	0.569	0.711
147	Swaziland	スワジランド	0.359	0.472	0.557	0.695
148	Russia	ロシア	0.356	0.476	0.599	0.742
149	Armenia	アルメニア	0.352	0.470	0.454	0.595
150	Colombia	コロンビア	0.323	0.479	0.553	0.706
151	Afghanistan	アフガニスタン	0.322	0.473	0.534	0.713
152	Zambia	ザンビア	0.310	0.474	0.285	0.465
153	Kuwait	クウェート	0.303	0.471	0.557	0.737
154	Sudan	スーダン	0.289	0.484	0.197	0.400
155	Oman	オマーン	0.278	0.471	0.586	0.785
156	Saudi Arabia	サウジアラビア	0.278	0.471	0.197	0.410
157	China	中国	0.270	0.482	0.422	0.452
158	South Africa	南アフリカ共和国	0.258	0.473	0.599	0.834
159	Botswana	ボツワナ	0.240	0.470	0.493	0.737
160	Zimbabwe	ジンバブエ	0.220	0.473	0.596	0.862
161	Haiti	ハイチ	0.217	0.500	0.527	0.842

＊赤が濃いほど可能性指数・関係性指数が高い。段階色分け　高位／低位　（無色）

＊青が濃いほど撹乱指数が高い。段階色分け　高位／低位　（無色）

269

付表5 生存基盤指数の各構成要素相互のPearson相関係数

		生存基盤指数	地球圏総合指数	生命圏総合指数	人間圏総合指数	太陽エネルギー	大気・水循環指数	CO_2排出量	森林バイオマス	生物多様性指数	HANPP	人口密度	ケア指数	不測の死
生存基盤指数	相関係数	1												
	有意確率													
	N	115												
地球圏総合指数	相関係数	.803**	1											
	有意確率	.000												
	N	115	133											
生命圏総合指数	相関係数	.790**	.681**	1										
	有意確率	.000	.000											
	N	114	119	147										
人間圏総合指数	相関係数	.458**	.006	-.014	1									
	有意確率	.000	.949	.874										
	N	115	127	133	161									
太陽エネルギー	相関係数	.745**	.858**	.710**	-.023	1								
	有意確率	.000	.000	.000	.798									
	N	115	133	121	129	141								
大気・水循環指数	相関係数	.561**	.658**	.49**	-.018	.401**	1							
	有意確率	.000	.000	.000	.822	.000								
	N	115	133	147	158	140	200							
CO_2排出量	相関係数	-.470**	-.704**	-.292**	-.086	-.485**	-.114	1						
	有意確率	.000	.000	.000	.279	.000	.134							
	N	115	133	141	159	133	175	184						
森林バイオマス	相関係数	.424**	.426**	.605**	-.122	.370**	.701**	-.001	1					
	有意確率	.000	.000	.000	.150	.000	.000	.992						
	N	115	122	147	141	127	166	154	175					
生物多様性指数	相関係数	.691**	.683**	.824**	.002	.760**	.435**	-.357**	.402**	1				
	有意確率	.000	.000	.000	.982	.000	.000	.000	.000					
	N	114	131	147	150	134	165	158	148	165				
HANPP	相関係数	-.404**	-.186*	-.453**	-.167*	-.215*	-.223**	.171*	-.239**	-.078	1			
	有意確率	.000	.033	.000	.036	.011	.002	.021	.002	.319				
	N	115	132	147	159	138	192	181	170	164	217			
人口密度	相関係数	.155	.117	.082	.241**	.057	.068	.209**	.064	.105	-.041	1		
	有意確率	.098	.181	.327	.002	.508	.346	.004	.404	.180	.549			
	N	115	133	146	161	139	196	184	173	164	215	223		
ケア指数	相関係数	.453**	.377**	.240**	.468**	.404**	-.047	-.531**	-.019	.315**	-.199**	-.077	1	
	有意確率	.000	.000	.005	.000	.000	.546	.000	.816	.000	.009	.318		
	N	115	130	139	161	133	168	167	148	156	169	171	171	
不測の死	相関係数	-.070	.316**	.195*	-.574**	.410**	-.108	-.304**	-.021	.255**	-.101	-.137	.442**	1
	有意確率	.458	.000	.023	.000	.000	.163	.000	.802	.001	.186	.070	.000	
	N	115	130	137	161	132	167	172	149	154	174	177	161	177

註: * は5%水準, ** は1%水準での相関関係の有意性 (両側) を示す

Appendix

表6 生存基盤指数と構成各指数のPearson相関係数一覧

		生存基盤指数	地球圏総合指数	生命圏総合指数	人間圏総合指数	太陽エネルギー	大気・水循環指数	CO_2排出量	森林バイオマス	生物多様性指数	HANPP	人口密度	ケア指数	不測の死
生存基盤指数	相関係数	1												
	有意確率													
	N	55												
地球圏総合指数	相関係数	.755**	1											
	有意確率	.000												
	N	55	64											
生命圏総合指数	相関係数	.744**	.622**	1										
	有意確率	.000	.000											
	N	55	57	75										
人間圏総合指数	相関係数	.632**	.168	.077	1									
	有意確率	.000	.192	.539										
	N	55	62	75	86									
太陽エネルギー	相関係数	.600**	.795**	.600**	.063	1								
	有意確率	.000	.000	.000	.620									
	N	55	64	70	64	68								
大気・水循環指数	相関係数	.681**	.885**	.547**	.039	.523**	1							
	有意確率	.000	.000	.000	.728	.000								
	N	55	64	75	83	68	107							
CO_2排出量	相関係数	-.188	-.323**	.210	-.202	-.239	.124	1						
	有意確率	.168	.009	.080	.065	.057	.235							
	N	55	64	70	84	64	93	102						
森林バイオマス	相関係数	.507**	.481**	.753**	-.056	.472**	.658**	.271*	1					
	有意確率	.000	.000	.000	.644	.000	.000	.016						
	N	55	64	75	71	60	86	79	94					
生物多様性指数	相関係数	.705**	.656**	.756**	.113	.604**	.453**	-.058	.335**	1				
	有意確率	.000	.000	.000	.327	.000	.000	.606	.003					
	N	55	64	75	77	66	86	81	75	86				
HANPP	相関係数	-.038	.120	-.189	-.150	.164	.316**	.190	.216*	.068	1			
	有意確率	.782	.346	.105	.168	.182	.001	.058	.039	.532				
	N	55	64	75	86	68	105	101	92	86	125			
人口密度	相関係数	.147	.218	-.036	.321**	.066	.127	.252*	.127	.139	-.045	1		
	有意確率	.285	.083	.764	.003	.590	.195	.011	.224	.204	.623			
	N	55	64	74	86	68	106	102	93	85	124	129		
ケア指数	相関係数	.155	.174	-.195	-.427**	.168	-.221*	-.577**	-.180	.040	-.178	-.064	1	
	有意確率	.259	.172	.109	.000	.180	.039	.000	.124	.724	.094	.549		
	N	55	63	69	86	65	87	87	74	80	90	90	90	
不測の死	相関係数	-.536**	-.010	-.176	-.670**	.091	-.258*	-.301**	-.193	-.056	-.146	-.224*	.364**	1
	有意確率	.000	.938	.147	.000	.471	.014	.003	.093	.623	.148	.025	.001	
	N	55	63	69	86	65	90	95	77	80	99	100	86	100

註：＊は5％水準、＊＊は1％水準での相関関係の有意性（両側）を示す

付表 7 生存基盤指数の各構成要素相互の Pearson 相関係数―温帯のみ―

		生存基盤指数	地球圏総合指数	生命圏総合指数	人間圏総合指数	太陽エネルギー	大気・水循環指数	CO_2排出量	森林バイオマス	生物多様性指数	HANPP	人口密度	ケア指数	不測の死
生存基盤指数	相関係数	1												
	有意確率													
	N	60												
地球圏総合指数	相関係数	.677**	1											
	有意確率	.000												
	N	60	69											
生命圏総合指数	相関係数	.692**	.442**	1										
	有意確率	.000	.000											
	N	59	62	72										
人間圏総合指数	相関係数	.614**	.078	.016	1									
	有意確率	.000	.539	.901										
	N	60	65	67	75									
太陽エネルギー	相関係数	.688**	.593**	.606**	.205	1								
	有意確率	.000	.000	.000	.101									
	N	60	69	62	65	73								
大気・水循環指数	相関係数	.128	.247*	.165	-.100	-.124	1							
	有意確率	.329	.041	.167	.394	.299								
	N	60	69	71	75	72	93							
CO_2排出量	相関係数	-.416**	-.842**	-.255*	-.095	-.284*	-.051	1						
	有意確率	.001	.000	.032	.419	.018	.646							
	N	60	69	72	75	69	82	82						
森林バイオマス	相関係数	-.030	.005	.162	-.232	-.223	.719**	.065	1					
	有意確率	.822	.966	.175	.053	.069	.000	.579						
	N	60	65	72	70	67	80	75	81					
生物多様性指数	相関係数	.400**	.326**	.743**	-.029	.701**	.152	-.268*	.225	1				
	有意確率	.002	.007	.000	.807	.000	.180	.018	.056					
	N	59	67	72	73	68	79	77	73	79				
HANPP	相関係数	-.655**	-.341**	-.712**	-.201	-.437**	.250*	.187	.404**	-.120	1			
	有意確率	.000	.004	.000	.088	.000	.020	.097	.000	.293				
	N	60	68	72	73	70	87	80	78	78	92			
人口密度	相関係数	.272*	.143	.300**	.082	.147	-.083	.264*	-.102	.130	-.038	1		
	有意確率	.035	.240	.011	.482	.221	.439	.017	.370	.253	.723			
	N	60	69	72	75	71	90	82	80	79	91	94		
ケア指数	相関係数	.502**	.257*	.222	.602**	.301*	-.152	-.452**	-.165	.266*	-.198	-.115	1	
	有意確率	.000	.036	.064	.000	.013	.177	.000	.159	.020	.080	.306		
	N	60	67	70	75	68	81	80	74	76	79	81	81	
不測の死	相関係数	-.225	.075	.146	-.494**	.167	-.173	-.174	-.023	.230*	-.053	-.103	.392**	1
	有意確率	.084	.544	.236	.000	.178	.131	.131	.847	.049	.650	.370	.001	
	N	60	67	68	75	67	77	77	72	74	75	77	75	77

註：* は 5% 水準, ** は 1% 水準での相関関係の有意性（両側）を示す

Appendix

付表 8　生存基盤指数と人間開発指数各要素相互間の Pearson 相関係数

		生存基盤指数	地球圏総合指数	生命圏総合指数	人間圏総合指数	GNI per capita	School life expectancy	Mean years of schooling	出生時平均余命	人間開発指数
生存基盤指数	相関係数 有意確率 N	1 115								
地球圏総合指数	相関係数 有意確率 N	.803** .000 115	1 133							
生命圏総合指数	相関係数 有意確率 N	.790** .000 114	.581** .000 119	1 147						
人間圏総合指数	相関係数 有意確率 N	.458** .000 115	.006 .949 127	−.014 .874 133	1 161					
GNI per capita	相関係数 有意確率 N	−.515** .000 114	−.515** .000 130	−.368** .000 139	−.120 .135 157	1 177				
School life expectancy	相関係数 有意確率 N	−.386** .000 114	−.521** .000 131	−.249** .003 141	.044 .584 160	.619** .000 176	1 183			
Mean years of schooling	相関係数 有意確率 N	−.388** .000 114	−.560** .000 129	−.225** .008 138	−.016 .847 152	.567** .000 166	.816** .000 170	1 170		
出生時平均余命	相関係数 有意確率 N	−.137 .146 115	−.437** .000 132	−.143 .089 142	.197* .012 161	.626** .000 177	.783** .000 183	.718** .000 170	1 187	
人間開発指数	相関係数 有意確率 N	−.348** .000 114	−.575** .000 128	−.249** .003 137	.056 .496 150	.753** .000 166	.898** .000 166	.879** .000 166	.907** .000 166	1 166

註 1：＊は 5％ 水準、＊＊は 1％ 水準での相関関係の有意性（両側）を示す
註 2：人間開発指数は 2005 年データを記載した（UNDP; 2010）

付表9 生存基盤指数と人間開発指数各要素相互間のPearson相関係数―熱帯のみ―

		生存基盤指数	地球圏総合指数	生命圏総合指数	人間圏総合指数	GNI per capita	School life expectancy	Mean years of schooling	出生時平均余命	人間開発指数
生存基盤指数	相関係数 有意確率 N	1 55								
地球圏総合指数	相関係数 有意確率 N	.755** .000 55	1 64							
生命圏総合指数	相関係数 有意確率 N	.744** .000 55	.622** .000 57	1 75						
人間圏総合指数	相関係数 有意確率 N	.632** .000 55	.168 .192 62	.077 .539 66	1 86					
GNI per capita	相関係数 有意確率 N	-.121 .379 55	-.259* .039 64	.284* .018 69	-.116 .293 84	1 96				
School life expectancy	相関係数 有意確率 N	.294* .029 55	.164 .194 64	.474** .000 71	.125 .253 86	.499** .000 95	1 101			
Mean years of schooling	相関係数 有意確率 N	.230 .092 55	.211 .099 62	.491** .000 70	-.048 .671 80	.492** .000 87	.764** .000 90	1 90		
出生時平均余命	相関係数 有意確率 N	.518** .000 55	.208 .100 64	.488** .000 71	.225* .037 86	.518** .000 96	.749** .000 101	.648** .000 90	1 102	
人間開発指数	相関係数 有意確率 N	.358** .007 62	.181 .159 62	.491** .000 69	.156 .170 79	.675** .000 87	.832** .000 87	.843** .000 87	.877** .000 87	1 87

註1：＊は5％水準，＊＊は1％水準での相関関係の有意性（両側）を示す
註2：人間開発指数は2005年データを記載した（UNDP, 2010）

Appendix

仁表 10　生存基盤指数と人間開発指数各要素指数相互間の Pearson 弓関係数―温帯のみ―

		生存基盤指数	地球圏総合指数	生命圏総合指数	人間圏総合指数	GNI per capita	School life expectancy	Mean years of schooling	出生時平均余命	人間開発指数
生存基盤指数	相関係数 有意確率 N	1 60								
地球圏総合指数	相関係数 有意確率 N	.677** .000 60	1 69							
生命圏総合指数	相関係数 有意確率 N	.692** .000 59	.442** .000 62	1 72						
人間圏総合指数	相関係数 有意確率 N	.614** .000 60	.078 .539 65	.016 .901 67	1 75					
GNI per capita	相関係数 有意確率 N	-.466** .000 59	-.520** .000 66	-.362** .002 70	-.221 .060 73	1 81				
School life expectancy	相関係数 有意確率 N	-.505** .000 59	-.462** .000 67	-.285* .017 70	-.114 .332 74	.520** .000 81	1 82			
Mean years of schooling	相関係数 有意確率 N	-.386** .003 59	-.507** .000 67	-.126 .304 68	-.035 .771 72	.363** .001 79	.665** .000 80	1 80		
出生時平均余命	相関係数 有意確率 N	-.125 .339 60	-.420** .000 68	-.136 .258 71	.178 .127 75	.603** .000 81	.632** .000 82	.519** .000 80	1 85	
人間開発指数	相関係数 有意確率 N	-.433** .001 59	-.582** .000 66	-.241* .047 68	-.108 .369 71	.750** .000 79	.848** .000 79	.741** .000 79	.857** .000 79	1 79

註 1：＊は 5％水準，＊＊は 1％水準での相関関係の有意性（両側）を示す
註 2：人間開発指数は 2005 年データを記載した (UNDP, 2110)

付表 データソースリストと本文参照頁

付表 1 生存基盤指数と地球圏・生命圏・人間圏総合指数

生存基盤指数全体の構造は本書第 6 章図 6-1 および図 6-2 を参照。
各指数は 0–1 の値をとる。指数の算定方法については本書第 6 章 138–142 頁を参照。

付表 2 地球圏総合指数

地球圏総合指数の構成要素については本書第 6 章 138–142 頁参照。

太陽エネルギー（1984 年 11 月–1990 年 2 月）
National Aeronautics and Space Administration (NASA) 1999. "ERBS total net radiation from NASA ERBE (Earth Radiation Budget Experiment)", http://iridl.ldeo.columbia.edu/SOURCES/.NASA/.ERBE/.ERBS/.total/.net/ (2012 年 3 月 5 日アクセス).

大気・水循環指数
● 年間降水量（1961–1990 年）
Food and Agriculture Organization of the United Nations (FAO) 2000.
"Global map of monthly precipitation-10 arc minutes", http://www.fao.org/geonetwork/srv/en/main.home (2012 年 2 月 23 日アクセス).

Appendix

● 年間実蒸発散量（1961–1990 年）

Food and Agriculture Organization of the United Nations (FAO) 2009.
"Global map of yearly actual evapotranspiration-5 arc minutes", http://www.fao.org/geonetwork/srv/en/main.home
（2012 年 2 月 23 日アクセス）.

CO_2 排出量（2005 年）

World Resources Institute 2012. "CO_2 emissions per capita",
http://earthtrends.wri.org/searchable_db/index.php?theme=3&variable_ID=466&action=select_countries
（2012 年 2 月 23 日アクセス）

付表 3　生命圏総合指数

生命圏総合指数の構成要素については本書第 6 章 138–142 頁を参照．

森林バイオマス（2013 年）

Food and Agriculture Organization of the United Nations (FAO) 2010. *Global Forest Resources Assessment 2010 (FRA2010)*, Rome: FAO.

生物多様性指数（データ年不明）

Groombridge, B. and M. D. Jenkins 2002. "*World Atlas of Biodiversity: Earth's Living Resources in the 21st Century*", Berkeley and Los Angeles, California: University of California Press, pp. 295–305.

● 国別 HANPP (Human Appropriated Net Primary Production; 人間活動による純一次生産量の収奪) (1995年)

Imhoff, M. L., L. Bounoua, T. Ricketts, C. Loucks, R. Harriss and W. T. Lawrence 2004a. "Global patterns in human consumption of net primary production", *Nature*, 429(24): 870-873.

―――― 2004b. "Human Appropriation of Net Primary Production (HANPP) by Country and Product", http://sedac.ciesin.columbia.edu/es/hanpp.html (2012年1月28日アクセス).

各国人口データ (1995年)

Food and Agriculture Organization of the United Nations (FAO) 2012. "FAOStat" http://faostat.fao.org/default.aspx. (2012年2月23日アクセス).

付表4 人間圏総合指数

人間圏総合指数の算出方法については第6章138-142頁を参照。

人口密度

World Population Prospects, the 2010 Revision
http://esa.un.org/wpp/Excel-Data/population.htm (2011年7月6日アクセス)

国土面積

ESRI 2006. "Countries 2006", ArcGIS 9 ESRI Data & Maps, [available as DVD-ROM], ESRI, CA, USA.

ケア指数の算出方法については本書第5章115頁を参照。

平均世帯内人数

Shefield Univ and Michigan. WorldMapper.org.

http://www.worldmapper.org/index.html (2011年5月12日アクセス)

http://www.worldmapper.org/display.php?selected=191# (2011年5月12日アクセス)

男性100人あたり女性人口比

World Population Prospects, the 2010 Revision

http://esa.un.org/wpp'Excel-Data/population.htm (2011年7月6日アクセス)

不測の死の算出方法は本書第5章124–132頁と第6章140頁図6–2を参照。

地震・津波等の災害による死亡数

International disaster database Centre for Research on the Epidemiology of Disasters-CRED

http://www.emdat.be/Advanced search option. (2011年7月6日アクセス)

感染症による死亡数

WHO 2004. *The Global Burden of Disease: Disease and Injury Country Estimates*

http://www.who.int/healthinfo/global_burden_disease/estimates_country/en/index.html

WHO 2010. *Global Tuberculosis Control*

WHO 2011. *World Malaria Report 2010*

UNAIDS 2009. *Methodology: Understanding the Latest Estimates*

279

紛争・自殺・他殺
WHO 2004. *The Global Burden of Disease: Disease and Injury Country Estimates*

付表 8-10　人間開発指数と各要素
UNDP 2011. International Human Development Indicators value (2005) http://hdrstats.undp.org/en/tables/ (2012 年 3 月 5 日アクセス).

謝辞

　本講座は，京都大学グローバル COE プログラム「生存基盤持続型の発展を目指す地域研究拠点」(平成 19-23 年度，代表 杉原薫) の成果です．この間，多くの方からの知的貢献に支えられて，文系諸科学と理系諸科学を交響させ，フィールドワークと理論研究を統合することにより，21 世紀を見通したアカデミック・パラダイムの創出を目指してきました．本学東南アジア研究所，大学院アジア・アフリカ地域研究研究科，地域研究統合情報センター，生存圏研究所，人文科学研究所，生存基盤科学研究ユニット，大学院農学研究科および大学院工学研究科の教員，研究員，大学院生の方々のみならず，国内外の研究者の方々からいただいたアイディアや助言が，すべての巻および章に埋め込まれています．お名前を挙げることは差し控えさせていただきますが，厚く御礼申し上げます．また，今後も，持続型生存基盤研究の深化，発展を温かく見守っていただきますよう，心よりお願い申し上げます．

　なお，本講座の出版に際しては，京都大学学術出版会の鈴木哲也氏と斎藤至氏に献身的なご助言やご協力をいただきました．また，本間咲来氏には丹念に編集をコーディネートしていただきました．深く感謝します．

編者一同

[編者紹介]

佐藤　孝宏（さとう　たかひろ）[序章，第 3 章，第 4 章，第 6 章]

京都大学東南アジア研究所特定助教（グローバル COE）．専攻：熱帯農業生態学．
電気通信大学電気通信学部および宇都宮大学農学部卒．京都大学大学院農学研究科博士課程修了．博士（農学）．京都大学東南アジア研究所研究員，京都大学生存基盤科学研究ユニット研究員などを経て現職．主要論文に，"The Effect of Expansion of Private Wells on Rural Livelihood in Tank Intensive Watersheds: A Case Study in Upper Gundar River Basin, Tamil Nadu", *Southeast Asian Studies*, 49, "Effect of Supplemental Irrigation on Leaf Stomatal Conductance of Field-grown Wheat in Northern Syria", *Agr. Water Manage*, 85．

和田　泰三（わだ　たいぞう）[序章，第 5 章，第 6 章]

京都大学東南アジア研究所特定研究員（グローバル COE）．専攻：老年医学．
高知医科大学卒．京都大学大学院医学研究科博士課程修了．ロンドン大学熱帯公衆衛生大学院修士課程修了．医学博士．疫学修士．近森病院内科医員，京都大学附属病院老年内科助手を経て現職．主要論文に，"Fifteen-item Geriatric Depression Scale Predicts 8-year Mortality in Older Japanese", *J. Am. Geriatr. Soc.*, 59(11), "Health Status and Subjective Economic Satisfaction in West Papua", *Lancet*, 360．

杉原　薫（すぎはら　かおる）[序章]

京都大学東南アジア研究所教授．京都大学グローバル COE プログラム「生存基盤持続型の発展を目指す地域研究拠点」拠点リーダー．専攻：近代経済史．
京都大学経済学部卒，東京大学大学院経済学研究科博士課程修了．経済学博士．大阪市立大学経済学部助教授，ロンドン大学東洋アフリカ学院歴史学部上級講師，大阪大学大学院経済学研究科教授を経て現職．主要著作に，『アジア間貿易の形成と構造』（ミネルヴァ書房，1996 年），『アジア太平洋経済圏の興隆』（大阪大学出版会，2003 年），*Japan, China and the Growth of the Asian International Economy, 1850-1949*（編，Oxford University Press, 2005），『地球圏・生命圏・人間圏 ── 持続的な生存基盤を求めて』（共編，京都大学学術出版会，2010 年）．

峯　陽一（みね　よういち）[序章，第 1 章，第 9 章]

同志社大学大学院グローバル・スタディーズ研究科教授，京都大学東南アジア研究所客員教授，JICA（国際協力機構）研究所客員研究員，専攻：開発経済学，人間の安全保障研究，アフリカ地域研究．
京都大学文学部卒，同大学院経済学研究科博士課程単位取得退学．南アフリカ共和国ステレンボッシュ大学准教授，中部大学国際関係学部教授，大阪大学大学院人間科学研究科准教授を経て現職．主要著作に，『南アフリカ』（岩波新書，1996 年），『現代アフリカと開発経済学』（日本評論社，1999 年），『憎悪から和解へ』（共編著，京都大学学術出版会，2000 年），『南アフリカを知るための 60 章』（編著，明石書店，2010 年），『アフリカから学ぶ』（共編著，有斐閣，2010 年）．

[著者紹介]（執筆順）

河野　泰之（こうの　やすゆき）[第 2 章]

京都大学東南アジア研究所教授．専攻：東南アジア研究．
東京大学農学部卒，東京大学大学院農学系研究科博士課程修了．農学博士．京都大学東南アジア研究センター助手，アジア工科大学院助教授，京都大学東南アジア研究センター助教授を経て現職．主要著作に，*Ecological Destruction, Health, and Development: Advancing Asian Paradigms*（共編，京都大学学術出版会，2004 年），*Small-scale Livelihoods and Natural Resources Management in Marginal Areas of Monsoon Asia*（共編，Bishen Singh Mahendra Pal Singh, 2006），『論集モンスーンアジアの生態史　第 1 巻　生業の生態史』（責任編集，弘文堂，2008 年）．

佐藤　史郎（さとう　しろう）[第 6 章]

京都大学東南アジア研究所特定研究員（グローバル COE）．専攻：国際関係論．
同志社大学商学部卒，立命館大学大学院国際関係研究科博士後期課程修了．博士（国際関係学）．龍谷大学アフラシア平和開発研究センター博士研究員を経て現職．主要著作に，『紛争解決　暴力と非暴力』（共著，ミネルヴァ書房，2010 年），*Re-examination of 'Non-Western' International Relations Theories*（共編著，Kyoto Working Papers on Area Studies No. 118, 2011）．

清水　　展（しみず　ひろむ）［第 7 章］

京都大学東南アジア研究所教授．専攻：文化人類学，東南アジア地域研究．
東京大学教養学部卒，東京大学大学院社会科学研究科博士課程退学．社会学博士．東京大学助手（教養学部，東洋文化研究所），九州大学助教授（教養部），九州大学教授（大学院比較社会文化研究院）を経て現職．主要著作に，『山奥はグローバル ―― 北ルソン棚田村の植林運動と参与の人類学』（京都大学学術出版会，2012 年），「グローバル化時代の地域ネットワークの再編 ―― 遠隔地環境主義の可能性」『地球圏・生命圏・人間圏 ―― 持続的な生存基盤を求めて』（京都大学学術出版会，2011 年），『噴火のこだま ―― ピナトゥボ・アエタの被災と新生をめぐる文化・開発・NGO』（九州大学出版会，2003 年），*The Orphans of Pinatubo: Ayta Struggle for Existence* (Solidaridad Publishing House, 2001).

西　　真如（にし　まこと）［第 8 章］

京都大学東南アジア研究所特定助教（グローバル COE）．専攻：文化人類学，アフリカ研究．
京都大学大学院アジア・アフリカ地域研究研究科（アフリカ地域研究専攻）博士課程単位取得退学．博士（地域研究）．著作に，『現代アフリカの公共性 ―― エチオピア社会にみるコミュニティ・開発・政治実践』（昭和堂，2009 年），主要論文に「疫学的な他者と生きる身体 ―― エチオピアのグラゲ社会における HIV / AIDS の経験」『文化人類学』76(3)．

索　引

[A-Z]
CO$_2$排出量　66, 69, 82-84, 139, 146-148, 153-154
FMR (Female Male Ratio)　→女性人口比
GBD Study (Global Burden of Disease Study)　127, 131
GDP　→国内総生産
GIS　37, 42, 72, 244　→地理情報システム
HANPP　67, 87, 100-104, 140, 146-148, 154
HDI　→人間開発指数　22, 31-37, 39-40, 42-43, 45, 67, 138, 146, 151-154, 157-158
HIV　123, 127-130, 134, 149, 198, 200, 209-211, 216-217, 220
　HIV感染症　198, 210, 217
Humanosphere Potentiality Index　1-2, 4, 7-10, 12, 17, 19, 22-23, 37-38, 40-45, 66-67, 75, 78, 100, 119, 137-143, 147, 149-154, 157-158, 160-161, 193, 196-197, 201, 222, 227, 229, 237-240, 244-245, 249-251　→生存基盤指数
Intentional injury　131
IPCC (Intergovernmental Panel on Climate Change)　→気候変動に関する政府間パネル
MDGs　→ミレニアム開発目標
UNDP　→国連開発計画
Universal caregiver model　208-209
WWF (World Wide Fund for Nature)　47, 50, 54, 90, 100　→世界自然保護基金

[あ行]
アエタ　160, 167, 181-188
亜熱帯循環系　173
生きている地球指標　23, 47, 51, 59-60
移住　35, 160, 179, 188
ヴェイユ, S.　237
失われた女性　114-118

ウブントゥ　251
栄養段階　97-99
エコロジカル・フットプリント　23, 37, 39, 47, 51-54, 60, 100
エルニーニョ　173-175
エンソ (ENSO)　173
オイコス　231, 246
オメガ点　232
撹乱指数　→指数
囲い込まれた再生領域　195-196, 203, 205
家族　5, 13-14, 38, 41, 43, 110-112, 119, 157, 160, 185, 195-196, 202-204, 207-210, 215-216, 218-223, 244, 247
可能性指数　→指数
可能態　119, 139, 250
過密状態　119
カロリー摂取量　101
環境持続性指標　55, 56
環境政策　23, 47, 55-57, 59-60
環境脆弱性指標　23, 47, 59-60
環境と開発に関する国連会議 (地球サミット)　23, 49-51, 55, 59
環境と開発に関する世界委員会　49
環境パフォーマンス指標　23, 47, 57, 59-60
関係性指数　→指数
感染症　33, 42, 44, 107, 111, 125-128, 130, 132-133, 140, 149, 194-195, 197-198, 247
気候区分　48
気候変動に関する政府間パネル　10, 49
共感　6, 66, 108-111, 142, 150, 152, 158, 204, 235
　共感能力　6, 18, 107, 109
極循環　76-77
クーラの女神　109, 235
クーン, T.　228
クラーク米空軍基地　186
グローバル・コンベアー・ベルト　→コンベ

287

アーベルト
ケア　5-9, 13-18, 41-42, 67, 107-114,
　　116-118, 124, 140, 152, 157, 160-161,
　　193-195, 201-213, 216-223, 234-238,
　　244, 247, 250
　ケアの実践に基づいて編成される地域社会
　　209
　ケアのネットワーク　202, 207-209,
　　211-212, 219-220
　ケアの倫理　194-196, 203-204, 215
　ケア指数　→指数
経済パフォーマンスと社会進歩の計測に関す
　る委員会　37
ケイパビリティ　→潜在能力
径路依存性　8, 18
ケインズ経済学　28
ゲシュタルト　227
結核　127-130, 149
ケッペン　48
顕熱　72
コンベアーベルト　77-88, 173
光合成　81, 88-89, 97, 100, 147, 153
降水量　48, 78, 91-92, 139
構造調整　31
幸福　26, 37-38, 109
高齢者　110-114, 129, 201, 207, 212, 215,
　　218-221
国内総生産　2, 12, 22, 28-34, 36-40, 43, 45,
　　83, 102, 134, 137-139, 151, 158
国連開発計画　31, 34-36, 151
金剛界曼荼羅　161, 239, 242, 245

[さ行]
災害　10, 61, 107, 111, 130, 133, 160, 163,
　　166-167, 172, 174-177, 179-182, 187,
　　189-190, 195, 201
　災害弱者　176
　災害文化　176-177, 188
　災害ユートピア　182
　災害復興　166, 179
　自然災害　6, 9, 17-18, 59, 61, 122, 125,
　　160, 166-168, 170-171, 175-177,
　　179-180, 187, 190, 247

最首悟　237
再生産のモード　194, 197-198
自己犠牲　204-205, 207
地震　44, 70, 99, 122, 125, 140, 160, 163-
　　165, 167-168, 170-172, 175, 178, 180
指数　1-2, 4, 7-10, 22-23, 26-27, 29, 31-45,
　　56-58, 60-61, 66-67, 78, 95-96, 100,
　　103, 107, 110, 114-117, 138-142,
　　147-149, 151, 157-158, 160, 193, 227,
　　238-239, 244, 250-251
　攪乱指数　9, 44, 70, 82, 84-85, 88, 100,
　　103, 107, 139, 146, 246, 249
　可能性指数　8-9, 44, 70, 75, 84, 88, 92, 94,
　　103, 119, 139, 146, 245-246
　関係性指数　9, 44, 70, 84, 88, 92, 95, 103,
　　139, 146, 246
　ケア指数　67, 115, 117-118, 133-134, 140,
　　146, 148-149, 157
　生存基盤指数　1-2, 4, 7-10, 12, 17, 19,
　　22-23, 37-38, 40-45, 66-67, 75, 78, 100,
　　119, 137-143, 147, 149-154, 157-158,
　　160-161, 193, 196-197, 201, 222, 227,
　　229, 237-240, 244-245, 249-251
　生物多様性指数　8, 87, 95, 103, 139,
　　146-148
　生命圏総合指数　67, 87, 103-104, 137,
　　141, 147-148, 152, 154
　大気・水循環指数　8, 69, 78-80, 84, 91,
　　139, 146-148
　地球圏総合指数　66, 69, 84, 103, 137, 141,
　　146-148, 154
　人間開発指数　2-4, 7, 9, 11, 13, 15, 17-18,
　　22, 29, 31, 34, 53, 67, 138, 158
　人間圏総合指数　67, 110, 133-134, 137,
　　141, 148-150
自然災害　6, 9, 17-18, 59, 61, 122, 125, 160,
　　166-168, 170-171, 175-177, 179-180,
　　187, 190, 247
持続的発展指標　50
実蒸発散量　79, 139
島原大変肥後迷惑　181
柔軟性　118, 180
種数－面積関係　95

索 引

出生率　14-15, 115, 120, 122-123, 198
純一次生産量　52, 89, 96-98, 100
　人間活動による純一次生産量の収奪
　　→ HANPP
循環　8, 66, 69-70, 72, 75-79, 82-85, 88, 99,
　　142-143, 147-148, 152, 158, 173, 184,
　　189, 248-249
純放射量　72-78, 82, 92, 139
障害者　215-216
食物連鎖　66, 89, 99
女性人口比　15, 107, 114-116, 133, 140 149,
　　197, 202-203, 246, 249
自律　18, 66, 107-109, 111, 142, 150-151,
　　158
人格　109, 194, 201, 208, 230-232
人口推計　8, 83
人口転換　122, 194, 197-198, 200
人口密度　8, 67, 107, 118-120, 123, 133-134,
　　140, 146, 149, 246
真正貯蓄　39
親密圏　5, 15-18, 27, 41, 113, 116-117,
　　160-161, 244, 246
　親密圏の論理　5, 15
森林推移　92, 94
森林バイオマス　44, 67, 87, 89-90, 92, 94,
　　96, 103, 119, 139, 146-148, 152, 154, 245
粋点　161, 243, 245, 247-249
スティグリッツ，J. E.　37
スマッツ，Y. C.　229-234, 238, 244
スミス，A.　28
生活障害　206-207, 209, 220
生活水準　2-3, 6, 9, 12-13, 48
脆弱性　23, 57, 59, 164, 175-177
生存　4-5, 41, 44, 48, 67, 81, 88-89, 99, 102,
　　107-108, 110, 114-115, 124, 130,
　　138-139, 142, 151-152, 157-158, 160,
　　164, 182, 193-197, 200-201, 203-204,
　　208, 213, 215-217, 222-223, 233
　生存に関わる価値　3-5, 7, 13-14, 19
生存基盤指数　→指数
生存権　14, 114-115
生存圏　5, 9-10, 17-18, 69-70, 74-75, 84,
　　138, 142, 147, 150, 158, 160

　生存圏のライフサイクル的理解　15-17
　生存圏の論理的構造　142
生態系サービス　58, 153-154
生物群系（バイオーム）　90-92
生物多様性　17, 23, 43-44, 51, 57, 60, 67,
　　95-100, 104, 148, 152, 154, 245
　生物多様性の保全　4
　生物多様性指数　→指数
生命圏　1, 3-11, 13-14, 17-18, 23, 27, 42-44,
　　57, 61, 66-67, 70, 82, 87-90, 94-95,
　　99-100, 102-104, 107-108, 119, 124-
　　127, 130, 132, 138-139, 142-143, 148,
　　150-151, 154, 161, 166, 229, 232, 234,
　　239, 244, 246-247, 249-250
　生命圏の論理　4, 7, 9-10, 18, 23, 47, 66,
　　87-88, 99-100, 103, 126, 143
生命圏総合指数　→指数
世界自然保護基金　47, 90
セン，A. K.　30-34, 37-38, 45, 114-115, 151
潜在能力　3, 5-7, 9, 14, 31, 151
潜在力　7, 18, 22, 61, 70, 88, 104, 107, 124,
　　134, 139, 151-152, 158, 193, 195-196,
　　208, 222, 250
潜熱　72, 76-77, 80, 83
総合化　137, 140
創造的復興　160, 167, 188-190, 247

［た行］
大気・水循環指数　→指数
大気水蒸気収量　79
胎蔵曼荼羅　242, 248
大日如来　239-240, 242, 245, 248
台風　99, 125, 160, 167-168, 175, 178-179,
　　188
太陽エネルギー　3, 7, 13, 17-18, 44, 61, 66,
　　69-75, 80-84, 88-89, 91, 97, 119, 139,
　　146-148, 154, 245, 249
多産　194, 198, 200
脱集計化　30, 32-33
多様化　66, 87-88, 100, 103, 142-143, 152,
　　158, 187
多様性　3, 13-15, 32-33, 43, 88, 95, 99, 233,
　　240, 249

多様性の生産力仮説　97-98, 100
男女人口比　→女性人口比
地域研究　18, 44, 166-167
地球温暖化　10, 34, 49, 81-82, 174
地球圏　1, 3-11, 17-18, 23, 27, 42-44, 47, 57, 61, 66, 69-70, 72-73, 75, 82, 84-85, 87, 89, 92, 94-95, 99, 107, 119, 124-126, 130, 132, 138-140, 142-143, 147-152, 154, 160-161, 164, 166-167, 173, 229, 232-234, 239, 244-245, 247, 249-250
　地球圏の論理　7, 66, 69-70, 84, 88, 147-148, 166
地球圏総合指数　→指数
地球のエネルギー収支　71-72, 75
中規模撹乱説　99
地理情報システム（GIS）　37, 42, 72, 244
テイヤール・ド・シャルダン, P.　231-234, 238, 244
デュナミス　→可能態
ドーキンス, C. R.　108, 234

[な行]
人間開発　4-5, 8, 12, 31-33, 137, 151, 158, 160, 222
　人間開発に関わる価値　2-5, 7, 19
人間開発指数　→指数
人間活動による純一次生産量の収奪
　　→HANPP
人間圏　1, 3-9, 13-15, 17-18, 22-23, 27, 33, 39-45, 61, 66-67, 70, 84, 88, 92, 94, 99, 107-108, 110, 113, 116, 119-120, 124-127, 130-132, 134, 138-140, 142-143, 147, 150-152, 154, 157, 160-161, 166-167, 173, 193, 197, 202, 222, 229, 233-234, 237-239, 244, 247, 250
　人間圏の論理　4-5, 7, 9, 18, 61, 108-109, 111, 150
人間圏総合指数　→指数
人間の安全保障　3, 36, 42, 247
熱帯　7-8, 10, 12, 15, 17, 22, 27, 33, 44, 51-52, 60, 67, 70, 75, 83-84, 90-91, 94, 96, 124, 129-130, 138, 146-152, 154, 157, 161, 176-177, 222, 249-251
　熱帯性　176-177

[は行]
バイオキャパシティ　52, 54, 59, 100
バイオマス　7, 18, 43-44, 67, 82, 87, 89-90, 92, 94, 96, 98, 103, 119, 139, 146-148, 152, 154, 245
ハイデガー, M.　235, 236
ハドレー循環　76-77, 79, 147
パラダイム　1, 19, 27, 67, 110, 160-161, 227-229, 232-233, 250
阪神淡路大震災　163, 168, 190
東日本大震災　4, 10, 59, 160, 163, 168, 170, 189
1人当たり所得　2-3, 7, 13, 30, 33
ピナトゥボ山大噴火　175,181,183
病者　201, 215-217
標準化　38, 115, 119, 131-133, 140-141
ブルントラント委員会　→環境と開発に関する世界委員会
平等　13-16, 34, 110, 113, 244
貧困　18, 29-30, 34, 130, 176-177, 212, 215, 218, 221-222
フェレル循環　76-77
福祉　5, 26, 29-30, 32, 37-38, 110, 138
　福祉国家　17
不測の死　67, 125, 133, 140, 146, 148-149, 157, 160-161, 245, 247
物質・エネルギー循環の維持　4
プレート・テクトニクス　168
紛争関連死　125, 131-132, 134
平均世帯内人数　107, 112-118, 133-134, 149
平均余命　3, 31-33, 110, 115, 123, 129, 151, 198, 200
ホーリズム　229-231
北西ヨーロッパ型世帯形成　14
保健医療　157, 194, 198, 200

[ま行]
マディソン, A.　28
マラリア　127-130, 149

マルクス，K.　234
マントル対流　170
水資源賦存量　80
緑のGDP　39
南方熊楠　161, 239, 242
ミレニアム開発目標　36, 56, 128
メイヤスー，C.　203, 246

[ら行]
ラハール（土石流氾濫）　184, 188

利己性　108-109
利己的な遺伝子　108, 234
リジリエンシー（柔軟対応力）　160, 167, 174, 179, 182, 189-190
利他性　108-109
ルイス，W. A.　17
レジリアンス　201
労働力の再生産　194, 200, 203
ローマクラブ　48
論理の発展的継承　142

(講座 生存基盤論5)
生存基盤指数 —— 人間開発指数を超えて
　　　　　　©T. Sato, T. Wada, K. Sugihara, Y. Mine 2012

平成24（2012）年3月31日　初版第一刷発行

編　者	佐　藤　孝　宏
	和　田　泰　三
	杉　原　　　薫
	峯　　　陽　一
発行人	檜　山　爲次郎

発行所　京都大学学術出版会
京都市左京区吉田近衛町69番地
京都大学吉田南構内（〒606-8315）
電話（075）761-6182
FAX（075）761-6140
URL　http://www.kyoto-up.or.jp
振替　01000-8-64677

ISBN978-4-87698-206-6　　印刷・製本　㈱クイックス
Printed in Japan　　　　　定価はカバーに表示してあります

本書のコピー、スキャン、デジタル化等の無断複製は著作権法上での例外を除き禁じられています。本書を代行業者等の第三者に依頼してスキャンやデジタル化することは、たとえ個人や家庭内での利用でも著作権法違反です。